체인지
CHANGE

I Dare You To Change!
: Discover the Difference Between Dreaming of a Better Life and Living It
by Bil Cornelius
Foreword by Rick Warren

Copyright ⓒ 2010 by Bil Cornelius
Originally published in English under the title I Dare You to Change! by Bil Cornelius
By Guideposts, New York, NY, U.S.A.

All rights reserved
This Korean Edition Copyright ⓒ 2012 by Christian Success, an imprint of Bible House, Inc., Seoul, Republic of Korea.
This Korean edition is translated and used by arrangement of Guideposts through rMaeng2, Seoul, Republic of Korea.

이 한국어판의 저작권은 알맹2 에이전시를 통하여 Guideposts와 독점 계약한 도서출판 크리스천석세스에 있습니다. 신 저작권법에 의하여 한국 내에서 보호받는 저작물이므로 무단 전재와 무단 복제를 금합니다.

빌 코넬리우스 지음 | 유정희 옮김

크리스천 석세스

체인지

초판 2쇄 발행 _ 2012년 6월 25일

지은이 _ 빌 코넬리우스
옮긴이 _ 유정희
펴낸이 _ 김영진
펴낸곳 _ 임프린트 크리스천석세스
주소 _ 경기도 고양시 덕양구 덕은동 191-8 우)412-170

주문 및 문의 전화 _ 02-765-0011
팩스 _ 02-743-6811
성서원 북카페 _ http://cafe.naver.com/biblehouse1972

직영 서점 안내(성서원 온오프)
오프라인 서점 _ 3호선 남부터미널 1번 출구 앞(T.02-597-1588)
온라인 서점 _ www.bibleeshop.com(T.02-597-1599)
성서원 홈페이지 _ www.biblehouse.co.kr
발행처 _ (유)성서원

출판 등록일 _ 1997년 7월 8일(제300-1997-79호)
ISBN 978-89-360-1858-0 03230

크리스천석세스는 '성경, 찬송의 명가' 성서원의 임프린트입니다.
이 책은 저작권법에 따라 보호받는 저작물이므로 무단 전재와 무단 복제를 금지하며, 이 책의 내용의 전부, 또는 일부를 이용하려면 반드시 저작권자와 (유)성서원의 서면 동의를 받아야 합니다.

- 잘못된 책은 바꾸어 드립니다.
- 책값은 뒤표지에 있습니다.

도서출판 크리스천 석세스는 세상에서 영육(靈肉)간에 참된 성공을 이루고자 노력하는 이 시대의 모든 크리스천들에게 믿음과 말씀에 기초한 기독교적 가치를 지닌 목적 있는 책들을 통해 예수 그리스도 안에서 꿈과 비전을 심어주고, 또 그러한 꿈과 비전이 실현되도록 사회속에 안정적으로 연착륙시키는 관제탑의 역할을 감당하고자 한다. 나아가 기독교적인 참된 성공 이야기를 통해, 비기독교인들에게 믿음 생활에 대한 긍정적인 선한 영향을 끼쳐 그들을 자연스럽게 기독교의 가치관 세계로 이끄는 진정한 의미의 문화 선교를 추구한다. 참된 성공의 네비게이션 크리스천 석세스!

크리스천 석세스는 독자 여러분의 책에 대한 아이디어와 원고 투고를 기다리고 있습니다.
책의 내용과 연락처를 이메일 biblehou@chol.com으로 보내 주시면 정성껏 검토하고 알려 드리겠습니다.

차례

추천의 글   크레이그 그로쉘 목사 6

서문   '더 많이 원하는 것'에서 '더 많이 이루는 것'으로
(빌 코넬리우스) 9

step 01 \ 실패의 악순환에서 벗어나라 25

step 02 \ 새로운 방향으로 나아가라 41

step 03 \ 대가를 지불하라 65

step 04 \ 새로운 자세를 취하라 87

step 05 \ 계획을 세워라 119

step 06 \ 팀을 만들어라 149

step 07 \ 계획들을 기꺼이 변경하라 171

step 08 \ 단호하게 행동하라 197

step 09 \ 도전에 정면으로 맞서라 229

step 10 \ 성공을 유지하라 263

결론   변화를 시도하라 285

추천의 글

"저는 원래 이런 사람이에요."

나는 상담자에게 자신 있게 말했다.

나는 26살이라는 어린 나이에 목사 안수를 받겠다고 지원했다. 목사 안수를 향한 나의 거침없는 행보를 지켜보던 몇몇 교회 지도자들은 내가 일중독에 빠져 있으며, 그래서 다른 사람의 도움이 필요하다고 판단했다. 하지만 나는 도리어 그들이 틀렸다고 확신했다. 그들은 단지 내가 하나님과 교회에 대해 얼마나 열렬하고 지대한 관심을 쏟고 있는지 알지 못할 뿐이라고 생각했다. 그렇게 나는 스스로를 합리화했다.

그런데 지혜롭고 배려 깊은 교회 지도자들은 나에게 진심으로 조언했다. 일주일 동안 일을 쉬면서 나의 우선순위를 잘 생각해보고, 또 끝까지 주의 일을 사역하기 위한 인내력을 기르기 위해 어떤 변화를 가져야 할 것인지 곰곰이 생각해 보라고 했다. 그들과 계속 싸워봐야 이길 수 없다는 걸 알기에, 나는 그러겠다고 대답했다. 하지만 솔직히 말하면, 나는 나의 빠른 걸음을 늦출 계획이 조금도 없었다.

나중에 그들은 내가 일주일간 휴식을 취하지 않고, 대신 더 열정적으로 일을 계속했다는 걸 알게 되자, 나의 일중독 성향을 해결하기 위해 의무적으로 상담을 받게 했다. 결국 나는 작은 의자에 조용히 앉아 노련한 상담자와 마주보고 있게 되었다. 그는 자신의 메모를 살펴보면서 조금 중얼거리더니, 고개를 들어 나를 쳐다보면서 말했다.

"당신은 자신이 변할 수 있다고 조금도 생각하지 않는군요. 정말 그런가요?"

그래서 그것이 본래 내 모습이라고 확신하고 있던 나는, 일에 대한 내 열렬한 의욕을 줄일 수 없다고 열심히 설명했다.

그런데 결코 잊지 못할 일이 바로 그 다음 순간에 일어났다. 상담자는 몸을 약간 구부리면서 애정 어린 눈빛과 거의 속삭이는 듯한 목소리로 내게 이렇게 말했다.

"그러니까 당신 말은, 우리 하나님도 당신을 변화시킬 능력이 없으시다는 거네요."

그가 이겼다!

어쩌면 당신도 이렇게 말할 수 있다.

"저는 원래 이런 사람이에요. 전 항상 이렇게 살 거예요. 저는 아무것도 달라지지 않을 거예요."

이처럼 당신이 아무런 변화 없이 판에 박힌 생활을 하고 있다고 느낀 적이 있는가? 그렇다고 해도, 안심하라! 당신만 그런 것이 아니다. 대부분의 사람들이 그렇게 살아간다. 하지만 하나님은 당신에게 좋은 기회를 주셨다. 정말 실제적이고 완벽한 책으로 당신을 인도해 주셨다. 빌 코넬리우스의 『체인지』는 영적인 감동이 담긴 매우 실제적인 책으로, 당신이 늘 소망하던 변화의 삶을 향해 힘차게 걸음을 내디딜 수 있는 힘과 용기를 불어넣어줄 것이다.

어쩌면 당신은 지금 삶의 막다른 길에 멈춰 서 있거나, 또는 절대로 행복하고 성공적인 삶을 영위해 나갈 수 없을 것 같다는 부정적이고 패배적인 생각을 하고 있을지도 모른다. 그런 당신에게, 빌 코넬리우스는 당신이 생각하는 것과 달리, 하나님께서 말씀해 주시는 것이 진짜 당신의 모습이라는 것을 보여줄 것이다!

당신은 달라질 수 있다. 충분히 변화될 수 있다. 당신에게 능력을 공급해 주시는 예수 그리스도를 통해 당신은 모든 일을 능히 할 수 있다. 그렇게 함으로써 정말로 하나님이 원하시고, 당신이 바랐던 가치 있고 의미 있는 삶을 살아갈 수 있게 될 것이다.

이제 안전벨트를 매고, 이 책과 함께 힘차게 여행을 떠나보자.

―크레이그 그로쉘 Craig Groeschel

LifeChurch.tv 목사

서문

'더 많이 원하는 것'에서 '더 많이 이루는 것'으로

최근 갓 결혼한 젊은 부부를 상담해준 일이 있었다. 그들 신혼부부는 서로에 대해, 또 하나님께 대해 진심으로 헌신적이었다. 남편은('데이브'라고 부르겠다) 직장에서 성공하기 위해 열심히 일했다. 하지만 우리가 만날 때마다 그는 자신의 꿈은 자기 사업을 시작하는 것이라고 말했다. 부동산 관련 쪽의 일을 하고 싶다는 것이었다. 만날 때마다 그는 똑같은 이야기를 했다. 이런 식이었다.

"제가 할 수 있는 일이 더 있을 것 같다는 생각이 들어요. 부동산 사업을 시작해 보고 싶어요."

나는 데이브에게 보다 자극적인 독려를 해줄 필요가 있겠다는 생각이 들어서 어느 날 그에게 이렇게 말했다.

"데이브, 당신은 그 일에 대해 이야기하고 또 꿈을 꾸지만, 정작 그것과 관련된 일은 아무것도 하고 있지 않아요. 당신이 그 꿈을 실현하기 위해 무언가를 시작할 때까지 이제 우리 서로 만나지 않도록 합시다. 당신이 임대 부동산 한 채를 구입하기 전까진 나와 만날 약속을 잡지 않는 겁니다."

내가 이렇게 말하자, 처음에는 충격을 받은 듯했다. 하지만 6개월이

채 안 되어, 데이브는 부동산을 한 채도 아니고 두 채를 임대로 구입했다. 지금 그는 아무 문제없이 멋진 부동산 포트폴리오를 구성해 가면서, 이전의 직장에서 얻던 수입보다 훨씬 많은 수입을 얻고 있을 뿐만 아니라, 또 다른 사업까지 시작했다.

데이브가 특별한 사람이었다고 볼 수는 없다. 그는 대부분의 사람들이 가지고 있는 더 나은 삶에 대한 열망을 똑같이 갖고 있었지만, 어디서부터 어떻게 시작해야 자기가 원하는 것을 이루어낼 수 있을지를 몰랐을 뿐이다. 무엇보다 그는 자신의 꿈이 단지 희망사항이 아니라는 것을 깨달아야만 했다. 용기를 내어, 지금의 자리에서 한 걸음을 떼고, 또 자신의 꿈을 이루는 것에 당연히 따라오게 마련인 위험요소도 얼마든지 기꺼이 받아들여야만 했다. 그리고 꿈만 꾸는 상태에서 더 나아가, 목표를 구체적으로 정하고 각 목표에 기한을 정해놓아야 했다.

나는 지금까지 사람들과 오랫동안 일해 오면서, 그들이 묻는 질문들은 거의 변하지 않는다는 것을 알게 되었다.

- "어떻게 하면, 나와 내 가족을 위해 더 나은 삶을 살 수 있을까요?"
- "나한테는 왜 이렇게 많은 문제들이 생기는 걸까요?"
- "왜 나는 발전이 없는 것 같을까요?"
- "어떻게 내 자신을 통제하고 잘 가다듬을 수 있을까요?"
- "어떻게 하면 가치 있고 의미 있는 인생을 살 수 있을까요?"
- "왜 나는 항상 뭔가 부족한 상태인데도 그냥 만족해하며 살까요?"

어쩌면 당신도 이런 질문들을 하고 있을지 모르겠다. 그렇지만 이젠 뭔가 실제적인 해답들을 찾고 싶지 않은가?

"한 단계 더 높이 도약하는 방법은 바로 자극을 주는 도전적인 질문을 하는 것이다."
–제임스 반드로스키
James F. Bandrowski

성인이 되고부터 나는 모든 사람들이 직면할 수밖에 없는 문제들에 잘 대응할 수 있도록 돕는 일을 해왔다. 나 역시 오늘날 미국인들을 끊임없이 괴롭히고 있는 문제들, 곧 스트레스, 신경쇠약, 건강상의 문제, 목적의식의 상실, 무능, 피로, 우유부단, 침체 등을 경험했다. 하지만 이런 것들 때문에 나는 의기소침해하지는 않았다. 이런 문제들에서 빠져나갈 길을 분명 찾을 수 있다는 것을 알았기 때문이다. 그리고 내가 이것을 알게 된 것은 '내가' 변했기 때문이다!

몇 해 전, 텍사스 주 얼빙의 한 작은 교회의 목회를 맡고 있을 때, 나는 쉴 틈 없이 바빴고, 동시에 마음이 불안했다. 거기에 계속 있으면 안 될 것 같은 느낌이 줄곧 들었지만, 하나님께서 정말로 나에게 무얼 원하시는지 확신이 없었다. 그곳은 좋은 교회였지만, 사람들에게 다가갈 수 있는 기회가 극도로 제한되어 있었다. 때로는 이러다가 여생을 중고 자동차나 팔면서 지내게 되지 않을까 하는 생각까지 들기도 했다.

내가 다녔던 신학교에는 큰 나무 한 그루가 있었는데, 나는 그 나무 밑에 앉아 나의 미래에 대해 생각하면서 내가 무엇을 해야 할지를 하나님께 묻곤 했다.

하루는 거기에 앉아 있는데, 문득 새로운 교회를 개척해야겠다는 생각이 떠올랐다. 나는 우리를 향한 하나님의 꿈은 우리가 보통 상상하는 것보다 훨씬 더 크다고 믿는다. 나는 사람들이 제한된 상태에 머무르기보다는, 지금보다 더 큰 꿈을 갖도록 용기를 북돋울 장소를 마음속에 그려보았다. 한동안 생각한 후 종이 위에 내 꿈을 적어 보기 시작했다. 나는 교회에 다니지 않는 내 친구들이 올 만한 장소를 상상해 보았다. 나의 고등학교 친구들과 대학 친구들 가운데는 죽어도 교회에 안 가겠다고 말하는 이들이 많이 있었다. 교회는 내 삶을 변화시켰지만, 그 친구들에게는 효과가 없었던 것이다. 교회는 그들의 언어로 이야기하지 않았다. 나는 그 상처와 틈에서부터 뭔가를 시작해야 한다는 것을 알았다. 하지만 기존 교회를 시험하거나 바꾸려고 애쓰고 싶지 않았기 때문에, 나는 아예 처음부터 시작하는 것이 좋겠다고 생각했다.

그로부터 10년이 지난 지금, 나는 텍사스 주 코퍼스크리스티에 있는 베이 에어리어 펠로우쉽Bay Area Fellowship 교회의 담임목사가 되어 있다. 교인이 수천 명에 이르는데, 대부분의 성도들이 일생에 교회에 한 번도 가보지 않았던 사람들이다. 우리가 생각하고 있던 과녁이 제대로 맞아, 교회가 이제껏 완전히 놓치고 있던 사람들에게 다가갔던 것이다. 그런 그룹들을 전도했다는 것을 알 수 있는 근거 가운데 하나는, 변화를 위한 헌신의 증거로 크랙 코카인 파이프와 마약용품, 칼, 위조 신분증, 콘돔 포장지 같은 것들이 헌금바구니 속에 담겨 있는 것을 보는 것이다.

지금까지 알던 기독교나 종교에 대해 불편함을 느끼던 사람들이 자신의 삶 속에 하나님을 위한 공간을 만들기 시작했다. 그들은 감동을 받아 자신이 변해야겠다는 생각을 했다. 오래전, 그 신학교의 나무 아래에 앉아 내 미래를 위한 하나님의 계획을 생각하며 하나님과 대화를 나누던 시간들을 돌이켜보니, 하나님이 내게 용기를 주셔서 앞으로 나아가게 하셨고, 지금 나를 향한 하나님의 꿈들을 이루게 하신 것이다. 그것이 너무도 감사하고 기쁘다.

지금 상태가 절망스러운가? 현재 당신이 누리고 있는 것보다 분명 더 많은 것들을 이루며 살 수 있을 것 같은데, 그렇지 못하고 있는가? 당신의 삶에서 하나님의 최선(God's best: 하나님이 예비해 놓으신 더 나은 최상의 삶)에 훨씬 못 미치는 것에 만족해버린 것은 아닐까? 어쨌든 당신이 이 책을 선택했다는 것은 무언가 변화를 추구하고 있다는 것을 말해준다. 그렇다! 당신은 삶에서 더 많은 것을 꿈꾸며 갈망하고 있다. 그것은 정말 '좋은' 것이다. 당신은 거룩한 불만을 갖고 있고, 이미 몇 가지 중요한 변화를 일으킬 각오가 되어 있다.

우리는 왜 하나님의 최선을 경험하지 못할까?

나는 대부분의 사람들이 더 잘하기를, 더 나아지기를, 더 나은 삶을 살기를 원한다고 굳게 믿는다. 우리 모두는 부족한 것에 만족하기를 원치 않는다. 다만 더 많은 것을 이룰 수 있는 방법을 모를 뿐이다.

새해가 되면, 모두가 새로운 결심을 한다. 책을 읽고, 세미나에 참석하고, 자신에게 도움이 되는 운동을 하거나 강좌를 듣는다. 앞으로 일어날 일들에 대한 새로운 꿈을 꾸며 시간을 짠다. 해야 할 일들의 목록을 정성껏 작성한다. 마음속으로 다짐을 하고, 미래에 대한 희망을 가다듬는다.

그런데 시간이 갈수록 결심은 무너지고 계획은 어긋난다. 왜일까? 문제는 자신이 계획하고 꿈꾼 일들을 어떻게 이루어가야 하는지를 모르고 있다는 것이다. 우리는 보다 높은 수준의 성공, 행복, 건강을 꿈꾸지만 그것들을 어떻게 이루고 또 유지해 나가야 하는지를, 어떻게 내 삶에서 하나님의 최선을 경험할 수 있는지를 모른다. 그렇다. 정말로 모른다. 왜 그럴까?

물론 이 질문에 대한 답은 다양하고 많다. 하지만 핵심적인 답은 아주 간단하다. 이 책에서 나는 그 해답을 보여줄 것이다. 즉 우리 대부분은 성공에 대해 잘못 생각하고 있을 뿐만 아니라, 성공이란 '하루하루 조금씩 성취해가는 일상의 과정'이라는 것을 깨닫지 못하고 있다.

성공하려면 매일매일 한 걸음씩 나아가야 하며, 작은 목표들을 달성하는 데 집중해야 한다. 그런 작은 성취들이 모여서 결국엔 가장 크고 위대한 목표를 달성하게 되는 것이다. 왜 우리는 그것을 이해하지 못하는 것일까?

그것은 어쩌면 우리가 즉각적인 만족의 시대에 살고 있기 때문일 것이다. 그야말로 지금은 온 세상이 우리의 손가락 끝에 있다. 컴퓨터 마우스만 클릭하면 저녁식사를 주문하고, 휴가 계획을 세우고, 사업을 경영하거나, 또는 도박으로 우리의 삶을 다 날려버릴 수도 있다. 또한 우리에겐 패스트푸드 레스토랑만 있는 것이 아니다. 집까지 바로 저녁식사를 배달해줄 수 있는 가게들이 얼마든지 있다. 뿐만 아니다. 지금 당장 수천 개의 영화를 볼 수 있는 것은 물론, 버튼 하나만 누르면 수백 개의 TV 채널도 볼 수 있다.

우리는 계속 속아 왔다. 공부하지 않아도 지식을 얻을 수 있고, 알약 하나만 먹으면 건강해질 수 있고, 또 세심하게 부모 노릇을 하지 않아도 정서적으로 안정된 아이들로 키울 수
"성공은 하루하루 작은 목표들을 성취해 가는 일련의 과정이다."

있다고 믿어 왔다. 갑자기 DVD 속으로 들어가 실제 삶을 체험할 수도 있고, 기업의 설립 취지만 잘 전달해도 일류 기업을 이룰 수 있으며, 능란한 광고로 사업을 성공시킬 수 있다고 믿어 왔다.

이런 이야기가 생각난다. 버스에 치여 급히 병원으로 실려 갔으나 수술대 위에서 죽게 되는 어느 40세 여자의 이야기다. 죽음의 문턱에서 그녀는 하나님을 만나게 되는데, 하나님이 그녀에게 이렇게 말씀하셨다.

"걱정 마라. 넌 지금 죽지 않을 것이다. 내가 너를 위한 계획을 갖고 있으니, 앞으로 40년을 더 살게 해주마."

회복실에서 깨어난 후, 그녀는 살아있는 것에 정말 감격한다. 그리고 이런 생각을 한다.

'앞으로 40년을 더 산다면, 지금과는 다르게 정말 근사한 모습으로 살고 싶어.'

그래서 그녀는 몸이 회복된 후 곧장 성형외과를 찾아가 각종 수술을 받는다. 여기저기 잘라내고, 채워 넣고…. 마침내 그녀는 머리부터 발끝까지 달라진다. 피부를 검게 태우고, 헤어스타일을 바꾸고, 완전히 새로운 스타일의 옷으로 계속해서 새 단장을 한다. 이렇게 단장을 마치고 거리를 활보하는데, "쾅!" 또다시 버스에 치는 사고를 당한다. 그런데 이번에는 진짜로 죽게 된다. 죽은 후, 그녀는 하나님 앞에 서서

화를 내며 따진다.

"하나님, 어떻게 된 일이죠? 분명 저한테 40년을 더 살게 해준다고 하셨잖아요!"

그러자 하나님이 그녀를 빤히 쳐다보시며 이렇게 말씀하신다.

"미안하다, 너무 달라져서 널 못 알아봤구나."

"진정한 변화는 내면에서 일어나야 한다."

겉모습을 바꾸면, 삶이 달라진다고 생각하기 쉽다. 노력하지 않아도, 인내와 용기 같은 기본적인 요소들이 없어도, 좋은 결과를 만들어낼 수 있다고 믿는다. 새로운 일, 새로운 도시, 새로운 헤어스타일 등이 우리의 삶을 더 좋게 만들어줄 것이라고 생각한다. 하지만 그렇지 않다. 진정한 변화는 내면에서 일어나야 한다. 그것은 우리의 마음가짐과 태도와 노력과 활력에서 시작된다. 우리에게 날마다 의지와 행동을 요구한다.

하지만 우리 사회는 이것을 이해하지 못한다. 목표를 달성하고 우리가 꿈꾸는 삶을 살기 위해선 매일매일 해야 할 실제적인 일들이 있다는 것을 자주 잊어버린다. 모든 성공의 열쇠는 '매일매일' 무언가를 성취하는 데 있다.

우리가 가진 능력과 실제적인 성과 사이에는 큰 격차가 있다. 이 격차 때문에, 많은 사람들이 성공하는 삶을 살지 못하고, 많은 시간을 실패와 싸우며 보내고 있다.

우리는 자신이 가진 재능을 매일매일 의도적으로 발전시키기보다는, 그것을 묵혀두거나 또는 당연시한다. 우리에게는 재능이나 기술이나 지혜 등이 있지만, 실제로 성공으로 이어지도록 전력투구하지 않는다. 매일매일 더 높은 성과를 달성할 수 있지만, 그렇게 하지 않는 것이다. 더 많은 것을 이루기보다는 그냥 부족한 것에 안주하는 쪽을 택하고 있다.

해결책

몇십 년 동안 '시어스 로벅 앤드 컴퍼니Sears, Roebuck and Company'는 유통업과 카탈로그 우편주문 판매에서 선두를 달렸다. 시어스 카탈로그는 미국 문화와 역사에서 하나의 아이콘이 될 만큼 인기가 좋았다. 하지만 1990년대 들어 사람들이 인터넷으로 쇼핑을 하기 시작했다. 시어스는 망설였다. 오랜 경험을 통해 검증된 방법을 버리고 새로운 온라인 마케팅 시장으로 뛰어들기를 꺼려했다. 뭐하러 잘나가는 사업을 건드리는가? 그런데 문제는, 아무도 더 이상 카탈로그를 보고 물건을 사지 않는다는 것이었다.

이처럼 새로운 유통시장 환경에 늦게 적응하고 대응한 탓에, 시어스는 상당한 시장 점유율을 잃고 말았다. 지금까지도 시어스는 잃어버린 입지를 되찾지 못하고 있다. 우리가 처음 온라인 쇼핑을 시작했을 때, 시어스가 기술의 최첨단에 서서 재빨리 모든 카탈로그를 인터넷으로 옮겼다면 얼마나 간단했을까!

어떤 사람들과 조직들은 도전에 응하여 그 이상으로 성장하지만, 대부분은 도전에 견디지 못하고 완전히 실패하고 만다. 그들은 여전히 살아 있지만, 그냥 그럭저럭 살아갈 뿐이다. 하지만 한두 번의 실패로 우리의 삶이 결정되지 않는다. 비록 우리가 번번이 하나님의 축복을 놓치기는 하지만, 사실 우리는 하나님의 최선에 못 미치는 것에 만족하지 않도록 창조된 자들이다!

나는 다양한 사람들과 함께 일해 본 경험이 있다. 그런 경험을 바탕으로, 나는 누구나 과거의 장벽들을 깨뜨리고 성공을 향해 날아오를 수 있다고 믿는다. 성취는 재능 있는 소수만이 독점할 수 있는 영역이 아니라, 자기 자신으로부터 최선을 이끌어내면 누구든 성공의 열매를 맛볼 수 있다. 요컨대 성공적인 성취는 자기 개발의 과정으로, 매일매일 자기 삶의 모든 영역을 최선을 다해 관리하고 일구는 것이다. 성공을 단번에 이루기는 어렵다. 하지만 날마다 조금씩, 차근차근 해나가면 의외로 쉽게 다가온다.

변화를 시도하라

지금은 하나님이 당신을 위해 항상 예비해 두셨던 최선의 삶을 시작해야 할 때다. 또한 당신의 잠재력을 극대화해야 할 때다.

> "지금 우리에게는 두 가지 삶이 있다. 첫째는 우리가 지금 살고 있는 삶이고, 둘째는 우리가 정말로 살고 싶어 하는 삶이다."

하지만 당신은 성공을 무엇이라고 정의하는가? 내가 당신을 위해 성공의 정의를 내려주지는 않을 것이다. 그것은 사람마다 다르기 때문이다. 당신의 삶에서, 하나님이 당신을 위해 예비해 놓으신 것보다 못한 것에 만족해온 영역들은 무엇인가?

내가 아는 한 여자가 있다. 그녀는 늘 바쁘다. 두 가지 일을 하고 있기 때문이다. 직장에 다니면서 가족을 부양하는 한편, 교회에서도 아주 적극적으로 활동하고 있다. 하지만 지난 몇 년 동안, 그녀는 자신의 교회 공동체를 섬기고 싶은 열망이 점점 더 커지는 것을 느꼈다. 그녀는 자선사업, 노숙자 쉼터에서의 봉사, 해외 선교여행 같은 일들에 무척 마음이 끌렸다. 하지만 어떻게 '이쪽'에서 나와 '저쪽'으로 갈지 도무지 감이 오질 않았다.

또 내가 아는 한 남자가 있다. 그는 20년 동안 건축업에 종사해 왔는데, 그는 그 일이 적성에 맞지 않는지 아주 힘들어하고 있다. 그가 정말로 원하는 것은 소방관이 되는 것이었다. 하지만 지금은 타성에 젖고 절망에 빠져 무기력해진 상태다. 부양할 가족까지 있는 나이 40의 이 남자가 어떻게 오래된 자기 직업을 쉽게 바꿀 수 있겠는가? 게다가 그가 원하는 직업은 주로 그보다 20살 젊은 사람들을 채용한다. 그의 목표는 도무지 도달할 수 없을 것처럼 보인다. 그래서 그는 항상 다른 곳에 있고 싶다는 마음만 가진 채, 매일 지루한 일을 계속 하고 있다.

혹시 당신도 이런가? 무언가 '이게 아닌데' 하는 생각으로, 부족하게 지내고 부족하게 행동하며 부족하게 여기고 있는가? 그런 삶에 지치고 진저리가 나는가?

오늘 당신은 한 가지 결단을 내릴 수 있다. 이 서문을 다 읽고 나서, 나는 당신이 중요한 선택을 하게 되길 기도한다. 나의 기도는 이것이다. 삶의 모든 영역에서 당신을 위해 예비해 놓으신 하나님의 최선에 못 미치는 것에 당신이 만족해하거나 안주하지 않기를 결단하게 해달라는 것이다. 또한 하나님이 당신에게 동기를 부여해 주시고, 뜨거운 불을 붙여 주시기를 기도한다! 당신에게 변화를 시도하라고 도전하는 분은 내가 아니라, 바로 하나님이시다.

난 확신할 수 있다. 분명 하나님은 당신을 위해 더 나은 삶, 당신이 생각했던 것보다 더 좋은 삶을 예비해 두셨다. 우리는 모두 두 가지 삶을 살고 있다. 첫 번째는 우리가 지금 살고 있는 삶이다. 두 번째는 우리가 정말로 살고 싶어 하는 삶이다. 우리는 두 번째 삶을 살고 싶지만, 대부분은 우리가 꿈꾸는 삶과 완전히 다른 첫 번째 삶을 살고 있다. 두 번째 삶은 우리의 마음속에만 있고, 거의 시들어 죽어가고 있다.

《폴링 다운Falling Down》이라는 영화가 있다. 그 영화에서 마이클 더글러스Michael Douglas는 인내심이 한계에 다다른 '윌리엄'이라는 인물을 연기했다. 윌리엄은 자신의 삶과 사람들, 그리고 모든 절망적인 상황들에 늘 지쳐 있었다. 이 영화를 봤다면, 윌리엄이 패스트푸드 식당에 들어가 모닝세트를 주문하는 장면을 기억할 것이다.

"죄송합니다. 모닝세트 제공 시간이 끝났거든요." 하고 점원이 말한다.

"하지만 전 모닝세트를 사고 싶은데요."라고 윌리엄이 말한다.

윌리엄은 점장에게 이야기해 보지만 점점 더 실망하고 만다. 그는 내내 "난 그저 모닝세트를 원할 뿐이야."라는 말만 되풀이한다.

> "당신이 그 꿈을 두려워하는 것보다, 그 꿈을 진정 이루고 싶다는 결심을 훨씬 더 많이 하라."
> -빌 코스비Bill Cosby

결국 윌리엄은 자기 가방에서 우연히 얻게 된 무기를 꺼내든다. 손님들이 모두 겁에 질려 소리를 지른다. 윌리엄은 모든 사람들에게 자신은 그저 모닝세트를 먹고 싶을 뿐이니 진정하라고 말한다. 윌리엄은 인내심이 한계에 달해 더 이상 버틸 수 없었다. 그는 이제 자신의 현실을 변화시키기 위해 뭐든 하려고 한다.

이처럼 어쩌면 당신이 되풀이하는 말은 "난 그저 행복해지고 싶을 뿐이야." 또는 "난 그저 더 좋은 직장을 원할 뿐이야." 또는 "난 그저 이번 달 청구서를 모두 지불할 수 있기를 원할 뿐이야."일지도 모른다. 지금 당신의 위치에 만족하는가? 아니면 변화에 대한 열정과 욕구가 있는가? 그렇다면 당신은 윌리엄처럼 패스트푸드점에서 다른 사람들을 위협할 필요는 없겠지만 뭔가 예기치 않았던 일, 지금보다 대담하고 때로는 위험한 일을 해야만 한다.

함께 여행을 계속해 보자. 용기를 내어 우리의 삶을 향한 하나님의 최선을 구하는 법을 배우자. 어떻게 하면 두 번째 삶을, 우리가 그토록 이루고 싶어 하는 그 삶을 살 수 있는지 알아보자. 성경에 나오는 유명한 사사 '기드온' 이야기를 살펴볼 텐데, 기드온은 오늘날 많은 사람들이 처한 자리에서, 즉 두려움에 사로잡힌 삶에서 시작했지만, 결국은 한 나라를 노예 상태에서 구출하여 해방과 자유로 이끈다. 기드온과 함께 걸으면서 우리는 10가지 원리, 곧 10가지 단계들을 배우게 될 것이다. 그런 단계들은 우리로 하여금 변화를 시도하게 하고, 하나님의 최선을 발견하게 할 것이다. 그리하여 마침내 그것을 실제 삶으로 옮기도록 해줄 것이다.

이 책을 어떻게 읽을 것인가

『체인지』는 실제적으로 인생의 행동 계획을 세우고 또 실천하게 하는 책이다.

이 책을 읽기만 해도 성공하는 삶의 원리들을 찾아낼 수 있겠지만, 실제로 그 원리들을 행동으로 옮긴다면 가장 큰 유익을 얻고, 꿈을 성취할 수 있을 것이다. 이 책을 잘 활용하여, 잠시 걸음을 멈추고 생각하면서 당신의 삶을 평가해 보라. 지금 당신이 어디에 있고 또 어디로 가기를 원하는지 말이다.

나는 실제적인 실천을 염두에 두고 각 장의 마지막 부분에 '돌아보기-내다보기'Looking Back, Looking Forward라는 항목을 넣어놓았다. 지금까지 다룬 핵심 원리들과 더불어, 지금 변화를 경험하는 데 도움이 될 만한 실제적인 활동들을 요약해 놓은 것이다. 또 그 다음에는 이 책의 핵심 원리들을 실천하는 데 도움이 될 만한 질문들을 적어 놓은 '행동 계획'action plan이 있다.

노트에 당신의 대답을 적고, 반드시 시간을 내어 모든 활동을 주의 깊게 실천해 보기 바란다. 이렇게 하면 조금씩 당신에게 필요한 용기를 발견할 것이며, 당신의 삶을 위한 하나님의 최선을 파악하고 경험하는 데 큰 진보가 있을 것이다.

이것을 활용하라는 것은 단순한 제안이 아니다. 하나님을, 즉 행동하시는 하나님을 대신하여 내가 당신에게 도전하는 것이다. 지금 당장 시작하고, 지금 당장 당신의 계획들을 실천하라. 하나님이 주신 이 원리들을 당신의 삶에 적극 적용하라. 변화할 수 있는 힘, 그리고 더 나은 삶을 '꿈꾸는 것'과 실제로 그런 삶을 '사는 것'과는 큰 차이가 있다는 것을 깨달을 수 있기 바란다.

―빌 코넬리우스

*
이스라엘 자손이 또 여호와의 목전에 악을 행하였으므로
여호와께서 칠 년 동안 그들을 미디안의 손에 넘겨 주시니
(삿 6:1)

I DARE YOU TO CHANGE

step 01

실패의
악순환에서
벗어나라

하나님의 최선을 경험하려면 먼저 실패의 악순환에서 벗어나야 한다. 우리에게 이런 일이 얼마나 많았는가? 빚에서 벗어나기로 결심하지만, 대신 신용카드 대금이 감당할 수 없이 불어난다. 결혼생활을 개선하고 싶다고 생각하지만, 또다시 배우자와 싸우고 만다. 더 나은 부모가 되겠다고 결심하지만, 아이들이 말을 듣지 않으면 또다시 화를 폭발하고 만다. 좀 더 책임감 있게 돈을 사용하고 싶어 계획을 세우지만, 또다시 과소비를 하고 만다.

우리가 다루는 문제들은 계속 반복될 때가 많다. 우리는 실패의 악순환의 덫에 걸려 있다. 어딘가로 가는 대신 제자리에서 쳇바퀴만 돌고 있는 것이다. 거기서 벗어나기 전까지는 삶이 절대로 달라지지 않을 것이다.

기드온이 등장했을 때 이스라엘이 바로 그런 상태였다. 구약성경 사사기는 그것을 이렇게 묘사한다.

> "이스라엘 자손이 또 여호와의 목전에 악을 행하였으므로 여호와께서 칠 년 동안 그들을 미디안의 손에 넘겨주시니 미디안의 손이 이스라엘을 이긴지라 이스라엘 자손이 미디안으로 말미암아 산에서 웅덩이와 굴과 산성을 자기들을 위하여 만들었으며."(삿 6:1-2)

여기서 제일 먼저 주목해야 할 단어는 '또'이다. 저자는 이스라엘 자손들이 실패의 악순환 속에 갇혀 있었다는 것을 분명히 밝힌다. 그들이 죄를 범하면 하나님께서는 적들의 침략을 받게 하신다. 그러면 그들이 하나님께 부르짖고, 마침내 하나님은 그들을 구원해 주신다. 그들은 한동안 평안을 누린다. 하지만 곧 그 사이클은 다시 시작된다. 이와 똑같은 사건들이 사사기에서 계속 반복된다.

얼마나 비극적인 일인가. 이스라엘의 역사에서 지금 그들은 '약속의 땅'에 살고 있었다. 그곳은 하나님이 아브라함에게 주신 곳이다. 그 '젖과 꿀이 흐르는' 땅으로 모세가 이스라엘 백성들을 인도했고 여호수아가 그곳을 정복했다. 그런데 사사기 6장을 읽어 보면, 이스라엘 자손들이 웅덩이와 굴속에 살고 있는 것을 보게 된다. 그들은 두려움과 고통으로 가득하여 미디안 족속을 피해 산기슭에 있는 굴들을 찾아다니고 있다.

> "고통은 당신의 인생에서 최고의 동기 부여자가 될 수 있다."

왜 약속의 땅에서의 행복한 삶이 그렇게 형편없게 변해 버렸을까?

이스라엘 자손들이 또다시 하나님께 불순종

했기 때문이다. 그들은 또 하나님을 외면했다. 그리고 하나님은 또 그들을 적들에게 넘겨줌으로써 그들을 단련시키셨다. 미디안 족속과 적대적인 동방 사람들과 지역의 강자들 모두 자신들에게 주어진 역할을 즐겼으며, 아주 즐겁게 이스라엘에게 중요한 교훈을 가르친 셈이었다. 이스라엘 백성들은 그 교훈을 배우기 위해 매우 큰 고통과 대가를 치러야 했다.

사실 우리는 삶 속에서 좋은 일들로부터 배우는 것보다 고통으로부터 배우는 것이 더 많다.《고통의 문제 The Problem of Pain》라는 책에서 C.S. 루이스는 이렇게 말한다.

"하나님은 우리의 기쁨 속에서 조용히 속삭이시고, 우리의 양심 속에서는 들리게 말씀하시며, 우리의 고통 속에서는 큰소리로 말씀하신다. 그것은 귀 먹은 세상을 깨우는 하나님의 확성기다."

우리는 고통 속에 있을 때 하나님의 음성을 가장 분명하게 듣는다. 만약에 우리가 암에 걸리면 우선순위와 상관없이 모든 생각이 갑자기 수정처럼 투명해진다. 고통은 우리가 정말 중요한 것에 초점을 두도록 도와주는 놀라운 힘이 있다.

내가 말하고자 하는 것이 바로 이것이다. 고통은 당신에게 가장 큰 유익이다. 지금 당신이 싸우고 있는 그 고통이 당신을 도와줄 수 있다. 그것은 더없이 훌륭한 멘토가 될 수 있다. 고통은 당신이 결심을 하도록 가르칠 수 있다. 사실 나는 고통이 당신의 인생에서 최고의 동기 부여자가 될 수 있다고 믿는다. 고통은 당신이 누릴 그 어떤 기쁨보다 더 훌륭한 동기 부여자다. 또한 그 어떤 영감을 주는 설교자보다도 훌륭한 조언자이며, 당신이 만나게 될 그 어떤 일들보다 더 빨리 당신의 삶

"아무것도 변하지 않으면
아무것도 변하지 않는다."
-짐 웨슬리Jim Westley

속에 변화를 일으킬 것이다.

이스라엘 자손들은 고통스러운 사이클에 갇혀 있었다. 하지만 바로 그 고통이 변화의 기회를 가져다주었다.

고통의 한계점

고통을 피해 도망치지 마라. 대신, 당신이 겪고 있는 고통의 결과들을 충분히, 유유히 경험하라. 당신은 마지막 문장을 제대로 읽은 것이 맞다! 내가 고통을 여유있게 받아들이라고 해서 깜짝 놀랐을지도 모른다. 나의 목적은, 당신에게 이미 존재하고 있는 고통의 결과들을 충분히 경험하라고 말함으로써 더 많은 고통을 주려는 것이다.

나에게는 당신을 '흥분시키는 영적 은사'가 없다. 하지만 당신을 흥분시키고, 실망시키고, 더 나아가서는 충격을 줘서 행동하도록 만들고 싶다. 그래야 똑같은 고통을 다시 경험할 필요가 없을 테니 말이다.

다시 한 번 강조한다. 나는 당신이 고통을 느끼기 바란다. 고통이 당신을 깨우는 전화벨 소리가 되게 하라. 그리고 당신의 실패의 고리를 인식하고 끊어버림으로써 삶의 변화를 시작하라. 예를 들어, 어쩌면 보너스를 받을 때마다 흥청망청 써버리거나 쇼핑을 과다하게 함으로써 당신의 재정적인 문제들이 시작되었는지도 모른다. 또는 매일 하루를 마칠 때마다 칵테일이나 와인을 한두 잔씩 마시는 것으로 당신의 음주 문제가 시작되었는지도 모른다. 어쩌면 삶이 바빠져서 패스트푸드를 자주 먹다 보니 체중이 불어나기 시작했을지도 모른다. 그래도 아직까지 당신은 자신의 힘으로 상황을 바꾸거나 고통을 물리칠 능력이 있다. 아직은 당신이 스스로를 통제할 수 있다. 하지만 그 다음에는 채권자들에게 전화가 걸려오고, 술 마시는 것을 배우자에게 숨기고, 또다시 다이어트에 실패하여 전보다 더 많이 먹게 된다. 이제 당신은 고통의 원인이 되는 것을 더 이상 통제할 수 없게 되었다. 더 좋지 않은 것은, 이제 그것이 당신을 지배하게 되었다는 것이다.

"고통은 당신에게 가장 큰 유익이다."

　당신의 어린 시절을 돌아보라. 시소에서 놀았던 기억이 나는가? 동기 부여 전문가인 앤서니 라빈스Anthony Robbins는 고통이 우리 삶에 들어오는 방식은 종종 시소와 비슷하다고 말했다. 모든 일이 잘되는 듯하다가, 갑자기 약간의 고통을 경험하게 된다. 이 약간의 고통은 우리보다 가벼운 사람이 시소의 맞은편에 앉아 있는 것과 같다. 우리는 그들을 쳐다보고 그들의 무게를 느낀다. 하지만 우리가 더 무겁기 때문에, 그들이 시소에서 일어나더라도 우리가 갑자기 밑으로 쿵 내려갈 염려는 없다. 다시 말해서, 균형이 맞지 않다는 것은 알지만 아직은 우리가 통제할 수 있는 상황인 것이다.

　우리의 삶 속에 작은 고통이 있을 때 종종 이런 생각을 한다.

　"난 그걸 감당할 수 있어. 그건 좋은 거야. 위아래로, 앞뒤로 조금씩 왔다 갔다 하다가 내가 정말 변화를 원하는지 결정할 거야."

　우리는 자신에게 거짓말을 하는 데 아주 능숙해진다.

　"그건 별거 아니야."

　"난 그냥 조금 과체중일 뿐이야."

"신용카드 빚이 그렇게 무서운 건 아니야."

"이 직업이 나한테 좀 안 맞아도, 타고난 재능을 발휘할 수 없어도 괜찮아."

우리는 자신의 행동을 바꾸기를 거부함으로써 계속해서 고통을 더해간다. 더 안 좋은 것은, 종종 더 나쁜 행동들을 더하여 우리의 문제들을 더 복잡하게 만든다는 것이다. 그러다가 큰 고통이 우리를 짓누르기 시작하면 더 이상 제어할 수 없게 된다.

큰 고통은 나보다 몸집이 큰 사람이 시소의 맞은편에 앉아 있는 것과 같다. 우리는 더 이상 그 상황을 제어할 수가 없다. 우리의 잘못된 선택들이 잘못된 습관을 형성해 지금 원치 않는 결과들을 거두고 있는 것이다.

그런데 그것은 좋은 시점이다.

우리가 더 이상 제어할 수 없다는 것을 깨닫는 즉시, 우리는 이미 변화될 준비가 된 것이다. 그것이 단지 사소한 체중 문제일 때는 별로 중요한 일이 아니었다. 하지만 의사가 당뇨병이나 심장병에 대비하라고 말하면, 그의 말 한마디가 당신의 라이프스타일을 바꾸기로 결심하는 계기가 된다.

마찬가지로, 단지 빚이 조금 있거나 경제적으로 조금 빠듯한 시간을 보내는 것은 별 문제가 안 될 것이다.

"난 내가 쓰고 싶을 때, 내가 쓰고 싶은 곳에 계속 돈을 쓸 거야. 그건 내 돈이니까. 내가 벌었으니까."

이렇게 말하기 쉽지만, 채권자들에게 전화가 오고 그 돈을 모두 갚을 길이 없을 때, 그제야 당신은 소비 습관을 바꿀 각오를 하게 된다.

고통의 한계점에 이르면 우리는 결단하며 외치게 된다.

"이제 그만! 난 이미 이 사이클을 끊기 위해 뭐든지 할 각오가 되어 있다고!"

"하나님, 저를 곤란하게 만드셔서 제가 두려워하는 그 일을 하게 해주세요."
-루비 디Ruby Dee

불행히도 우리들 대부분은 고통을 느끼는 한계점이 매우 높은 것 같다. 우리는 고통을 무시한다. 또는 더 심하게 말해서, 고통에 무감각하다.

이스라엘 백성들이 고통의 한계점에 도달하기까지 그들의 고통이 얼마나 심했을까? 다음 구절들을 살펴보자.

> "이스라엘이 파종한 때면 미디안과 아말렉과 동방 사람들이 치러 올라와서 진을 치고 가사에 이르도록 토지 소산을 멸하여 이스라엘 가운데에 먹을 것을 남겨 두지 아니하며 양이나 소나 나귀도 남기지 아니하니 이는 그들이 그들의 짐승과 장막을 가지고 올라와 메뚜기 떼같이 많이 들어오니 그 사람과 낙타가 무수함이라 그들이 그 땅에 들어와 멸하려 하니 이스라엘이 미디안으로 말미암아 궁핍함이 심한지라 이에 이스라엘 자손이 여호와께 부르짖었더라."
> (삿 6:3~6)

한 가지 문제를 해결하지 못하면 문제가 계속 늘어난다. 곧 당신은 두 가지, 세 가지, 네 가지, 다섯 가지, 어쩌면 열 가지 문제들을 갖게 된다. 예를 들어 미디안 사람들이 다른 나라들과 연합하여 이스라엘을 공격해 왔다. 미디안, 아말렉, 그리고 다른 여러 족속들이 이스라엘 백성들과 그들의 모든 농작물을 차지하고 말았다. 이스라엘의 적들이 모든 것을 빼앗아갔다.

성경은 이 적들이 그 땅에 퍼져 있는 메뚜기 떼 같았다고 말한다. 미디안 족속은 모든 곳에서 떼 지어 공격하며 잔인하게 굴었다. 그들은 야만인이었다. 그냥 쳐들어와서 온 나라를, 모든 도시와 마을을 쑥대밭으로 만들어 버렸다. 침략해 들어와서 무조건 약탈하고, 빼앗을 수 있는 것은 모두 가져가 버렸다. 그들은 이스라엘을 절망에 빠뜨렸다.

당신은 절망감을 느껴본 적이 있는가? 직업에 대한 절망감? 결혼생활에 대한, 또는 결혼을 하지 못하는 것에 대한 절망감? 재정 상태에 대한 절망감? 자녀들에 대한 절망감? 체중이나 건강에 대한 절망감? 바쁜 스케줄과 극심한 스트레스에 대한 절망감?

아마도 당신은 이런저런 안 좋은 상황에 어쩔 수 없이 순응해 왔을 것이다. 그런데 결국 한 가지가 너무 심해져서 한계점에 도달하게 되면, 그 지점에서는 변화를 시도할 만큼 고통이 커진다. 그래서 결국 뭔가를 하게 되는 것이다.

미디안 족속은 이스라엘을 약탈하여 재산을 모으고 있었다. 이스라엘이 제 기능을 하지 못하고 황폐화되는 동안 미디안은 야만 국가로서 온갖 만행을 저질렀다. 그들은 이스라엘의 농작물, 소, 나귀, 양들을 훔쳐갔다. 이스라엘은 싸우려는 의지를 비롯해 모든 것을 빠른 속도로 상실해갔다. 약속의 땅에 살던 사람들은 하나님의 최선보다 못한 것에 만족하는 법을 빠르게 배워가고 있었다.

부유한 사람들은 더 부유해지고 가난한 사람들은 더 가난해졌다. 당신의 삶이 통제력을 잃을 때 바로 그런 일이 일어난다. 나쁜 상황이 더 악화되는 것이다.

당신은 좋은 농작물을 거두지 못할 때, 당신의 필요를 채울 만큼 수입이 충분하지 못할 때 잘못된 해결책을 찾고 있다는 것을 알고 있으며, 또한 당신의 자산이 훼손되고 줄어들고 있다는 것을 실감한다. 미디안 족속은 이스라엘을 궁핍하게 만들었다. 이스라엘의 자산을 차지함으로써 미디안 족속은 거저 소득을 거둘 수 있는 능력이 생겼다.

우리는 지속적으로 소득이 부족하면 결국 빚을 갚기 위해 자산을 처분한다. 적어도 최근의 경제 위기가 오기 전까지 미국 사람들은 신용카드 빚을 계속 늘려왔다. 가스요금에, 흥청망청한 소비에, 호화로운 휴가 비용을 대기 위해 자신들의 자산을 이용하여(주택 담보 대출이나 주택 저당 대출을 통해) 계속해서 너무 많은 빚을 졌기 때문이다.

당신의 눈에는 그 문제가 보이는가? 어느 날 아침 일어나 보니 가난해져 있는데 그 이유를 모르는 것이다. 그것은 부와 소득을 창출하는 것들이 사라지고 황폐되었기 때문이다. 그 자산들은 우리가 끝까지 소비하지 말아야 하는 것들이다. 하지만 그런 일이 항상 일어나고 있다. 중요한 것은 우리가 경험으로부터 배운 교훈들을 무시할 것이냐, 아니면 지금의 문제들을 바로 직시하기로 결심할 것이냐 하는 것이다.

이스라엘 백성들은 그 자리에 멈추고 "좋아. 당신들이 우리의 농작물을 빼앗아갔지만 다른 건 가져가지 못할 거야."라고 말했어야 했다. 하지만 그렇지 않았다. 그들은 미디안 족속이 농작물을 재배할 수 있는 씨앗을 훔쳐가게 했다. 이스라엘은 자신들의 소득을 잃어버렸을 뿐만 아니라 소득을 창출할 수 있는 능력까지도 잃어버린 것이다. 그 지경이 되자, 그들은 이제 완전히 지쳤다.

"고통은 당신의 친구가 될 수 있다. 당신이 변화에 대해 진지하게 생각하도록 도와줄 수 있다. 나는 고통이 지속적인 변화를 촉진하는 가장 중요한 연료의 공급원이라는 사실을 발견했다."

적들과 그들의 낙타 수는 셀 수도 없을 만큼 많았다. 미디안은 이스라엘을 완전히 궁핍하게 만들었다. 그래서 이스라엘은 마침내 하나님께 도움을 구하며 부르짖었다. 고통의 한계점에 도달한 것이다. 사람들은 더 이상 그것을 견딜 수가 없어서 이렇게 말했다.

"됐습니다, 하나님! 우린 이제 당신께 돌아갈 준비가 됐어요!"

정말로 당신이 제어할 수 없을 때 소위 '고통의 한계점'에 도달하게 된다. 이 한계점은 매우 중요하다. 그 지점에 도달할 때 마침내 변화에 대해 진지해지기 때문이다. 그로 인해 우리는 굳게 결심하고, "됐습니다. 이제는 시소 위에서 더 이상 제가 제어할 수 없습니다."라고 말하게 된다. 고통이 너무나 극심하여 더 이상 변화에 대해서 얘기만 하고 있을 수가 없다. 이제 그것에 대해 무언가를 할 각오가 되어 있다.

고통의 한계점을 넘어가라

때로 당신의 삶 속에서 변화를 일으킨다는 것은, 깊은 결심을 하고 고통의 한계점을 넘어가는 것을 의미한다.

당신의 고통은 경제적인 것일 수도 있고, 육체적인 것일 수도 있다. 무엇이 됐든 고통은 강력한 동기 부여가 될 수 있다.

나는 항상 운동으로 몸을 만들고, 나 자신에 대해 좋은 느낌을 갖고 싶다는 꿈이 있었다. 하지만 도중에 재미있는 일이 벌어졌다. 그 꿈은 내가 운동을 하도록 동기를 부여하지 않았다. 식습관을 바로잡도록, 또는 열심히 달리기를 하도록 동기를 부여하지 않았다.

내가 몸을 만들기 위해 온갖 노력을 하도록 동기를 부여한 것이 무엇이었는지 아는가? 바로 고통이었다. 어느 날 사진 속에 내 아내와 또 다른 부부 옆에 서 있는 내 자신의 모습을 보았다. 그런데 사진 속의 내가 얼마나 거대해 보이는지, 도저히 믿기지가 않았다! 나는 애써 부인하려고 했다. "각도가 안 좋았을 뿐이야."라고 말하면서. 그런데 내가 찍힌 모든 사진마다 그 '안 좋은 각도'가 나타나고 있다는 것을 알게 되었다.

어떤 사람들은 그 정도면 괜찮다고 생각할지도 모른다. 나도 나 자신과 다른 사람들을 비교하는 것은 좋아하지 않는다. 하지만 그냥 그때의 '내 모습'이 마음에 들지 않았다. 살찐 내 모습을 바라보는 고통, 그리고 항상 피로를 느끼며 몸이 불편하다는 사실이 결국 나를 고통의 한계점으로 데려갔다. 이제는 좀 더 심각성을 가지고 내 건강에 주의해야 할 때가 되었다는 것을 확신하게 되었다.

나는 아무에게도 그 사진을 보여주고 싶지 않았다. 하지만 내가 가는 곳마다 모두가 그것을 본다는 사실을 알았다. 바로 내가 거기 있으니까, 그것이 나의 진짜 모습이니까 말이다.

"고통의 한계점은 변화에 대해 진지하게 생각하게 만든다."

하지만 나는 그 문제를 무시하기보다는 그것에 초점을 맞추고, 인정한 후에 변화를 위해 노력하기로 했다.

지금 나는 당신에게 상처를 주려는 것이 아니라, 도우려고 하는 것이다. 바로 그것이 하나님의 최선을 향해 가는 것이다. 또한 기드온의 이야기가 우리에게 가르쳐 주는 것이다. 하나님은 두려움에 직면하여 진리를 직시하고, 그 상황에 대해 뭔가 행동을 했던 사사를 우리에게 보여주기 원하신다.

나는 조심스럽게 당신에게 도전하며, 고통스러운 진리를 바라보라고 강권하고 싶다. 당신의 가장 큰 문제는 무엇인가? 실패의 사이클은 무엇인가? 당신이 어떤 문제에 직면해 있든 나는 이렇게 말하고 싶다.

'앞으로 5년 동안 당신 자신에게 이렇게 하라.'

당신이 직면하고 있는 고통을 인정하라. 그것을 경험하라. 그런 다음, 변화를 위해 하나님이 당신에게 지시하시는 일을 하라.

슬픈 사실은, 라이프스타일을 바꾸지 않으면 5년을 버티지 못할 거라는 것이다. 우리의 관계에 큰 변화를 일으키지 않으면, 지금으로부터 5년 후에 우리 중 일부는 더 이상 결혼생활을 유지하지 못할 것이다. 직장에서 큰 변화를 일으키지 않으면, 앞으로 5년 후에 우리 중 일부는 실업자나 고용불능자가 되어 있을 것이다.

> "할 수 없다는 생각을 버려라."
> -사무엘 존슨 Samuel Johnson

우리는 미래를 바라보아야 한다. 우리가 변화를 위해 아무것도 하지 않았을 때 겪게 될 미래의 고통을 바라보고, 지금 그것을 직면해야 한다. 헨리 클라우드Henry Cloud 박사의 책 《실패보다 쉬운 성공 원칙Nine Things You Simply Must Do》에서는 중요한 결정들을 내리기 전에 여러 가지 가능성들과 결과들을 생각하며, 당신의 인생을 미래 영화처럼 상상해 보라고 말한다. 영화처럼 인생을 그려보는 것은, 당신의 목적을 좀 더 명확하게 바라보고 실수하지 않도록 도와준다.

인생의 테이프를 앞으로 빨리 감아서 미래의 영화를 보라.

영화를 본다는 것은 "내가 아무것도 달라지지 않으면 앞으로 5년 후에 어떤 상황에 있을까?"라는 질문을 해보는 것이다.

이것은 앞으로 더 많은 고통을 겪는 대신, 단지 미래의 고통을 빌려와 오늘의 고통에 더하는 것이다. 당신의 미래를 자세히 들여다보고 상황이 더 나빠진 것을 볼 때 "이제 그만!" 하고 외치게 된다. 그 깨달음은 당신을 자극해서 "됐어. 지금 내가 가고 있는 곳이 마음에 들지 않아. 오늘부터 달라져서, 5년 후에는 더 좋은 자리에 있게 할 거야."라고 말하게 만든다.

변화는 지금 시작된다

이런 결단을 내리는 것은 굉장히 큰 일이지만, 진짜 변화는 당신이 대가를 지불하기 시작할 때 일어난다. 인생의 모든 것은 가격표가 있다. 값을 지불하는 것은 고통스럽고 괴로운 일이다. 하지만 그것을 극복하고 나아가 결국 5년 후에 당신이 있고 싶은 곳에, 현재 상황에서 몇 마일 앞에 있는 그 자리에 이르러야 한다.

그러기 위해서는, 즉 하나님의 최선을 경험할 수 있으려면 당신이 예전에(또한 지금도) 더 적은 것에 만족하려 했다는 것을 인정해야 한다. 당신이 최선에 못 미치는 삶을 살고 있다는 것을 인정하기 전까지는 더 나은 삶으로 나아갈 수가 없다. 지금은 당신의 실수를 고백하고 현 상태를 인정해야 할 때다. 하나님은 우리의 삶에 강력한 변화를 일으키기 원하시지만, 우리가 반드시 그것을 받아들이고 허용해야만 한다.

당신의 상태를 인식하기에 지금보다 더 좋은 때는 없다. 하나님의 최선에 못 미치는데도 안주함으로써 또 하루를 낭비하지 말라. 지금은 실패의 악순환에서 벗어나기로 결단해야 할 때다. 이스라엘 백성들은 약속의 땅에 살고 있었지만 그들이 받은 약속보다 훨씬 못한 삶을 살고 있었다는 것을 명심하라. 당신의 미래가 그렇게 되지 않도록 하라.

돌아보기 :: 내다보기

이 책은 당신의 공간이나 시간을 메우기 위한 것이 아니라, 당신의 인생을 변화시키기 위한 도구이다.

변화를 원하는가? 삶에서 더 많은 것을 얻기 원하는가? 그렇다면 당신이 가능하다고 생각했던 것 이상으로 성장할 준비를 하라.

먼저 첫 번째 교훈들을 배우자.

- 당신의 실패의 악순환을 인식하라.
- 당신에게 고통을 준 원인이 무엇이었는지 깨달으라.
- 그 고통을 피하지 말고 경험하라.
- 변화하기로 결심하라.
- 지금 바로 변화를 시작하라.

행동 계획

당신의 삶에서 현실을 직시하며 "나는 어디에 있고, 5년 후에는 어디에 있기 원하는가?"라고 질문해야 하는 영역들은 무엇인가? 당신의 가장 큰 문제는 경제적인 부분일 수도 있고, 아니면 직업적인 부분일 수도 있다. 어쩌면 결혼생활이나 인간관계가 문제일 수도 있고, 우울증이나 중독의 문제일 수도 있다. 나는 당신의 문제가 무엇인지 모른다. 어쩌면 이런 문제들이 아니라 완전히 다른 차원의 문제가 있을 수도 있다.

나는 당신과 함께 몇 가지 과제를 해보고, 당신에게 약간의 고통을 더 가하며, 당신을 변화의 한계점으로 인도하려 한다. 이 과제와 앞으로 이 책에 나올 나머지 연습 과제들을 위해, 앞에서 얘기했던 노트를 꺼내기 바란다.

앞으로 5년 후 당신의 모습을 상상해 보라. 당신의 삶 속에 있는 고통에 초점을 두고, 지금 당신이 겪고 있는 문제들을 생각해 보라. 잠시 생각하는 시간을 가진 후 다음 질문들에 답을 적어보라.

1. 지금 당신에게 가장 큰 고통을 주는 일은 무엇인가? 그 고통이 어떤 느낌인지 최선을 다해 묘사해 보라.

2. 그 고통을(또한 그 원인들을) 생각할 때, 만일 아무것도 달라지지 않는다면 앞으로 5년 후 그 고통(그리고 당신의 삶)이 어떻게 될 것 같은가?

3. 당신이 상황을 변화시키고 고통의 원인을 제거할 수 있다면, 앞으로 5년 후 당신의 삶은 어떠하겠는가? 당신은 어디에 있게 될 것 같은가?

변화를 원한다면, 하나님의 최선을 발견하고 경험하고 싶다면 이 책을 끝까지 읽기로 약속하라. 과제를 다 수행하고 다음 장들에서 발견하게 될 진리들을 적용하기로 약속하라.

잠시 읽던 것을 멈추고 짧게 기도하는 시간을 가져, 하나님께 당신이 변화될 준비가 되었다고 말씀드리기를 바란다.

step 02

새로운
방향으로
나아가라

큰 용사?

기드온이 천사에게 그 말을 듣고 무슨 생각을 했을지 쉽게 상상이 간다. 당시 기드온과 그의 동포들은 두려움과 근심에 싸여 있었다. 한때 의기양양하고 강력했던 나라 이스라엘이 굴속에 숨어 지내는 형편없는 신세로 전락한 것이다. 이스라엘에 쳐들어와서 원하는 것을 모두 가져가버린 미디안 족속과 다른 동방 족속들 때문에 그들은 공공연하게 굴욕을 당했다.

여호와의 사자가 기드온을 발견했을 때, 그는 포도주 틀에서 밀을 타작하고 있었다. 자기 가족이 먹을 음식을 마련하기 위해서였다.

보통 밀은 타작마당이라고 하는 높은 곳에서 타작했는데, 그곳은 바람이 많이 불어서 껍데기를 날려 보내기 좋기 때문이었다. 그런데 기드온은 골짜기 속 포도주 틀에서 타작을 하고 있었다. 골짜기에서 그 일을 하는 것은 효율적이지 않았는데, 무엇 때문에 그가 거기에 있었을지 생각해 보라. 기드온은 미디안 족속을 두려워했고, 그들이 쫓아와서 먹을 양식을 빼앗아갈까 봐 무서웠다. 그가 근면했다는 것은 인정할 수 있지만, 사사기 6장에 묘사된 장면은 좀 서글프기도 하다.

기드온은 작은 도시 출신의 젊은 남자였는데 그의 집안에서 가장 약한 사람이었다. 그는 음식을 만들 밀을 타작하려고 포도주 틀에 숨어 있었으며, 그의 관심은 오로지 그날 먹을 점심식사에 쏠려 있었다.

그런데 그때 여호와의 사자가 나타났다. 사자가 나타나자마자 기드온의 마음속에서 질문들이 터져 나왔다. 그는 우리와 비슷한 사람이었다. 즉 하나님이 우리를 강하다고 여기시는데도 우리는 여전히 자신이 약하다고 생각한다.

"왜 저를 '큰 용사'라고 부르십니까?"

기드온은 스스로 큰 용사라고 생각하지 않았던 것이 분명하다. 또한 원망 섞인 질문들이 마음속에 가득했다.

> "오 나의 주여 여호와께서 우리와 함께 계시면 어찌하여 이 모든 일이 우리에게 일어났나이까 또 우리 조상들이 일찍이 우리에게 이르기를 여호와께서 우리를 애굽에서 올라오게 하신 것이 아니냐 한 그 모든 이적이 어디 있나이까 이제 여호와께서 우리를 버리사 미디안의 손에 우리를 넘겨주셨나이다."(삿 6:13)

하나님께서 택하신 백성들이 하나님께 등을 돌리고 공공연하게 악한 우상숭배에 빠졌다(삿 6:1). 하지만 하나님이 7년 동안 그들을 미디안 족속의 손에 넘기시자, 이스라엘의 많은 사람들이 고통의 한계점에 이르러 하나님께 구원해 달라고 부르짖기 시작한다(삿 6:7). 하나님은 그러한 간구의 응답으로 사자를 보내어 기드온에게 불가능한 일을 하라고 명령하신다.

"젊은이에게 어떤 일이 이루어질 수 없다고 말하지 말라. 하나님은 불가능을 모르는 사람이 바로 그 불가능한 일을 해낼 때까지 몇백 년도 기다리실 것이다."
–마이클 르뵈프 Michael Leboeuf

사자와 기드온 간의 대화가 갑자기 심각해졌다.

"가서 이스라엘을 구원하라!"

그 사자는 하늘나라의 보좌에서 직접 내려온 메시지를 가지고 왔다. 바로 하나님께 받은 권세를 가지고 온 것이다. 그는 여호와의 사자였지만, 더 중요한 것은 그 천사의 모습 속에 하나님의 임재가 있었다는 것이다.

사실 사사기 6장 14절에서 '여호와'라는 단어가 쓰인 것은 그 천사가 단지 메시지를 전하는 사자가 아니라, 하나님의 권위를 지닌 자로서 말하고 있었기 때문이다.

이때 기드온의 반응이 어땠을지 상상해 보라. 하나님의 사자가 전달하는 메시지! 기드온이 미디안 족속을 피해 숨어 있던 그 포도주 틀에 하나님이 직접 나타나신 것이나 마찬가지였다. 그 다음 몇 분 동안 일어난 일들이 온 나라의 운명을 바꾸게 되는데, 그 모든 일들이 일어난 것은 하나님이 뜻밖의 지도자를 부르셨기 때문이다.

자주 듣던 흔한 이야기로 들리는가? "기드온이나 훌륭한 사역자들에게는 대단한 일이죠. 하지만 그게 나에게 무슨 의미가 있죠?"라고

"내가 만나본 사람 중 가장 행복한 다섯 사람은 모두 자신의 직업을 '소명'이라고 부르는 이상한 특징을 갖고 있었다."
-에릭 세버라이드Eric Sevareid

묻고 있는가? 하나님은 종종 깜짝 놀랄 메시지를 갖고 나타나셔서 가장 가능성이 없어 보이는 사람들에게 불가능한 일들을 명령하시기로 유명하다. 비록 그들이 의심하고, 불안해하고 가지각색의 과거를 갖고 있더라도 말이다.

하나님의 임명

오늘날 어떤 사람들은 천사가 하나님의 권능을 부여받은 대리인으로 나타나 기드온과 대화를 나누는 이 상황을 보면서 약간 실망했을지도 모른다. 물론 편안히 앉아서 "분명 멋진 일이지. 나한테는 언제 천사가 나타날까? 언제 천사들이 내 침대 끝에 나타나서 나한테 어떤 지시를 내려줄까? 이메일이든, 쪽지든 다 받을 수 있는데!"라고 말하기 쉽다. 또는 기드온에게 일어난 일을 보며 "나도 천사가 나타나서 나한테 말해 준다면 하나님의 명령을 따를 수 있어."라고 말하기 쉽다. 때때로 우리는 그것을 핑계거리로 사용하기도 한다.

사람들은 왜 성경에 천사가 그렇게 많이 등장하느냐고 묻는다. 실제로 무슨 일이 일어났는지 좀 더 깊이 살펴보자. 성경에는 천사가 나타날 때마다 특별한 목적이 있었다. 이 경우엔 이스라엘에게 선택권이 없었다. 미디안 족속과 동방 족속들이 이스라엘 자손들을 위협해 오고 있었다. 하나님의 택한 백성들이 전멸될 위기에 놓인 것이다.

하나님이 그를 모르는 사람들, 또는 그를 잊은 사람들에게 자신을 계시하려 하실 때마다 천사가 출현하고 기적이 나타나는 것 같다. 성경에서 믿기지 않는 기적들이 일어날 때는 대개 새로운 그룹의 사람들에게 하나님을 소개할 때 많이 나타난다. 하나님이 사용하고자 하시는 사람들, 이전에 하나님에 대해 몰랐던 사람들, 또는 오랫동안 하나님을 무시하고 살아온 사람들에게 말이다. 사사기에서 일어난 일도 그런 것이다.

많은 사람들 중에 왜 주의 사자가 기드온에게 나타났을까? 기드온은 재빨리 자신이 가장 약한 집안의 가장 작은 자라는 것을 지적한다. 그럼에도 불구하고 하나님이 기드온에게 이스라엘을 그들의 적들로부터 구원하라고 명령하신 것은 성경의 나머지 부분과 조화를 이룬다.

> '보아야 믿는다'는 옛 말이 있지만, '믿어야 보인다'가 더 정확한 표현이다. 즉 당신이 보게 될 거라고 믿는 것을 보는 경향이 있다는 말이다. 당신은 자신이 경험하게 될 거라고 기대하는 상황을 경험한다.
> —칼 소렌센 Carl Sorensen

"그러나 하나님께서 세상의 미련한 것들을 택하사 지혜 있는 자들을 부끄럽게 하려 하시고 세상의 약한 것들을 택하사 강한 것들을 부끄럽게 하려 하시며 하나님께서 세상의 천한 것들과 멸시 받는 것들과 없는 것들을 택하사 있는 것들을 폐하려 하시나니 이는 아무 육체도 하나님 앞에서 자랑하지 못하게 하려 하심이라."(고전 1:27~29)

사사기 6장 12절에서 천사가 기드온에게 "큰 용사여, 여호와께서 너와 함께 계시도다."라고 말했을 때 기드온에게는 영웅적인 면이 전혀 없었다. 기드온은 약하고 하찮은 사람이었다. 마치 천사가 40kg도 안 되는 약골에게 다가가 "이봐, 듬직한 친구, 어서 가서 불가능한 싸움을 이겨 보세!"라고 말하는 것과 같았다. 그러나 하나님은 기드온에게 진리를 말씀해 주고 계셨다. 그것은 현재의 진리가 아니라 미래의 진리였다. 하나님은 우리의 현재 모습을 보고 말씀하시지 않으신다.

자만

하나님이 사자를 보내어 기드온에게 소명을 전달하기로 하신 또 다른 이유는, 기드온의 삶에 용기와 헌신을 불어넣어줄 조언자들이나 다른 자원들이 없었기 때문인 것 같다.

오늘날 우리가 사용할 수 있는 자원들을 기드온은 하나도 갖고 있지 않았다. 그에겐 완전한 하나님의 말씀도 없었다. 진리를 말해 주는 사람도 그의 주변에 아무도 없었다. 그래서 하나님이 사자를 보내신 것이다.

만약 기드온이 자기 힘으로 미디안 족속과 싸우기로 결단했다면 무슨 일이 일어났을지 상상해 보라. 기드온이 "가서 하나님의 뜻을 행하는 것에 대해 우리 아버지와 이야기를 나눠봐야지. 아버지가 몇 가지 조언을 해주실 수 있을 거야."라고 말했다면 어땠을까? 문제는 그의 아버지는 하나님을 따르는 사람이 아니었다는 것이다.

기드온이 하나님을 따라야 할 필요성에 대해 자기 어머니, 형제들, 또는 누이들과 이야기를 나눈 후에 미디안 족속에게 맞설 수 있었을까? 아니다. 그들 중에는 아무도 하나님을 따르는 자들이 없었다.

또 기드온은 "그래, 오랜 학창시절 친구한테 얘기해 봐야지."라고 말했을지도 모른다. 그런데 아니다. 아무도 하나님을 섬기고 있지 않았다. 그들은 모두 우상 숭배에 빠져 있었다.

"그러면 이 마을이나 다른 지역에 사는 지혜로운 사람을 찾아가 얘기해 봐야지."

"하나님은 우리가 어떤 사람이 될 수 있는지 아시고, 그런 미래의 우리에게 말씀하신다."

옆 마을 또는 그 옆 마을에도 그런 사람은 없었다. 그런 문제에 관해서는 어딜 가도 상의할 사람이 없었다. 온 나라가 하나님께 등을 돌려 버렸기 때문이다. 사사기 6장에 의하면, 기드온 이야기의 앞부분에 언급된 선지자 말고는 어떤 사람도, 목적도, 진리도 찾을 수 없었다.

그런데 감사하게도 기드온의 경우처럼 주변에 아무도 없고, 아무런 목적도, 하나님으로부터 온 진리도 없을 때 하나님의 섭리 안에서 천사를 보내 주신다.

하나님이 우리가 조언자들에게 의지하는 것을 원치 않으신다는 뜻은 아니다. 다만 다른 조언자가 없을 때, 하나님이 당신에게 직접 말씀해 주신다는 것이다. 때로는 하나님의 말씀을 통해, 때로는 성령을 통해, 때로는 뿌리칠 수 없는 강한 갈망을 통해 말씀해 주신다. 이것은 고독한 시기에, 당신의 관심이 오로지 하

"당신을 흥분시키는 것이 있고, 당신이 정말 관심을 기울이고 있는 목표가 있으면, 외부의 압력이 필요 없다. 그 비전이 당신을 끌어당기기 때문이다."
-스티브 잡스 Steve Jobs

나님께 집중되어 있어서 하나님이 가장 분명하게 당신에게 말씀해 주실 수 있을 때 일어나게 된다.

왜 오늘날 우리의 삶 속에서는 천사들과 기적적인 일들을 보지 못

하는 걸까? 우선 하나님은 이미 우리에게 훨씬 더 실제적인 것을 주셨다. 바로 그분의 진리 말씀을 주신 것이다. 게다가 이미 놀라운 자원들을 당신 주변 곳곳에 놓아 두셨다. 가까운 서점에만 가도 먼지 쌓인 수많은 책들이 있다. 당신 삶의 모든 영역에서 더 많은 일을 성취할 수 있는 방법을 보여주는 책들이다. 당신의 삶을 위한 하나님의 최선을 발견하도록 도와주는 수많은 수련회와 웹사이트, 오디오북, CD, DVD, MP3 등이 이미 나와 있다.

그뿐만 아니라 당신 주변에는 하나님을 잘 따르고 있는 사람들이 있고, 당신이 두각을 나타내고 싶어 하는 분야에서 이미 많은 것을 이룬 사람들이 있다. 그들에게 전화를 걸겠는가? 그들의 이야기를 듣겠는가?

아마 당신 마음대로 그 모든 자원들을 다 사용하기 전까지는 하나님의 천사나 기적을 경험하지 못할 것이다. 하나님은 남은 것이 아무것도 없을 때, 더 이상 우리가 선택할 수 있는 것이 없을 때 하늘 기적을 보내신다. 왜냐하면 하나님은 절대로 우리의 게으름에 대해 보상해주시지 않기 때문이다.

어쨌든 당신에겐 아마 천사가 필요하지 않을 것이다. 단지 책이나 강의, 수업, 또는 멘토가 필요할 것이다. 잠언에서는 "지혜로운 자와 동행하면 지혜를 얻고"(잠 13:20)라고 말한다.

어쩌면 당신에게 조언해줄 수 있는 사람, 당신이 원하는 것을 갖고 있는 사람, 당신이 꿈꾸는 것과 비슷한 삶의 영역에서 하나님의 최선을 발견한 사람을 당신은 이미 알고 있을지도 모른다.

무엇 때문에 그들을 찾아가지 않는가?

교만 때문에? 무관심 때문에? 아니, 어쩌면 당신이 그 문제를 지나치게 많이 생각하고 있기 때문일 수도 있다.

"겸손은 성령을 끌어당기는 자석이다."
-릭 워렌

자만은 우리가 결혼생활에서, 재정 문제에서, 자녀 양육에서, 영적 생활에서 연약한 사람이라는 것을 인정하지 않게 만든다. 반대로 겸손은 새로운 아이디어, 새로운 개념, 새로운 행동 방식들에 대해 열려 있게 만든다. 겸손은 조용하거나 말이 없거나 활발하게 움직이지 않는 것을 뜻하지 않는다. 자신의 단점들을 보고, 그것들을 극복하기 위해 행동을 취하고, 새로운 미래를 창조하기 위해 자신의 행동을 변화시키는 것이 겸손이다.

왜 기드온인가?

그 모든 굴욕적인 일들이 일어나고, 그들이 가진 모든 것을 잃은 후에도 이스라엘은 여전히 하나님을 외면하고 있었다. 오직 한 사람만이 하나님의 음성을 들으려고 했다. 그가 바로 기드온이다. 그는 아무도 직면할 수 없는, 또는 직면하려고 하지 않는 도전에 직면하도록 하나님께 특별히 부름을 받은 사람이다.

여호와의 사자가 기드온을 발견했을 때, 그는 포도주 틀 바닥에서 밀을 타작하고 있었다. 음식을 만들기 위해 알곡과 껍데기를 분리하고 있었던 것이다. 앞에서도 말했듯이, 기드온의 시대에는 산이나 언덕 위 평평한 곳에서 밀을 타작하는 것이 보편적인 관습이었다. 산 밑에는 포도주 틀이 있었는데, 그곳은 포도를 모아 으깨어 포도주를 만드는 곳이었다.

기드온은 산꼭대기가 아니라 산 아래 포도주 틀에서 밀을 타작하고 있었다. 미디안 족속을 피해 몰래 숨어서 밀을 타작하려 했던 것이다. 하지만 산기슭에는 바람이 불지 않아서 아마 아무 소용이 없었을 것이다. 또 성경은 기드온이 막대기나 지팡이를 가지고 밀을 타작하려 했다고 말한다. 아마 그가 가진 밀이 얼마 안 됐기 때문일 것이다. 황소나 더 큰 도구가 필요할 만큼 밀을 많이 갖고 있지 않았던 것이 분명하다.

그는 산꼭대기에 올라가는 것이 두려웠기 때문에 열악한 곳에서 그 일을 하느라 애쓰고 있었다. 미디안 인들이 그를 발견할까 봐, 그래서 그를 쫓아와 음식을 빼앗아갈까 봐 두려웠다. 여호와의 사자가 나타났을 때 기드온은 작은 도시 출신의 젊은이였고, 집안에서 가장 작은 자로서 자신의 점심식사를 해결하려고 애쓰고 있었다.

최소한 그는 바쁘게 일하고 있었다. 즉 게으르지 않았다는 것이다. 그에겐 종들이 있었지만(삿 6:27) 자신이 직접 밀을 타작하고 있었다. 기드온은 게으르게 지내거나, 자기와 가족에게 먹을 것이 없다고 실쭉거리며 굴속에 숨어 있지 않았다. 비록 미디안 족속을 피해 숨어 있긴 했지만, 최소한 뭔가를 하려고 계속 시도하고 있었다.

하나님은 구하고 노력하는 사람들에게 신령하게 찾아오신다. 베들레헴 들판의 목자들도 한밤중에 자기 양떼를 지키고 있을 때 그리스도가 탄생하셨다는 놀라운 소식을 들은 것처럼 말이다.

기드온은 궁핍하고 힘든 상황에서도 열심히 일하고 있을 때 하나님의 사자로부터 거룩한 소명을 받았다.

당신의 소명

여러 해 동안 나는 기드온처럼 엄청난 역경을 이기고 '불가능한 일'을 이루어내는 사람들의 특징을 알고 싶어서 열심히 연구해 왔다. 다음은 하나님의 최선을 경험하고 있는 사람들의 가장 보편적인 10가지 특성들이다.

첫째, 하나님의 소명을 알고 따른다

먼저 '하나님의 소명'이라는 말의 의미를 규정해 보자.

때로 하나님의 소명은 선교사나 목회자의 소명처럼 매우 구체적일 수도 있고, 기드온의 경우처럼 적과 싸우라는 명령일 수도 있다. 하지만 이 책에서는 '하나님의 소명' 또는 '소명'이라는 말을 좀 더 넓은 의미로 사용할 것이다. 당신의 인생에 대한 하나님의 소명을 발견하고 따르라고 말할 때는, 당신의 인생에 대한 하나님의 지시와 명령을 발견하라는 뜻이다. 때로 우리는 이것을 우리 삶에 대한 하나님의 뜻을 구한다고 말한다. 변화란 바로 그런 것이다. 즉 우리 삶에 대한 하나님의 명령, 하나님의 최선을 발견하고 따르는 것이다.

그러면 하나님의 소명을 어떻게 깨달을 수 있을까? 하나님이 당신에게 무엇을 지시하시는지 어떻게 알 수 있는가? 하나님의 음성에 귀 기울여 보라. 성경을 공부하고, 성령의 인도를 구하고, 경건한 사람들의

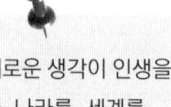

"한 가지 새로운 생각이 인생을, 사업을, 나라를, 세계를 변화시킬 수 있다."
-댄 재드라 Dan Zadra

조언을 듣고, 열심히 기도하며, 흔들림 없는 믿음으로 순종하라.

비록 그렇게 하기가 힘들더라도 하나님은 당신의 삶에 대한 거룩한 소명을 갖고 계신다는 것을 확신하라. 그리고 하나님으로부터 온 소명이라면, 사업이나 교육에 대한 소명도 선교사의 소명만큼 중요하다는 것을 명심하라. 중요한 것은, 무슨 일을 하든지 하나님의 리더십과 지시를 따라가는 것이다.

로마서 12장 2절은 그 요점을 말해준다.

"너희는 이 세대를 본받지 말고 오직 마음을 새롭게 함으로 변화를 받아 하나님의 선하시고 기뻐하시고 온전하신 뜻이 무엇인지 분별하도록 하라."

둘째, 흔들리지 않는 비전을 갖고 있다

하나님의 일로 부르심을 받은 사람들은 누구나 어려움에 직면한다. 구약과 신약에 등장하는 사람들이 다 그랬다. 앞으로 보게 되겠지만, 물론 기드온도 그랬다. 모든 믿음의 선구자들이 그랬으며, 당신도 그럴 것이다.

일단 하나님의 뜻을 알았으면, 흔들림 없는 비전과 믿음으로 그것을 추구해야 한다. 당신과 당신의 비전을, 그리고 그 비전을 이룰 수 있는 능력을 의심하는 사람들이 있을 것이다. 하지만 그런 사람들과 그들의 회의론에 실망하지 말고, 오히려 그런 의심들로 인해 더 강하게 마음먹고 앞으로 나아가 꼭 성공하겠다는 결의를 굳혀야 한다.

하나님이 당신을 어디로 인도하고 계신지 알면, 그 길을 따라갈 수 있는 방법도 찾게 될 것이다. 하나님이 힘과 방법과 지혜를 주실 것이다. 다만 당신의 비전이 흔들리지 않게 하라.

셋째, 하나님께는 의존적이지만 사람에게는 독립적인 모습을 나타낸다

대부분의 성공하는 그리스도인들은 조직의 구속, 팀워크, 공동의 비전 안에서 일할 수 있는 사람들이지만, 최고의 사람들은 또한 독립적인 성향을 갖고 있다. 이로 인해 그들은 보통 '흐름을 따라가기' 좋아하는 사람들보다 더 혁신적이고 창조적이다. 그들은 하나님께는 의존적이지만 다른 사람들로부터 분명히 독립된 모습을 나타낸다. 그래서 때로는 '개성이 강한 사람들'로 묘사되기도 한다.

성경에 등장하는 지도자들을 살펴보고 그들의 본을 따르자. 많은 이들에게서(그 중 한 사람이 다니엘이다) 이런 독립적인 성향을 발견하게 될 것이다. 하지만 아무리 개성이 강한 사람이라도 주변 사람들과 함께 조화를 이루며 일할 수 있어야 한다는 것을 명심하라. 대부분은 다른 사람들과 함께 일하지 못하기 때문에 해고를 당하는 것이다. 지도자가 되고 혁신을 일으키는 사람이 되고 싶으면, 주변 사람들을 위협하지 않으면서 당신의 생각들을 충분히 전달할 수 있어야 한다.

예를 들어, 일터에서 새로운 아이디어가 떠오르면 그것을 상사가 수긍할 수 있도록 잘 전달할 수 있어야 한다. 해리 트루먼Harry S. Truman 대통령은 "자기를 인정해줄 사람을 고

> "어차피 나 자신이 죽어야 한다면, 나 자신의 삶을 살고 다른 사람들이 대신 그 삶을 살게 하지 않기로 했다."
> –하녹 매카티Hanoch Mccarty

step 02 새로운 방향으로 나아가라

려하지 않고 무언가를 이룰 수 있다면 그건 기적이다."라고 말했다.

지도자와 추종자로서 다른 사람들과 함께 일하는 법을 배우기 바란다. 하지만 결국은 하나님의 인도와 지도를 받기 위해 하나님을 전적으로 의존해야 한다는 것을 명심하라.

넷째, 열심히 노력하려 한다

노력을 대신할 수 있는 것은 아무것도 없다. 기드온은 여호와의 사자가 거룩한 소명을 가지고 그를 찾아왔을 때 성실하게 밀을 타작하고 있었다.

물론 당신은 앞일을 잘 내다보고 계획을 세워야 한다. 하지만 결국 열심히 노력하려는 마음이 없으면 성공하지 못할 것이다.

예외도 있겠지만, 아직까지는 노력하려는 마음이 없이 성공하는 경우를 한 번도 본 적이 없다. 어느 영역에서든 성공하는 사람들은 대개 어떻게든 일을 다 끝내려 하고, 오후 5시가 돼서 다른 사람들이 다 집에 갔다는 이유로 하던 일을 멈추지 않는다. 내가 아는 훌륭한 지도자들은 대부분 처음부터 하나님이 명령하신 일을 행하는 상급 외에 다른 보수는 거의 받지 않으면서 오랜 시간 동안 열심히 일한 사람들이다.

"상황이 변하는 것이 아니라 우리가 변하는 것이다."
-헨리 데이비드 소로
Henry David Thoreau

또한 성공을 이루었을 때, 이 위대한 사람들은 계속 동기 부여를 받고 남들보다 더 열심히 일하며 이미 얻은 명예에 만족하지 않으려고 노력했다. 따라서 노력 이외에 다른 방법은 별로 효과가 없는 듯하다.

다섯째, 깊은 내적 확신을 갖고 있다

그것을 '자신감'이라고 할지도 모르겠지만, 신자들에게 그러한 확신과 믿음은 반드시 하나님으로부터 나와야 한다. 기드온처럼 당신도 혼자서 자신의 삶에 대한 하나님의 계획이 무엇인지 발견해야 할 때가 올 것이다. 하나님께 대한 깊은 확신은 다른 사람들이 모두 실패할 때도 성공하도록 도와줄 것이다.

6, 7년 전에 우리 교회는 한 가지 좋은 문제에 직면했다. 10년 정도 걸릴 거라고 예상했는데, 단 3년 만에 우리의 모든 목표를 이룬 것이다. 나는 그 다음에 어디로 가야 하는지 몰랐다. 그래서 하나님께 무엇을 해야 하는지 물었다.

나는 하나님께서 더 많이 기도하도록 인도하시는 것을 느꼈다.

"얼마나 더 기도해야 합니까? 며칠? 몇 주?"라고 나는 물었다.

마침내 나는 하나님께서 '베이 에리어 펠로우십'의 미래의 비전과 나아갈 방향에 대해 100시간을 기도에 전념하도록 인도하시는 것을 느꼈다. 나의 계획을 교회에 알리니, 교인들이 나에게 책임을 지워 주었다. 그래서 그 다음 두세 달 동안 나는 우리 교회의 비전을 위해 100시간을 기도했다. 그 결과 미래를 인도하시는 하나님께 대한 깊은 확신이 생겼다.

이 기도 시간이 있었기에, 다른 사람들이 그 비전에 대해 의심을 표현할 때도 흔들리지 않는 확신을 가질 수 있었다. 나는 조용히 그들에게 그 일에 대해 얼마나 많이 기도했느냐고 물었다. 기도함으로써 사람들보다 한 발 앞서 가려는 의도는 아니었지만, 하나님과 함께 좀 더 오랜 시간을 보냄으로써 하나님이 우리를 이끌고 계신 일에 대한 확신이 점점 더 커져 갔다. 나는 교회가 그 일을 시작하도록 더 잘 도전할 수 있었다.

우리는 보통 가장 많은 시간을 함께 보내는 사람 편에 서게 되는 경향이 있다. 따라서 하나님과 함께 많은 시간을 보내면 당연히 하나님 편에 서게 될 것이다.

여섯째, 중요하지 않은 것들은 무시하고 중요한 것들에만 관심을 쏟는다

기드온처럼 성공하는 사람들은 중요하지 않거나 가장 쉬운 일을 하고 싶은 유혹을 뿌리친 사람들이다. 대신 그들은 가장 중요한 일, 즉 지금 맡은 일에 집중할 수 있는 타고난 능력을 갖고 있는 듯하다. 그들은 아침에 일어나 바로 곁길로 빠지지 않고 그날의 가장 중요한 목표에 전념한다. 전화기와 이메일도 보지 않고, 사무실 문을 닫아놓고, 꼭 해야 할 일에만 집중할 수 있는 능력이 있다.

이런 능력을 개발하려면 항상 당신 앞에 분명한 비전과 목표가 있어야 한다. 한 가지 방법은 하나님과 단 둘이 있는 기도 시간에 자기 자신에게 거듭 이런 질문을 던지는 것이다.

"내가 진정 원하는 것이 무엇인가?"

우리가 마땅히 해야 할 대로 하나님과 함께 시간을 보내고 있다면, 종종 우리의 소원을 통해 우리를 향한 하나님의 뜻을 계시해 주신다고 믿는다. 많은 사람들이 불행한 것은 자기가 원하는 것을 갖지 못해서가 아니라, 자기가 원하는 것이 무엇인지 모르기 때문이다.

모든 말과 행동을 마치고 마침내 관 속에 누울 때 무엇을 이루어 놓았기를 원하는가? 어떤 삶을 살았기를 원하는가? 그러한 소원들에 초점을 두고 생각을 집중할 때, 중요하지 않은 것들은 잊고 중요한 것들에만 집중하는 법을 배울 수 있다.

"당신이 진정 무엇을 원하는지 알라."

일곱째, 건전한 판단을 내린다

하나님의 최선을 경험하는 사람들은 빨리 생각하고, 신속하게 선택하고, 아무리 큰 압력을 받아도 지혜로운 결정을 내릴 수 있는 능력을 갖고 있는 것 같다.

사실 기드온 같은 사람들은 거의 예외 없이 스트레스를 자기에게 유리하게 이용하여 모든 핸디캡을 극복할 수 있는 능력을 갖고 있었다.

특히 압박감을 느낄 때 지혜는 하나님으로부터 나온다. 더 중요한 것은, 그것이 하나님과의 깊고 친밀한 관계에서 나온다는 것이다. 지혜롭고 건전한 판단력을 가질 수 있는 유일한 방법은 하나님과 함께 시간을 오래 보내며 하나님께 귀를 기울이는 것이다.

나는 항상 베이 에리어 펠로우십 교회를 위한 목표를 정할 때 매우 숫자 지향적이었다. 나의 계획 속에는 어느 시기에 교회가 어느 위치에 있어야 하는지에 대해 구체적인 숫자상의 목표들이 있었다. 하지만 1년여 전에 하나님께서 잠시 그 숫자들을 잊고, 대신 기도에만 전념하도록 이끄시는 것을 느꼈다. 그래서 나는 기도에 대한 개인적인 목표를 세우기로 했다. 매일 2시간 동안 기도하기로 했고, 우리 교회 성도 2천 명에게 1년 동안 매주 한 시간씩 기도하도록 요구했다. 그렇게 해서 우리는 베이 에리어 펠로우십 교회의 사명을 위해 10만 시간의 기도를 드리게 되었다.

57
step 02 새로운 방향으로 나아가라

하나님이 그 사람들을 보내주셨다. 또 그렇게 수적인 성장에 집중하지 않고 1년 동안 기도했을 때 베이 에리어 펠로우십 교회는 미국에서 가장 빠르게 성장하는 교회 중 하나가 되어 있었고, 또한 가장 큰 교회 중 하나가 되어 있었다.

여덟째, 변화에 우호적인 태도를 갖고 있다

기드온에게서도 볼 수 있듯이, 하나님의 최선을 구하고 그분의 인도하심을 따르는 사람들의 가장 큰 특성 중 하나가 변화를 받아들이는 능력, 심지어 변화를 기꺼이 끌어안을 수 있는 능력이다. 삶과 전투 속에서 변화가 자주 일어나는데, 성공하는 사람들은 그들의 기회와 자원들이 커지면서 변화와 더불어 번성해가는 것 같다. 기드온과 그의 용사들이 그랬다. 당신도 그럴 수 있다.

이 책 뒷부분에서는 기드온이 3만2천 명의 작은 군대에서 1만의 더 작은 군대로, 또 결국엔 겨우 300명의 소수부대로 축소해가는 과정을 보게 될 것이다. 그뿐 아니라 전투 전략은 직접 싸우는 것이 아니라, 나팔과 횃불과 항아리를 가지고 언덕 위에 서 있는 것이었다.

당신이 기드온이라면 어땠을지 상상이 가는가? 하나님께서 당신에게 장비라고는 나팔과 항아리뿐인 소수의 군대를 이끌고 크고 위협적인 적과 맞서라고 하신다면 어떻겠는가. 기드온은 자신의 하나님을 알고, 하나님이 무엇을 하려고 하시는지 분명히 알고 있었기 때문에 그 변화를 기꺼이 받아들일 수 있었다.

당신의 비전이 분명할수록 변화를 받아들이기가 더 쉬워질 것이다.

아홉째, 자신의 선택에 대해 책임을 진다

성공이 우연이 아니듯이, 하나님의 최선을 발견하고 경험하는 것은 결코 우연이 아니다. 마찬가지로 실패도 우연이 아니다. 성공과 실패는 우리의 선택 및 행동과 직접적인 연관이 있다.

다음 장에서 살펴보겠지만, 기드온 같은 사람들은 과거와 현재, 미래에 자신의 선택에 대한 책임을 지는 법을 배웠다. 사실 당신의 인생에 대한 하나님의 뜻을 따르는 데 있어서, 그런 결정들에 대한 책임을 진다는 것은 당신을 굉장히 자유롭게 해줄 것이다.

하나님은 우리에게 엄청난 선택의 자유를 주신다. 물론 하나님은 우리가 죄를 짓거나 하나님의 뜻을 거부하는 것을 원치 않으신다. 실제로 우리는 하나님의 뜻에 일치하는 선택을 해야만 한다. 하지만 그것을 어떻게 알 수 있는가?

"변화를 거부하는 안이함 속에서 모험정신이 사라지고 있다."
–알프레드 P. 슬론 Alfred P. Sloan

하나님과 친밀하게 동행하는 것이 선행조건이다. 당신 자신과 당신이 섬기는 사람들에 대한 하나님의 뜻을 구하는 것도 마찬가지다. 그러면 하나님이 당신의 마음속에 하나님의 소원을 주실 것이다. 성경에 "여호와를 기뻐하라 그가 네 마음의 소원을 네게 이루어 주시리로다"(시 37:4)라고 되어 있기 때문이다. 중요한 것은 당신 자신의 뜻이 아니라 하나님의 뜻을 구하는 것이다.

하나님의 인도를 따르는 법을 배우되, 당신이 나쁜 결정들을 해놓고 하나님을 탓하지 말라. 때로는 아주 훌륭한 결정들을 할 것이고 때로는 그렇지 못할 것이다. 나쁜 선택들은 앞으로 좀 더 주의를 기울여 더 나은 선택을 할 수 있도록 도와줄 것이다. 당신의 선택에 대해 스스로 책임을 지는 것이 앞으로 성장하여 하나님의 최선을 경험할 수 있는 핵심 열쇠 중 하나이다.

열째, 상을 바라본다

물론 일상의 세세한 부분들을 잘 관리하는 것도 중요하지만, 결과에 이르는 과정뿐 아니라 최종 결과에 항상 초점을 맞추지 않으면 세속적인 일들이 종종 당신을 수렁에 빠뜨릴 수 있다.

기드온의 경우, 최종 결과는 그의 용사들을 승리로 이끄는 것이었다. 오늘날 우리에게 최종 결과는 분명히 다른 사람들이 그리스도를 알도록 인도하고 풍성한 삶을 살도록 도와주는 일을 포함하고 있어야 한다. 그러나 그러한 이상들을 넘어, 우리가 늘 마음속에 품고 있어야 할 더 중요한 상이 있다. 바로 언젠가 하나님 앞에 서서 하나님께 "잘하였도다 착하고 충성된 종아 …네 주인의 즐거움에 참여할지어다."(마 25:23)라는 말씀을 듣는 것이다.

이 얼마나 놀랍고 영원한 상인가! 이것은 또한 우리가 언제나 하나님의 최선을 구해야 하는 가장 중요한 이유이다.

돌아보기 :: 내다보기

출발점이 어디인지는 중요하지 않다. 중요한 것은 마치는 지점이다. 하나님은 현재의 우리에게 말씀하지 않으신다. 우리가 미래에 어떤 사람이 될 수 있는지를 보고 말씀하신다. 하나님은 우리를 현재의 실패나 현재 상황과 따로 분리해서 보신다. 따라서 우리도 우리 자신을 최종 승자로 여겨야 한다.

하나님은 기드온 안에 이제까지의 모습과 완전히 다른 것을 창조하셨다. 당신에게도 그렇게 해주실 것이다. 하나님은 오늘 당신이 더 좋은 길을 따라가도록 인도하고 계신다. 그와 더불어 당신이 하나님께서 원하시는 일을 성취할 수 있도록 도와주신다. "너희를 부르시는 이는 미쁘시니 그가 또한 이루시리라."(살전 5:24)

어떻게 하나님의 인도하심을 발견하고 따를 수 있을까? 먼저, 다음 말씀을 이해하는 것부터 시작하자.

"그러므로 염려하여 이르기를 무엇을 먹을까 무엇을 마실까 무엇을 입을까 하지 말라 이는 다 이방인들이 구하는 것이라 너희 하늘 아버지께서 이 모든 것이 너희에게 있어야 할 줄을 아시느니라 그런즉 너희는 먼저 그의 나라와 그의 의를 구하라 그리하면 이 모든 것을 너희에게 더하시리라."(마 6:31~33)

하나님의 말씀과 기드온의 삶을 통해 알 수 있는 것은, 하나님은 우리와 관계된 일들과 우리가 매일 직면하는 크고 작은 결정들에 관심을 쏟으신다는 것이다. 그분은 우리를 움직이게 하는 것이 무엇인지 아시며, 우리의 필요를 다 아신다. 기드온처럼 미디안 족속들과 맞서고 있든, 우리 자신의 일상적인 문제들과 싸우고 있든 우리의 삶 속에서 하나님의 인도를 따르도록 돕는 방법을 알고 계신다.

마찬가지로 하나님은 우리가 해야 하는 선택들에 관심을 가지신다.

"이 하나님은 영원히 우리 하나님이시니 그가 우리를 죽을 때까지 인도하시리로다."(시 48:14)

가장 중요한 것은, 우리의 삶 속에서 하나님의 뜻에 따른 결정들을 내리기 원하신다는 것이다.

"그러므로 어리석은 자가 되지 말고 오직 주의 뜻이 무엇인가 이해하라."(엡 5:17)

이 말씀을 염두에 두고, 당신의 삶 속에서 하나님의 계획을 알기 위한 세 가지 원칙을 알아보자.

1. 하나님의 계획은 오직 주 예수 그리스도를 통해서만 알 수 있다. 세상은 잡다한 신념과 의식들을 추구하지만, 예수님은 어떠한 오류나 오해의 여지도 남기지 않는 명쾌한 방법으로 자신을 나타내신다.

"예수께서 이르시되 내가 곧 길이요 진리요 생명이니 나로 말미암지 않고는 아버지께로 올 자가 없느니라."(요 14:6)

2. 당신의 삶 속에서 하나님의 뜻을 알려면 먼저 하나님께 당신의 삶을 온전히 드려야 한다. 사도 바울은 이렇게 말했다.

"그러므로 형제들아 내가 하나님의 모든 자비하심으로 너희를 권하노니 너희 몸을 하나님이 기뻐하시는 거룩한 산 제물로 드리라 이는

너희가 드릴 영적 예배니라."(롬 12:1)

우리가 하나님께 합당한 도구로 쓰임 받으려면 기꺼이 산 제물이 되어야 한다. 그래야만 우리의 삶에 대한 하나님의 계획을 깨달아갈 수 있다. 예수 그리스도를 당신의 삶 속에 영접한 적이 없다면 이 간단한 기도를 따라 해도 좋다. 그리고 예수님이 십자가 위에서 당신을 위해 이루신 일 덕분에 당신은 언젠가 천국에 가게 된다는 것을 확신하라.

"사랑하는 예수님, 예수님이 저의 죄를 위해 돌아가신 것을 믿습니다. 저의 행동으로 주의 이름을 더럽힌 대가를 주님이 대신 치르셨습니다. 주님이 십자가에서 죽으셨다가 무덤에서 다시 살아나심으로 하나님이심을 증명하셨습니다. 저의 죄들을 버리고, 주님을 저의 삶 속으로 초청합니다. 저의 주님이 되어 주시고, 저의 영원한 구세주가 되어 주십시오. 저를 다스려 주십시오. 예수님의 이름으로 기도합니다. 아멘."

3. 하나님의 뜻을 알려면 당신의 마음이 초자연적으로 새로워져야 한다. 앞서 말한 대로, 로마서 말씀을 보면 "너희는 이 세대를 본받지 말고 오직 마음을 새롭게 함으로 변화를 받아 하나님의 선하시고 기뻐하시고 온전하신 뜻이 무엇인지 분별하도록 하라."(롬 12:2)고 한다. 우리가 하나님과 함께 시간을 보내고 하나님의 말씀을 읽음으로써 부단히 우리 자신을 하나님께 드릴 때, 하나님은 우리를 변화시켜 주시고 우리에게 그분의 계획을 보여주신다.

당신의 삶을 향한 하나님의 계획은 완벽하고 온전하다. 하나님은 신자들 한 사람 한 사람을 그분의 완벽한 뜻 안으로 인도하려 하신다. 우리의 삶에 대한 하나님의 뜻을 알고자 할 때 우리는 시편 기자처럼 이렇게 기도해야 한다. "주는 나의 하나님이시니 나를 가르쳐 주의 뜻을 행하게 하소서 주의 영은 선하시니 나를 공평한 땅에 인도하소서."(시 143:10)

행동 계획

1단계에서 다음 질문들에 대해 생각해 보라고 했었다.
"나는 어디서 왔는가, 앞으로 5년 후에 나는 어디에 있기를 원하는가?"
또한 노트에 당신의 대답을 적어 보라고 했었다. 이제 노트를 펴서 그 답들을 다시 살펴보라. 그리고 새 페이지에 다음 질문들에 대한 답을 써보라.

1. 그 질문들에 대해 하나님의 인도하심을 구했을 때 당신의 대답이 달라졌는가? 달라졌다면 어떻게 달라졌는가?
2. 당신의 삶 속에서 하나님이 원하시는 일을 이루지 못하게 방해하는 가장 큰 장애물들은 무엇인가?
3. 이제 당신의 대답들에 대해 어떤 느낌이 드는지 잠깐 동안 생각해 보라. 당신의 글에서 볼 수 있는 미래의 소망은 무엇인가?

대가를 지불하라

step 03

삶의 모든 것에는 가격표가 있다. 진정한 변화는 당신이 그 값을 치르기 시작할 때 일어난다. 기드온의 경우 이것은, 핑계거리를 버리고 자신의 과거와 싸우며 앞으로 나아가기 위해 애쓰는 것을 의미했다.

마침내 기드온은 사자에게 이렇게 말했다.

"좋아요, 그렇게 하겠습니다. 그런데 이것이 진짜라는 표징을 보여주세요. 제가 가서 예물을 가지고 오겠습니다."

그 포도주 틀 안에서 기드온은 변화하기로 의식적인 결단을 내렸다. 이런 결단을 내린다는 것은 굉장한 일이며, 매우 광범위한 의미가 함축되어 있다. 변화의 대가를 치르는 것은 매우 힘들고 고통스러운 일이다. 하지만 그것을 잘 통과해야만, 앞으로 5년 후에 당신이 있기 원하는 자리, 현재 상황에서 아주 멀리 있는 최상의 그 자리에 도달할 수 있다.

기드온은 자기의(또한 자기 나라의) 삶을 변화시키기 위해 무엇을 해야 했는가?

첫째, 현재 처한 상황과 싸워야만 했다. 당신의 삶에 대한 하나님의 최선을 발견하려면 당신이 부족한 것에 만족하며 살아왔다는 것을 인정해야 한다. 당신이 부족한 삶을 살고 있다는 것을 인정하기 전까지는 발전할 수가 없다. 기드온은 질문을 계속했다.

"오, 주여 내가 무엇으로 이스라엘을 구원하리이까 보소서 나의 집은 므낫세 중에 극히 약하고 나는 내 아버지 집에서 가장 작은 자니이다." 그러자 여호와께서 이렇게 대답하신다. "내가 반드시 너와 함께 하리니 네가 미디안 사람 치기를 한 사람을 치듯 하리라."(삿 6:15-16)

기드온은 자신을 변화시키고 결국엔 온 나라를 영광스러운 승리로 이끌기 전에, 먼저 자신의 처지와 이스라엘의 처지를 솔직하게 인정해야만 했다. 온갖 핑계거리들을 버려야만 했다.

하나님은 그에게 말씀하셨고 아주 강력하게 인도해 주셨다. 놀라운 승리를 이루어내고 경제적, 감정적, 영적, 관계적으로 그의 삶을 완전히 변화시키기 위한 전략적 단계들을 제시해 주셨다. 결국 기드온은 모든 면에서 변화되어 정말로 '큰 용사'가 되었다.

이제는 당신의 잘못을 자백하고, 지금 당신의 상태를 솔직하게 인정해야 할 때다. 그럴 때 비로소 하나님이 당신의 삶에서 위대하고 기적적인 일을 행하실 수 있다. 자신의 현재 상황을 인식하기에 지금보다 더 좋은 때는 없다. 하나님의 최선보다 못한 것에 만족하며 또 하루를 낭비하지 말자. 이스라엘 백성들은 약속의 땅에서 살고 있었으나 그들의 잠재력에 훨씬 못 미치는 굴욕적인 삶을 살고 있었다는 것을 명심하라. 당신의 미래가 그렇게 되지 않게 하라.

또한 기드온은 하나님의 인도를 따르기 위해 아주 비싼 대가를 치러야 한다는 걸 배우고 있는 중이었다. 당신도 분명 치러야 할 대가가 있을 것이다.

핑계거리들을 내려놓으라

인간인 우리는 항상 다른 것들, 다른 사람들, 다른 요인들을 탓하고 싶어 한다. 하지만 하나님은 항상 그 책임을 우리에게 돌리신다. 하나님은 우리의 미래가 우리의 행동들에 달려 있다는 것을 아시기에, 우리가 서로 책임을 전가하도록 내버려두지 않으신다. 우리가 어떤 위기와 힘든 상황에 처하여 고통의 한계점에 이를 때 하나님은 "너에 대해 이야기해 보자."라고 하신다.

그러면 우리는 기드온처럼 잽싸게 대답한다. 하나님은 기드온이 큰 용사라고 말씀하시지만, 기드온은 "아니오, 아니오. 전 미디안 족속에 대해 이야기하고 싶습니다."라고 대답한다.

그러자 하나님은 "아니다. 너에 대해 이야기하자."라고 하신다.

"하지만 미디안 족속은 아주 비열한 자들이에요."

하나님은 "그건 그들이 비열하게 굴도록 너희가 내버려두기 때문이고, 너희가 그것을 단호하게 막지 않고 내가 지시한 대로 하지 않았기 때문이다."라고 말씀하신다.

> "오늘 책임을 면한다고 해서 내일의 책임을 피할 수 있는 것은 아니다."
> -에이브러햄 링컨

하나님은 우리가 다른 사람들에게 좋은 대접이나 나쁜 대접을 받는 것은 다 우리가 허락했기 때문이라는 것을 아신다. 이스라엘 백성들은 그들의 적들을 막을 수 있었다. 악한 짓들을 그만하라고 명령할 수 있었다. 하지만 그들 스스로 약하고 힘없는 존재라고 생각했기 때문에 약속의 자녀들이 그런 형편없는 대접을 받게 된 것이다. 그들은 미디안 사람들이 그들을 짓밟고 농작물과 양과 나귀들을 빼앗아가도록 허락했다!

우리는 자주 이런 불평을 한다.

"직장에 저를 괴롭히는 사람이 있어요. 이 직장을 그만두고 다른 곳으로 옮기고 싶어요. 아마 거기엔 그런 비열한 사람이 없을 거예요."

바로 여기에 문제가 있다는 걸 아는가? 회사에서 우리가 맞서야 하는 사람은 누구인가? 우리가 정말로 직면해야 하는 사람은 누구인가? 우리가 직면해야 하는 사람은 바로 우리 자신이다. 우리는 자아 발견이라는 값을 치러야만 한다.

고통은 우리 자신을 직시하게 한다. 외적인 고난들은 사실 우리 자신의 두려움에 맞설 용기를 갖기 위한 내적 싸움일 뿐이다. 우리는 단호하지 못한 우리 자신의 모습을 직시해야 한다.

기드온은 이스라엘 백성들을 이끌기 전에, 먼저 자기 자신과 자신의 두려움에 대한 책임을 져야 했다. 마찬가지로 당신이 '책임져야' 할 사람이 딱 한 사람 있으니, 바로 '당신 자신'이다. 진정으로 변화되기 원한다면, 피해자 행세를 그만하고 당신 자신과 당신이 허용한 삶에 대해 책임을 지기 시작해야 한다. 이스라엘은 피해자들의 나라가 되었지만, 한 사람이 자신의 두려움에 맞서려고 했기 때문에 이제 모든 것이 달라지고 있었다.

> "기드온이 그에게 대답하되 오 나의 주여 여호와께서 우리와 함께 계시면 어찌하여 이 모든 일이 우리에게 일어났나이까 또 우리 조상들이 일찍이 우리에게 이르기를 여호와께서 우리를 애굽에서 올라오게 하신 것이 아니냐 한 그 모든 이적이 어디 있나이까 이제 여호와께서 우리를 버리사 미디안의 손에 우리를 넘겨주셨나이다."
>
> (삿 6:13)

여기서 재미있는 것은, 기드온이 정말 중요한 변명을 되풀이하고 있다는 것이다. 하나님은 "큰 용사여, 어서 오라. 네가 와서 참 기쁘다. 네가 해야 할 일이 몇 가지 있다."라고 말씀하셨다. 그런데 기드온은 "잠깐만요. 그런데 왜 이런 나쁜 일들이 일어나고 있는 겁니까?"라고 말했다. 지금 기드온을 경멸하기 전에, 우리가 하나님 앞에서 늘어놓는 모든 핑계거리들을 생각해 보라.

기드온은 대부분의 사람들이 한번쯤은 해보는 전형적인 질문을 했다. "왜 선한 사람들에게 나쁜 일들이 일어날까?"

이것은 많은 사람들이 하나님을 믿지 않는 이유로 제시하는 대표적인 핑계거리다. 하나님이 정말로 우리를 보살펴주신다면 왜 우리의 삶에 슬픔과 고난이 찾아오게 하시는 걸까?

나는 그 질문에 담긴 기본적인 가정들을 분석해보고자 한다. 왜 우리에게 나쁜 일들이 일

"새로운 철학, 새로운 삶의 양식은 공짜로 얻어지는 것이 아니다. 비싼 값을 치러야 하며 많은 인내와 노력으로만 얻을 수 있다."
-도스토예프스키

어나느냐고 물을 때는 모든 일이 항상 우리 뜻대로 되어야 한다는 가정이 깔려 있다. 우리는 착한 사람들이니까 삶에 힘든 부분이 없어야 한다고 생각한다. 비극과 시련 같은 나쁜 일들은 우리에게 일어나선 안 된다. 하지만 그런 생각을 한다는 것은, 우리가 악하고 타락한 세상에 살고 있다는 사실을 망각하는 것이다. 나쁜 일들은 항상 일어나며, 하나님의 사람들도 예외가 아니다.

오래 살다 보면 누구나 수많은 마음의 고통을 안고 살아가게 될 것이다. 슬프지만 그것은 삶의 한 부분이다. 하나님의 최선을 경험하려면 우리는 두려움에 맞서야 한다. 나쁜 일들이 일어나서 자신의 삶이 무시무시해질 수 있다는 사실을 인정해야 한다.

당신의 두려움들에 직면하라

두려움을 뜻하는 헬라어는 'Phobos'다. 이 단어의 뜻 안에는 도주, 공포, 두려움, 그리고 적의 위협을 받는 것 같은 개념들이 포함되어 있다. 사탄은 두려움이 무엇을 뜻하는지 잘 알고 있다. 그는 우리 인생의 적이며, 우리가 그런 두려움 속에서 믿음으로 행하지 못하기를 바란다. 매일 우리에게 닥치는 상황과 도전과 장애물들에 믿음 없이 대응하는 것을 보고 싶어 한다. 따라서 우리가 믿음보다 두려움으로 반응할 때 바로 사탄의 덫에 걸리는 것이다. 비유적으로든, 실제적으로든 우리는 문제와 상황들로부터 도망치며 창조주가 우리에게 믿음을 주셨다는 사실을 자주 망각한다.

두려움은 믿음의 반대다.

기드온처럼 당신의 미래는 당신의 삶에 주어진 하나님의 소명뿐 아니라 매일 주어지는 정보에 어떻게 반응하는지에 달려 있다. 말씀으로 우주를 존재하게 하신 그 하나님이 지금 당신이 무엇과 싸우고 있는지 보고 계신다. 그분은 우리의 유익과 즐거움을 위해 우리의 세상을 구상하고 계획하셨다. 우리의 필요와 욕구, 갈망, 또 두려움을 잘 알고 계신다. 또한 우리가 충만하고 풍성한 삶을 경험하기 원하신다.

"당신이 무엇을 믿든 간에, 당신의 처지는 항상 자신이 결정한 선택의 결과물이었고 앞으로도 그럴 것이다."

당신이 원하는 행복, 돈, 결혼, 자녀들, 사업, 건강은 모두 하나님께서 당신 안에 주신 꿈들을 펼칠 수 있는 능력에 달려 있다. 하나님께서 이렇게 이미 보고 계신 것을 당신이 볼 수 있다면, 당신에게 필요한 모든 것을 손에 쥘 수 있다. 특히 하나님은 당신이 꿈꿔 온 것보다 훨씬 더 큰 일을 달성할 수 있도록 당신을 만드셨기 때문이다.

당신이 무엇을 믿든 간에, 당신의 처지는 항상 자신이 결정한 선택의 결과물이었고 앞으로도 그럴 것이다. 위험은 나쁜 것이고 실패는 부끄러운 것이라는 전통적인 개념들을 따라가면, 실제로 위험과 실패를 회피하는 선택을 하게 된다. 그런데 위험과 실패를 회피하면 동시에 성공 또한 회피하는 것이다. 우리는 평범한 삶을 택하며, 결과적으로 평범한 사람들이 된다.

어떤 사람들에게는 삶의 모든 것이 평범하다. 하지만 꼭 그렇게 살 필요는 없다. 지루하고 현실에 안주하는 삶들이 우리의 선택의 결과라면, 흥미진진한 삶도 쉽게 우리의 것이 될 수 있다. 그것은 모두 우리가 어떤 선택을 하고 어떤 위험을 감수하려 하는지의 문제다.

혼동하지 말라. 선택은 당신의 몫이다.

이 책은 기드온처럼 믿음 충만한 결정을 내리는 것과 성장에 관해 이야기하고 있다. 또 기드온처럼 실패와 성공에 대한 책임을 져야 한다고 말하고 있다. 당신은 어떤 선택을 하겠는가?

하나님의 두 가지 피조물들을 살펴보자. 바로 바닷속의 굴과 하늘의 독수리다. 굴은 태어나자마자 살아갈 준비가 되어 있다. 즉 자기 껍질 속에서 살며, 껍질이 포식동물들로부터 보호해 준다. 먹이를 먹고 싶을 땐 껍질을 열고 바닷물에 포함된 자양분을 흡수하면 된다. 반면에 독수리는 완전히 다른 환경에서 살아간다. 독수리는 모든 것을 손에 넣기 위해 노력해야 한다. 자기 둥지를 지어야 하고, 눈과 얼음과 바람과 비를 견디며 먹이를 찾아야 한다.

하지만 이 이야기의 다른 면이 있다. 굴은 자신의 안전을 위해 비싼 값을 치르고 있다. 굴을 보호해 주는 껍질은 또한 감옥이나 마찬가지다. 그리고 굴은 방어 수단이 없으므로 쉽게 사람들의 입에 들어간다. 사람들은 굴 껍질을 열어서 타바스코 소스에 찍어 먹는 걸 즐긴다. 굴들은 산 채로 무력하게 사람들의 목구멍 속으로 쑥 미끄러져 들어간다.

물론 굴은 편안하게 산다. 하지만 누가 굴이 되고 싶겠는가?

독수리는 어떤가? 독수리는 구속을 받지 않는다. 거의 한계가 없는 그의 영역은 넓디 넓은 푸른 하늘이다. 스스로 방어할 수 없는 것도 아니다. 놀라울 정도로 높이 날아오를 수 있는 날개와 아무리 사나운 포식동물이라도 쫓아버릴 수 있는 발톱을 가진 독수리는 모든 피조물 가운데 진기한 동물이다.

독수리는 힘이 세고 독립적으로 살아갈 수 있는 능력이 있기 때문에, 흰머리 독수리는 미국과 자유의 상징이 되기도 했다. 독수리가 자신의 삶에 대한 책임을 지는 것은 그래야만 하기 때문이다.

반면에 인간들은 선택을 할 수 있다. 물론 사람들은 굴처럼 사는 것을 선택할 수 있다. 이 세상에는 자신의 삶에 대한 책임을 가족, 친구들, 회사나 정부에 전가하는 사람들이 가득하다. 다른 사람들이 기꺼이 그 책임을 맡아 주기만 하면, 이 사람들은 언제까지나 무책임하게 행동할 것이다. 물론 친구들과 친척들이 이 책임을 맡지 않겠다고 하면, 이 사람들은 굴처럼 주변의 힘 있는 존재들에게 좌우된다.

하지만 사람들은 또한 용기만 있으면 독수리처럼 사는 것을 선택할 수 있다. 책임을 진다는 것은 항상 쉬운 일이 아니다. 때로는 몸과 마음에 부담이 되는 아주 힘든 일이다. 하지만 그만큼 보상도 크다. 독수리들은 마음껏 높이 날 수 있다. 그리고 그 누구의 먹이도 쉽게 되지 않는다.

간단히 말해서, 하나님의 최선을 발견한다는 것은 두려움을 직시하고 자신의 선택에 대한 책임을 지는 것이다.

자, 기드온도 했으니 당신도 할 수 있다!

> "사명을 받으면 큰 걸음으로 걷는 것을 두려워하지 말라. 조그맣게 두 번 깡충깡충 뛰어서는 깊은 구렁을 건널 수 없다."
> −데이비드 로이드 조지

> "온전한 인간이 되기 위해선 많은 대가를 치러야 하는데, 그 대가를 지불할 만큼 깨어 있고 용기 있는 사람은 매우 드물다."
> −모리스 웨스트 Morris L. West

하나님의 인도를 따르려면 헌신이 필요하다

기드온이 질문하고 의심하는 중에도 천사는 그에게 말했다.

"너는 가서 이 너의 힘으로 이스라엘을 미디안의 손에서 구원하라 내가 너를 보낸 것이 아니냐."(삿 6:14)

언젠가는 하나님의 지시에 순종하기 위해선 우리 쪽의 헌신이 필요하다는 것을 깨달아야 한다. 우리는 너무 자주 하나님이 초자연적인 도움을 주시길 원하고, 하나님은 우리에게 먼저 우리의 '자연적인' 자원들을 사용할 것을 요구하신다. 초자연적인 사건들이 일어나는 것은 하나님이 우리의 자연적인 것에 하나님의 '초super'를 덧붙여 주시기 때문이다.

참 아이러니하지 않은가? 우리는 하나님이 뭔가 거창하고 기적적인 일을 행하시기를 기다리고 있는데, 하나님은 우리가 기적이 아닌 일을 행하기를 기다리고 계신다. 우리가 빨리 시작하기를 기다리고 계신 것이다.

하나님은 기드온에게 이렇게 말씀하신다.

"내가 너를 보낸 것이 아니냐? 내가 너에게 이것을 하라고 말하지 않았더냐? 기드온아, 네가 이미 가지고 있는 힘과 능력으로 나아가라."

이에 기드온은 "오 주여 내가 무엇으로 이스라엘을 구원하리이까 보소서 나의 집은 므낫세 중에 극히 약하고 나는 내 아버지 집에서 가장 작은 자니이다."(삿 6:15)라고 대답한다. 우리도 같은 상황이라면 그렇게 대답했을 것이다. 즉 "작고 늙고 약한 제가 미디안족속에 대해 무엇을 하기 원하십니까?"라는 말이었다.

우리는 대부분 열등감을 안고 살아간다. 우리가 어떤 일을 성취할 수 있다고 생각하지 않는다. 우리가 매우 가치 있는 사람이라고 생각하지 않는다. 우리는 가장 안 좋은 동네, 안 좋은 가정, 안 좋은 혈통, 안 좋은 도시, 안 좋은 피부색, 안 좋은 사회경제적 계급 출신이라고 생각한다. 사실 하나님은 지금 있는 자리에서 우리를 놀랍게 사용하기 원하시는데, 우리는 이 모든 것들을 약점으로 생각한다.

우리는 힘이 없어서 하나님이 우리를 사용하실 수 없다고 생각한다. 그런데 사실은 하나님이 어떤 사람을 쓰시지 않는 이유는 종종 그가 너무 많은 힘을 가지고 있기 때문이다. 그래서 하나님은 이렇게 대답하신다.

"결코 지금보다 상황이 더 좋아지지 않을 것이다. 당신은 그저 꾸준히 노력해야 한다. 편안할 때는 당신이 죽은 것이다."
-존 존슨John H. Johnson, 애보니 매거진Ebony Magazine 창립자

"내가 반드시 너와 함께 하리니 네가 미디안 사람 치기를 한 사람을 치듯 하리라."(삿 6:16)

여기서 기드온과 하나님이 서로 다른 얘기를 하고 있다는 것을 알아챘는가? 기드온은 변명과 불평을 늘어놓지만, 하나님은 그 어떤 말에도 대답해 주시지 않는다. 그리고 계속해서 말씀하신다.

"내가 너에게 원하는 일은 이것이다. 네 힘으로 가라. 네 능력으로 가라. 나는 네가 내 명령대로 행하길 바라며, 네 자신과 너의 모든 민족을 미디안으로부터 구해내기를 원한다."

우리는 이렇게 말할 때가 많다.

"하나님이 나에게 말씀을 해주시지 않아. 나는 계속 묻는데 하나님은 대답을 해주지 않으셔."

아마 하나님이 당신에게 대답해 주시지 않는 이유는 당신이 올바른

질문을 하지 않기 때문일 것이다. 하나님은 우리가 자기중심적인 요구에 빠져 있는 것을 원치 않으신다. 그런 것은 실패자에게 어울리는 것이다. 하나님은 우리의 관심과 기도가 하나님의 목적, 하나님의 관심사, 하나님의 명령들에 집중해 있기를 원하신다.

하나님이 부르시면 무조건 따라야 한다. 하나님을 따르려면 절대적인 헌신이 필요하다. 그 이유는 힘든 시기를 지날 때 헌신이 우리의 결심을 강하게 붙들어 주기 때문이다.

놀이공원에 갔을 때 정문에서 이런 말을 듣는 경우는 없다.

"자, 보세요, 당신은 정말로 이곳에서 헌신해야 합니다. 힘들 거라는 건 알지만, 계속 헌신하며 하루 종일 즐기도록 노력하세요."

아무도 나에게 그런 말을 할 필요가 없다. 왜 그런가? 그것은 항상 즐거운 일이기 때문에 헌신이 필요 없는 것이다.

이에 반해, 한 남자와 한 여자가 결혼을 할 때 우리는 평생의 헌신 서약을 요구한다. 왜 그런가? 모든 결혼생활에는 힘든 시기가 오기 마련인데, 그런 시기들을 헤쳐 나가려면 헌신이 필요하기 때문이다.

"당신의 생각들에 대한 책임을 스스로 져라."
-플라톤

그것은 대가의 일부분이다. 헌신의 필요성을 느끼지 않는다는 것은 곧 어떤 문제도 예상하지 않고 있다는 뜻이다. 그것은 비현실적인 것이다. 하지만 헌신을 요구한다는 것은 앞으로 힘든 시기가 올 거라는 전제가 깔려 있는 것이다. 하나님이 당신의 헌신을 요구하실 땐, 당신이 힘든 시기를 맞이할 준비가 되어 있기를 원하신다. '헌신'이라는 단어 속에 앞으로 힘든 일들이 기다리고 있다는 개념이 포함되어 있다는 것을 이해한다면, 당신은 하나님의 인도를 따르고 당신을 위한 하나님의 최선을 경험할 준비가 되어 있을 것이다.

그러므로 하나님을 따를 때 기드온처럼 헌신함으로써 기꺼이 대가를 치르라. 하나님과 함께 걸으면서 때로는 이해가 안 되는 일들도 겪을 것이다. 모든 일들이 뜻대로 안 되는 때도 있을 것이다. 하나님께 헌신적으로 응답한다는 것은 상황이 좋지 않을 때, 당신의 기대에 미치지 못할 때, 고난이 찾아올 때, 삶이 공평하지 않을 때에도 하나님을 변함없이 신뢰한다는 뜻이다. 어떤 문제들에 직면하든지, 당신은 오직 하나님을 따르기로 선택한다는 뜻이다.

하나님이 당신의 상황을 개선해 주시기를 기다리고 있다면, 실제로 하나님이 당신을 기다리고 계신다는 것을 알고 깜짝 놀랄 것이다. 하나님은 우리에게 "나는 너를 사랑하고 너와 함께 있다. 이제 나를 믿고 앞으로 나아가라."고 말씀하신다.

하나님은 지금의 우리를 사랑하시지만, 우리를 너무나 사랑하시기에 그곳에 계속 머물러 있게 하지 않으신다. 우리를 변화시키기 원하시며, 우리가 만든 혼란과 지루함으로부터 우리를 구해내기 원하신다. 하나님은 우리를 너무나도 사랑하시기에 우리 삶에 진정한 변화를 일으키기 원하신다. 기드온에게 하셨던 것처럼 말이다.

헌신을 다짐하라

기드온은 자신을 겁쟁이와 실패자로, 그리고 아무것도 이루지 못할 사람으로 여겼다. 하지만 하나님은 "기드온아, 네 힘으로 가라." 하고 말씀하셨다. 기드온은 바로 그 일을 시작했다. 곧바로 대가를 치르기 시작한 것이다. 기드온은 이렇게 말했다.

"만일 내가 주께 은혜를 얻었사오면 나와 말씀하신 이가 주 되시는 표징을 내게 보이소서 내가 예물을 가지고 다시 주께로 와서 그것을 주 앞에 드리기까지 이곳을 떠나지 마시기를 원하나이다."(삿 6:17~18)

기드온은 자신의 소명을 확인하기 위해 하나님께 예물을 바쳐야 할 필요성을 느꼈다. 하나님은 어떤 사람을 크게 사용하실 때마다 그 사람에게 희생을 요구하신다. 성경에서 어떤 이야기를 찾아봐도, 하나님이 사람들을 큰일에 사용하시기 전에 반드시 항상 그들에게 희생을 요구하신 것을 알 수 있다.

"어떤 목적을 위해 일하고 있지 않으면 단순히 시간만 보내고 있는 것이다."
-빅 코넌트Vic Conant, 나이팅게일 코넌트Nightingale-Conant 회장

그 이유는 명백하다. 하나님은 받는 사람이 아니라 주는 사람을 사용하신다. 당신이 주로 받는 사람이라면 하나님은 당신의 잠재력을 모두 발휘하도록 성장시키지 않으실 것이다.

성경에는 하나님의 백성들이 하나님께 짐승을 제물로 바치고, 제단을 쌓고, 헌신을 약속하고, 예물을 바치는 이야기들로 가득하다. 하나님이 기적을 부어 주시기 훨씬 전의 일들이다.

때로 사람들은 나에게 묻는다.

"당신은 왜 교회에 헌금을 냅니까? 단지 의무로 하는 일입니까?"

그러면 나는 대답한다.

"아니오. 나는 단지 의무감에 헌금을 내는 것이 아닙니다. 하나님께

서 예물을 가져와 그분께 대한 나의 헌신을 나타내라고 분명히 가르치고 계시기 때문입니다."

드리는 것은 당신의 삶에 대한 하나님의 최선을 경험하는 데 있어 매우 중요한 부분이다. 받는 자에서 주는 자로 바뀌지 않으면, 하나님이 원하시는 사람이 될 수 없을 것이다.

하나님을 사랑한다고 주장하지만 아무에게도 베풀거나 기부하지 않는 사람들이 많이 있다. 오로지 받기만을 원할 뿐이다. 우리가 하나님을 본받아 주는 자가 되지 않으면, 어떻게 하나님이 우리를 그분께서 원하시는 모습으로 성장시켜 주실 것을 기대할 수 있겠는가?

이것이 단지 경제적으로 주는 것만 의미할까? 아니다. 그것은 삶의 모든 영역에서 주는 것을 의미한다. 자신의 배우자를 보살피는 법을 배우지 않으면 하나님께서 당신의 결혼생활을 위해 예비해 두신 축복을 완전히 누리지

"대담하지 않으면 아무 소용이 없다."
-케네스 패친

못할 것이다. 당신이 "내가 무엇을 얻을 수 있을까?"라고 하지 않고 "내가 무엇을 줄 수 있을까?"라고 말하기 전까지는, 당신의 그룹에서 사역의 잠재력을 최대한 발휘하지 못할 것이다.

이것은 삶의 모든 면에 적용된다. 당신의 회사나 조직에서 사다리를 타고 올라가고 싶은가? 그렇다면 "오늘 내가 그들로부터 무엇을 얻을까?"라고 말하지 말라. 대신 "어떻게 하면 내가 이 조직에 기여해서 더 좋게 만들 수 있을까?"라고 물으라. 당신이 받는 자보다 주는 자가 되는 것에 초점을 맞추기 시작할 때 비로소 성공의 사다리를 오르게 될 것이다. 나눔은 당신이 이 세상에 살기 때문에 내야 하는 필수 임대료라

고 할 수 있다. 당신이 이 세상을 더 좋은 곳으로 만들어 놓아야 한다.

이 나눔의 법칙을 배우는 것이 매우 중요하다. 기드온은 헌신을 약속했고, 그것이 그와 그의 가족과 온 이스라엘을 위해 세상에 놀라운 변화를 일으켰다.

배경의 영향력

기드온은 앞으로 나아가기 전에 자신의 과거를 청산해야 했다. 기드온은 우상숭배에 빠진 '연약한' 집안 출신이었다. 그는 왕족이 아니었다. 귀족 출신도 아니었다. 그의 집안은 전체 종족 중에 가장 하찮은 집안이었다. 기드온은 계속해서 그것을 핑계 삼아 하나님의 명령에 순종하지 않을 수도 있었지만, 그는 그렇게 하지 않았다.

누구든지 하나님이 주신 꿈들을 성공적으로 펼칠 수 있으려면 먼저 과거를 청산해야 한다. 미래를 향해 담대하게 나아가 당신의 삶에 대한 하나님의 최선을 발견하기 전에, 당신의 과거에 대한 몇 가지 기본적인 '사실들'을 깨달아야 한다. 좀 더 명백한 사실을 몇 가지 이야기해 보겠다.

당신은 과거를 바꿀 수 없다

하나님은 사탄이 훔쳐가려고 했던 것을 다시 찾아 주실 수 있다. 또 당신은 과거의 사건들에 대한 인식을 바꿀 수 있다. 하지만 이미 일어난 일 자체를 바꿀 수는 없다. 그렇게 하려고 애쓸수록 당신 자신에게 더 해가 될 뿐이다. 당신의 현재 상태는 과거에 했던 모든 선택들의 결과이며, 당신이 제어하지 못하는 것에 대해서는 다른 사람들이 대신 선택을 한 것이다. 하지만 당신의 문제들이 다른 사람의 행동의 결과라고 해서 당신이 그 문제들에 대한 책임이 없다고 할 수 있는 것은 아니다.

당신은 과거를 탓할 수 없다

어떤 사람들은 입에 '은수저'를 물고 태어난다. 반면에 어떤 사람들은 태어나자마자 부모에게 버림을 받는다. 당신은 태어날 때 일어난 일을 제어할 수 없지만, 틀림없이 처음 며칠과 몇 달 동안 일어났던 일들이 당신의 삶 전체에 영원히 영향을 끼칠 것이다. 마찬가지로 과거에 당신의 삶에서 일어났던 일들은 제어할 수

"삶에 관한 재미있는 사실이 있다. 당신이 최선이 아닌 것을 받아들이지 않으면 당신의 삶은 자주 최선을 얻게 된다."
-윌리엄 서머셋 모옴
W. Somerset Maugham

가 없다. 어쩌면 행복하고 따뜻한 가정에서 자랐을 수도 있고, 학대받는 가정에서 자랐을 수도 있다. 성인이 되어서도, 행복했을 수도 있고 아니면 누군가에 의해 힘든 시간을 보냈을 수도 있다. 과거에 무슨 일이 있었든 간에, 특히 당신이 제어할 수 없었던 일들이라면 더더욱 상관없이 그리스도가 당신을 변화시켜 주실 수 있고, 또 지금과 미래에 당신 안에서 일하실 수 있다.

당신은 과거의 지배를 받을 필요가 없다

백미러는 전면유리보다 크기가 훨씬 더 작다. 우리는 지나온 길보다 앞에 놓인 길, 즉 미래에 더욱더 초점을 두어야 한다. 과거의 경험들과

잘못된 선택들이 매우 큰 영향을 끼칠 수는 있지만, 당신이 그것들에 의해 제한받을 필요는 없다. 성공하려면 당신의 삶을 형성해온 사건들 및 사람들과 화해하고 타협해야 한다. 하지만 더 이상 과거를 버팀목이나 장애물로 사용해선 안 된다. 기드온이 발견한 것처럼, 그보다 더 좋은 길이 있다.

돌아보기 :: 내다보기

과거가 당신의 사고와 행동에 어떻게 계속 영향을 미치는지를 잘 이해할수록, 그런 과거와 상관없이 장차 큰일들을 이루기 위한 준비를 잘할 수 있다. 과거를 미래의 기반으로 삼는 것은 항상 쉬운 일은 아니지만 충분히 가능한 일이다.

다음은 당신이 과거의 영향력들을 극복하는 데 도움이 될 만한 네 가지 제안이다.

첫째, 당신의 과거, 현재, 미래의 모습에 대한 책임을 져라
당신에게 일어난 일에 대해 다른 사람들을 탓하면서 인생을 허비하지 말라. 하나님을 탓하지 말라. 그냥 책임을 받아들여라. 하나님은 당신의 마음을 새롭게 변화시켜 주기 원하신다.

둘째, 하나님의 뜻, 꿈과 목표들을 보여달라고 간구하라
사람들, 특히 당신이 사랑하는 사람들도 당신에게 제한을 가할 수 있다. 전통이 당신을 구속할 수 있다. 당신은 다른 사람들의 기대에 부응하지 못하기 때문에 자기 능력을 다 발휘하지 못하고 자신에 대해 안 좋은 감정을 느낄지도 모른다. 더 나쁜 경우는, 다른 사람들이 당신의 능력을 판단하도록 맡기기 때문에 항상 자신의 역량을 다 발휘하지 못할 수도 있다.

셋째, 변화를 회피하지 말라

링컨은 "오늘 책임을 면한다고 해서 내일의 책임을 피할 수 있는 것은 아니다."라고 말했다. 인생의 진정한 승자는 여러 가지 일들을 분류하여 필요한 변화를 주고, 그런 다음에는 하나님이 주신 자신의 꿈들에 집중한다. 변화가 두려울 수도 있지만, 당신의 삶에 대한 하나님의 최선을 경험하려면 반드시 변화가 필요하다.

넷째, 주는 자가 되라

하나님은 당신이 헌신을 다짐하기 위해 제단에 무엇을 가져오기 원하실까? 오늘부터 당신 자신과 시간과 돈, 재능들을 헌신적으로 드리기 시작해 보라. 그리고 하나님이 당신의 삶 속에서 무슨 일을 행하실 수 있는지 보라. 씨앗에 초점을 두지 말고 수확에 초점을 두라. 모든 씨앗의 목적은 수확을 얻는 것이다. 기드온이 제단에 예물을 가져왔던 것처럼, 일단 씨앗을 심었으면 하나님이 당신의 삶 속에 주실 열매들을 기대하라. 당신이 뿌린 씨앗이 열매 맺기를 기대하지 않는다면, 열매 맺을 수 있는 능력을 빼앗아 버리는 것이다. 반드시 그에 상응하는 기대를 품어야 한다.

과거를 잊는 것은 수동적인 행동이 아니다. 때로는 사람들이 당신의 동기를 의심하기 때문에 마음에 상처를 받기도 한다. 하지만 정말로 성공하는 사람들은 과거를 잊고 하루하루를 충실하게 살며 미래를 만들어가는 법을 배운다. 그들은 자신이 부정적인 영향을 받기보다 남들에게 긍정적인 영향을 끼치는 법을 배운다. 거기에는 희생이 따르며, 그 희생은 제단에서 시작된다. 그것은 당신이 하나님의 최선을 추구하는 법을 배울 때 실행해야 할 가장 중요한 일 중 하나다.

행동 계획

첫째, 기도하는 시간을 가져라. 당신이 하나님을 따르기 위해 대가를 치르겠다고 말씀드려라. 그 다음에 노트를 펴서 다음 질문들에 대한 답을 적어 보라.

1. 지금까지 읽고 배운 내용에 근거해볼 때, 당신의 삶에 대한 하나님의 뜻이 무엇이라고 생각하는가? (즉 지금으로부터 5년 후에 당신이 어디서 무엇을 하기 원하는지를 다시 말해 보라.)
2. 하나님의 인도를 따르지 않으려고 핑계거리로 사용했던 것들을 나열해 보라.
3. 당신이 연약하고 하찮은 존재라고 느끼게 만들었던 과거의 경험들을 적어 보라.
4. 하나님을 따르겠다는 헌신을 다짐하기 위해 무엇(재능, 시간, 자원, 돈 등)을 바칠 수 있겠는가? 이것을 구체적인 목표와 기한으로 적어 보라. 즉 "언제(날짜)까지 무엇(행동 계획)을 하겠다."

이제 당신의 계획을 수행하라. 이것은 변화를 경험하고 당신의 삶에 대한 하나님의 최선을 발견하는 데 반드시 필요한 단계다.

*
기드온이 그에게 대답하되
만일 내가 주께 은혜를 얻었사오면 나와 말씀하신 이가
주 되시는 표징을 내게 보이소서 내가 예물을 가지고
다시 주께로 와서 그것을 주 앞에 드리기까지
이 곳을 떠나지 마시기를 원하나이다 하니 그가 이르되
내가 너 돌아올 때까지 머무르리라 하니라
기드온이 가서 염소 새끼 하나를 준비하고
가루 한 에바로 무교병을 만들고 고기를 소쿠리에 담고
국을 양푼에 담아 상수리나무 아래 그에게로 가져다가 드리매

(삿 6:17~19)

step 04

새로운 자세를 취하라

　기드온은 주는 사람이었다. 하지만 그가 바친 예물 이야기는 단순히 고기와 무교병보다 더 큰 의미가 있다. 기드온은 표징을 원했다. 만일 주의 사자가 그 음식을 그냥 먹는다면, 의심할 것 없이 그 사자는 인간에 불과하다는 뜻일 것이다. 그런데 반대로 그 음식이 제물로 받아들여진다면, 그것은 훨씬 더 큰 의미가 있을 것이다.

　주의 사자는 기드온에게 고기와 무교병을 바위 위에 두라고 하고는 그에게 명백한 표징을 보여주었다.

> "여호와의 사자가 손에 잡은 지팡이 끝을 내밀어 고기와 무교병에 대니 불이 바위에서 나와 고기와 무교병을 살랐고 여호와의 사자는 떠나서 보이지 아니한지라 기드온이 그가 여호와의 사자인 줄을 알고 이르되 슬프도소이다 주 여호와여 내가 여호와의 사자를

대면하여 보았나이다 하니 여호와께서 그에게 이르시되 너는 안심하라 두려워하지 말라 죽지 아니하리라 하시니라 기드온이 여호와를 위하여 거기서 제단을 쌓고 그것을 여호와 살롬이라 하였더라 그것이 오늘까지 아비에셀 사람에게 속한 오브라에 있더라."

(삿 6:21~24)

모든 것이 달라졌다. 기드온에게 주어진 임무는 인간에게서 온 것이 아니었다. 그것은 하늘에서 온 신성한 임무였다. 기드온은 그것을 알고, 곧바로 자기가 바친 예물이 제물로 변했던 곳에 제단을 쌓음으로써 그 사실을 인정했다. 하지만 이야기는 거기서 끝나지 않는다. 사실 그것은 시작에 불과했다.

거짓 우상들과 제단들을 멸하다

기드온에게 있어, 하나님의 부르심에 응답하기 위해 치러야 할 대가는 점점 더 커졌다. 몇백 년 동안 신실한 믿음의 사람들이 증거해 왔듯이, 하나님께 헌신을 다짐하고 예물을 드리는 것은 새로운 여정의 시작에 불과하다. 기드온도 그랬다.

"그 날 밤에 여호와께서 기드온에게 이르시되 네 아버지에게 있는 수소 곧 칠 년 된 둘째 수소를 끌어 오고 네 아버지에게 있는 바알의 제단을 헐며 그 곁의 아세라 상을 찍고 또 이 산성 꼭대기에 네 하나님 여호와를 위하여 규례대로 한 제단을 쌓고 그 둘째 수소를 잡아 네가 찍은 아세라 나무로 번제를 드릴지니라 하시니라."

(삿 6:25~26)

하나님께서 "너희가 즐겨 순종하면 땅의 아름다운 소산을 먹을 것이요."라는 이사야 1장 19절과 같은 말씀을 하신 것이 성경에 331번이나 나온다.

헌신으로 나아가려면 믿음이 필요하다. 헌신의 제단에서 더 나아가려면 믿음뿐만 아니라 순종과 더 많은 것들이 필요하다. 오로지 하나님의 최선만을 경험하고 싶다면, 당신이 내놓아야 할 것들이 많다. 우선은 하나님께서 당신의 순종을 방해하는 과거의 여러 가지 장애물들을 버리도록 인도하시면서 당신 안에 새로운 태도를 형성해 주셔야 한다.

> "용기 있는 사람이 많은 사람들을 모은다."
> ─앤드류 잭슨 Andrew Jackson

기드온은 10명의 하인들을 데리고 가서 하나님이 명령하신 대로 실행했다.

"그의 아버지의 가문과 그 성읍 사람들을 두려워하므로 이 일을 감히 낮에 행하지 못하고 밤에 행하니라."(삿 6:27)

여기서 판단하는 마음이 들기 쉽다. 기드온은 두려워했고, 아무도 보는 사람이 없을 때 하나님의 명령을 수행했다. 우리는 기드온의 행동을 보고, 어떻게 그가 자기 가족과 이웃들에게도 당당하지 못하면서 미디안을 물리칠 수 있었는지 의아해할지도 모른다. 하지만 기드온은 두려움에도 불구하고 순종했다는 것을 명심하라. 하나님의 뜻을 행하기 원한다고 말하는 많은 사람들에게 이 말을 해주고 싶다.

당신이 하나님을 따를 때 두려움이 사라질 것이라고 생각하지 말라. 매우 두렵지만 믿음으로 앞으로 나아가야 할 때가 많이 있다. 그런데 감사한 것은 우리가 두려움의 지배를 받지 않아도 된다는 것이다. 하나님의 음성이 두려움을 충분히 제압해 버릴 수 있다. 바로 그렇기 때문에 하나님의 말씀의 객관적인 진리가 반드시 필요한 것이다.

성경은 진리다. 그러므로 하나님이 당신의 변덕스런 생각과 감정에 맞춰 주시길 기대하지 말고, 당신이 하나님의 음성을 따라 살아야 한다. 그렇게 할 때 우리는 온갖 종류의 문제들을 만나게 된다. 기드온은 두려웠지만, 하나님이 그에게 원하시는 일이 무엇인지 알았을 때 하나님의 말씀을 믿고 믿음으로 나아가 순종했다. 그러나 하나님을 따르고 하나님의 말씀대로 행한다고 해서 당신의 모든 문제들이 사라지는 것은 아니라는 걸 명심하라. 사실, 기드온은 하나님의 명령대로 행했을 때 모든 것이 엉망이 되어 버린 듯했다.

> "당신의 모든 소원이 순순히 이루어지는 것은 좋은 것이 아니다. 아픔을 통해 건강의 가치를 알게 되고, 악을 통해 선의 가치를 알게 되고, 굶주림을 통해 만족의 가치를 알게 되고, 노동을 통해 쉼의 가치를 알게 된다."
> -헤라클레이토스

"그 성읍 사람들이 아침에 일찍이 일어나 본즉 바알의 제단이 파괴되었으며 그 곁의 아세라가 찍혔고 새로 쌓은 제단 위에 그 둘째 수소를 드렸는지라 서로 물어 이르되 이것이 누구의 소행인가 하고 그들이 캐어 물은 후에 이르되 요아스의 아들 기드온이 이를 행하였도다 하고."(삿 6:28~29)

사람들이 '요아스의 아들'이 그 일을 행했다고 말한 것을 주목하라. 많은 성경학자들은 기드온의 아버지, 요아스가 그 도시 지도층의 한 사람이었고 우상 숭배의 장본인이었다고 믿는다. 즉 사람들이 한 말은 '그것을 파괴한 사람이 바로 그것을 세운 사람의 아들'이라는 것이었다.

종종 그렇듯이, 기드온은 하나님의 명령에 순종함에 있어 가까운 곳부터 변화를 일으키며 새로운 길을 개척해 가야 했다. 가족의 유산을 망친 것에 대해 이야기해 보자. 기드온은 자기 아버지가 세운 것을 파괴해 버렸다. 더 나아가, 바알의 제단과 아세라상을 무너뜨린 그 자리에서 하나님께 수소를 바쳤다. 성읍 어른들은 기분이 상했다.

"기드온은 그의 신조보다 행위로 더 많이 알려졌다."

"성읍 사람들이 요아스에게 이르되 네 아들을 끌어내라 그는 당연히 죽을지니 이는 바알의 제단을 파괴하고 그 곁의 아세라를 찍었음이니라 하니 요아스가 자기를 둘러선 모든 자에게 이르되 너희가 바알을 위하여 다투느냐 너희가 바알을 구원하겠느냐 그를 위하여 다투는 자는 아침까지 죽임을 당하리라 바알이 과연 신일진대 그의 제단을 파괴하였은즉 그가 자신을 위해 다툴 것이니라 하니라 그 날에 기드온을 여룹바알이라 불렀으니 이는 그가 바알의 제단을 파괴하였으므로 바알이 그와 더불어 다툴 것이라 함이었더라."(삿 6:30~32)

우리는 그리스도인으로서 항상 우리가 믿는 것을 알리기 원한다. 그래서 우리의 믿음에 대해 이야기하기를 좋아한다. 하지만 하나님은 그의 말씀을 행하는 자들을 찾고 계신다. 당신이 믿는 것이 중요하다는 것을 알지만, 그 믿는 것을 행동으로 옮겨야만 당신의 삶의 수준이 한 단계 높아진다. 또 그러기 위해선 완전히 새로운 마음자세가 필요하다.

당신에게 작은 비밀 한 가지를 말해 주겠다. 그것은 대부분의 사람들은 당신이 무슨 말을 하든, 무엇을 믿든 관심이 없다는 것이다. 그들은 아무것도 바꾸려 하지 않을 것이다. 그렇지만 그들 눈에 보이는 당신의 행동이 세상을 완전히 바꾸어 놓을 수 있다. 당신의 행동은 바로 당신의 마음자세에서 나오기 때문이다. 사람들은 이런 구절, 또는 저런 신조에 관심이 없다. 그들은 보는 것을 믿는다. 그들이 당신 안에서 변화를 볼 때 당신의 말에 귀 기울일 마음의 준비가 될 것이다.

> "회색 곰이 당신의 뒤꿈치를 물었을 때 나무 위로 기어 올라가는 것은 약간 위험해 보일 것이다. 그런데 당신이 가만히 앉아서 모험을 하지 않는다면 곰을 피하는 것이 아니라 오히려 곰의 먹잇감이 되어 주는 것이다."
> -로저 스미스Roger Smith, 제너럴 모터스 전 회장

당신의 신조가 아니라, 당신이 한 일은 무엇인가? 뭔가 특별한 일을 행하고 있는가? 기드온은 "내가 하나님을 보았고 하나님이 내게 말씀하셨으며, 나는 너희를 이끌고 미디안 족속과 싸우러 갈 것이다."라고 말했기 때문에 유명해진 것이 아니다.

그 지역 사람들은 틀림없이 이렇게 말했을 것이다.

"야, 기드온. 네가 하나님과 이야기를 나누었다고? 도대체 무슨 얘길 했는데? 네가 완전히 미쳐 버리기 전에 우리가 하던 일이나 계속하게 얼른 꺼져라."

하지만 기드온이 하나님과 대화를 나누었을 때 무슨 일이 일어났다. 모든 사람들이 그가 일으킨 변화들을 보고 그 사실을 알았다. 그들이 아침에 깨어 보니 성읍의 중심에 있던 우상이 파괴되어 있었다.

곧 기드온은 재판을 받아야 했다. 기드온의 아버지 요아스가 그를 변호해 주었다. 우리는 바알 숭배의 지도자였던 요아스가 어째서 아들 편을 들게 되었는지 이유를 모른다. 어쩌면 자기 아들을 변호하는 것이 부모로서 자연스러운 일이었을지도 모르고, 어쩌면 그 이상의 뭔가가 있었을지도 모른다. 아마도 기드온이 이른 아침에 요아스에게 자기가 한 일과 그 이유를 설명했을지도 모른다.

여기서 우리가 아는 것은 포도주 틀에서 시작된 태도의 변화가 제단까지 계속되어 분명히 기드온으로부터 그의 아버지에게로 퍼져 갔다는 것이다. 실로 놀라운 일이 일어나고 있었다.

> "요아스가 자기를 둘러선 모든 자에게 이르되 너희가 바알을 위하여 다투느냐 너희가 바알을 구원하겠느냐 그를 위하여 다투는 자는 아침까지 죽임을 당하리라 바알이 과연 신일진대 그의 제단을 파괴하였은즉 그가 자신을 위해 다툴 것이니라 하니라 그 날에 기드온을 여룹바알이라 불렀으니 이는 그가 바알의 제단을 파괴하였으므로 바알이 그와 더불어 다툴 것이라 함이었더라."(삿 6:31~32)

"바알이 과연 신일진대 그가 자신을 위해 다툴 것이니라"고 하는 유창한 말 한마디로, 기드온은 군중의 살해 위협에서 벗어났을 뿐만 아니라 새로운 이름도 받았다. 여룹바알('바알과 다툰다'는 뜻)이라는 이 이름은 바알과 그를 숭배하던 자들에게 맞서는 것이었다. 생사의 갈림길에서 요아스가 붙여준 그 이름은 기드온과 그를 따르고자 하는 사람들에게 큰 경의를 표하는 이름이었다.

거짓 신들

이것이 오늘날 우리와 무슨 관련이 있는가?

바알 숭배를 설명해 보겠다. 바알은 다산의 신이었다. 그것은 노골적인 성행위를 수반하는 타락한 종교였다. 어쨌든 그들은 바알의 이름으로 그런 일을 했다. 바알 숭배와 관련하여 온갖 끔찍하고 외설적이고 성적으로 문란한 행위들이 이루어졌다. 사실 바알 옆에는 아세라 목상이라고 하는 것이 세워져 있었다. 성전 매춘부들이 이 목상 앞에 모여 춤을 추곤 했다. 그러면 남자들이 와서 바알에게 제물을 바치고 그것들을 성전 매춘부들의 발 앞에 두었다. 이것은 오늘날의 스트립 클럽들과 흡사해 보인다.

우리는 기드온 시대의 바알 숭배자들보다 훨씬 더 세련됐다고 생각한다. 그러나 슬프게도, 우리 주변에는 자기 소득의 10퍼센트보다 더 많은 돈을 외설물과 성애물을 사는 데 쓰고 있는 사람들이 있다. 어쩌면 우리는 전혀 세련되지 않았다.

이스라엘 백성들은 죄의 구실을 만들어 주는 종교 체계를 받아들였다. 그들은 숭배라는 이름으로 정욕을 품고 원하는 것은 무엇이든 할 수 있었다. 따라서 하나님께 축복받을 수 있는 나라로 변화되기 위해서는, 그 전에 기드온이 자신과 자기 민족의 죄악된 행위들에 용감하게 맞서야만 했다.

기드온은 자신의 두려움에 맞서야 했다. 하나님이 그에게 말씀하셨으므로 그는 오랫동안 간직해온 많은 표준들에 맞서야 했다. 그것 때문에 이스라엘이 적들의 공격을 쉽게 받았던 것이다. 사람들과 죄악된 행위들에 맞서는 것은 전혀 재미있는 일이 아니다. 하지만 그렇게 할 때 곧 삶이 흥미진진해질 수 있다. 당신이 하나님께 자신을 정결하게 해달라고 간구하면, 하나님이 당신을 통해 위대한 일들을 행하실 수 있다.

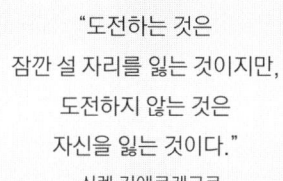

"도전하는 것은 잠깐 설 자리를 잃는 것이지만, 도전하지 않는 것은 자신을 잃는 것이다."
-쇠렌 키에르케고르
Soren Kierkegaard

물론 당신은 바알을 숭배하거나 아세라 목상을 찾아가지 않을 것이다. 하지만 당신의 삶 속에는 어떤 거짓 '신들'이 있는가?

거짓 우상들

아세라 목상과 바알 숭배는 명백히 우상이다. 우상숭배는 잘못된 충성과 헌신을 나타낸다. 실제로 그것은 하나님의 자리를 대신 차지하는 것이다. 때때로 우리는 우리의 잘못된 우선순위나 다른 사람의 죄에 맞서야 한다. 기드온이 자신과 자기 아버지를 위해 그래야 했던 것처럼 말이다. 거짓 신들과 잘못된 우선순위들에 맞선다는 것은 결국 삶에서 정말로 중요하지 않은 것들에 당신이 얼마나 많은 돈과 시간을 쓰고 있는지, 모든 것을 낱낱이 살펴야 한다는 뜻이다.

가족의 죄들

기드온은 자기 아버지가 세운 아세라 목상을 찍어 버려야 했다. 우리는 거짓된 숭배의 많은 부분을 부모님과 우리 문화로부터 배운다. 어쩌면 배우자나 형제, 자매, 부모, 또는 룸메이트로부터 파괴적인 습관이나 태도를 배웠을 것이고, 그 결과 하나님의 최선보다 못한 것에 만족하기 시작했을 것이다. 당신이 변하기로 결심할 때 사람들, 특히 당신이 사랑하는 사람들조차 당신에게 화를 낼지도 모른다.

미국인의 87퍼센트가 자신이 태어난 사회계급에서 벗어나지 못한다는 것을 알고 있는가? 왜 그럴까? 그들은 실제로 거기서 나올 수 있다고 배우지 않았다. "너는 이런 환경에 태어났으니, 여기 계속 있어야 한다."는 말만 들어 왔다.

내 친구는 가족 중에 최초로 대학에 들어갔다. 그가 대학교에 간다고 했을 때 가족들은 그를 축하해 주기보다는 화를 냈다. 감사하게도 그는 자신의 새로운 목표에 충실했고, 그의 그런 행동들로 인해 앞으로 그의 가정에서 태어나는 모든 자녀들이 따라야 할 새로운 기준을 세우게 되었다.

어떤 사람은 여러 대에 걸쳐 한 가정이나 문화 속에 정착된 죄와 거짓 숭배에 맞서야 할 수도 있다. 그렇다면 기드온처럼 이렇게 말해야만 한다.

"그렇습니다. 이제부터 우리는 다르게 행동할 것입니다. 하나님을 따를 것입니다. 우리의 마음자세를 바꾸어, 앞으로 올 세대에 변화를 일으킬 것입니다."

성적 부도덕

기드온은 자기가 자란 지역에 널리 퍼져 있던 바알 숭배의 성적 부도덕에 어떤 형태로든 참여했을 수도 있다. 최소한 그것에 노출되어 영향을 받았을 것이다. 그러므로 그는 자신의 성적 부도덕에 맞서야 했다. 또한 자기 아버지의 부도덕과 온 성읍의 성적 범죄들에 맞서야 했으며 주변의 모든 더러운 것들과 싸워야만 했다.

최근에 어떤 남자가 비슷한 문제를 가지고 나를 찾아왔다. 그는 해마다 친구들, 그리고 함께 일하는 동료들과 함께 다른 지역에서 열리는 대규모 영업 회의에 참석하러 간다고 했다. 그는 나에게 이렇게 말했다. "저는 이제 하나님을 섬기고 있기 때문에 거기에 가는 것이 편하지가 않습니다. 제가 이제는 정말 관여하고 싶지 않은 많은 일들이 그곳에서 벌어지거든요. 제 일의 한 부분이기 때문에 어쩔 수 없이 회의에 참석하긴 해야 하는데, 저에게 정말로 필요한 것은 당당하게 '나는 다른 활동들에는 참여하지 않을 거야'라고 말할 수 있는 용기입니다. 저와 함께 기도해 주시겠습니까?"

"힘은 백만 개의 얼굴을 가지고 있다."
-데즈레Des'ree

나는 "당연히 그래야지요."라고 대답했다.

우리는 그 자리에서 기도했다.

그는 회의 장소에 도착하여, 수상쩍은 활동에는 참여하지 않겠다고 말했다. 처음에는 동료들이 그에게 화를 냈다. 그의 올바른 모습 때문에 그들 자신의 부도덕함이 더욱 두드러지게 드러났기 때문이다. 하지만 결국은 그 영업사원의 행동으로 인해 그룹 전체가 그 동안 해왔던 행동들을 다시 생각해 보게 되었다. 사실은 누군가가 올바른 일을 할 수 있는 용기를 갖게 해달라고 저마다 기도해 왔던 것이다. 그 한 사람의 결단으로, 그들 모두가 결혼생활과 가정을 해치고 죄책감을 일으키는 일들을 더 쉽게 그만둘 수 있었다. 한 사람의 용기 있는 행동이 모든 것을 변화시킨 것이다.

또래집단의 압력

기드온이 동료들의 압력을 받았을 것이라고 생각하는가? 성읍 사람들은 그를 죽이려고 했다. 그가 그들의 체계를 엉망으로 만들어 버렸기 때문이다. 흔히 십대들만 또래집단의 압력을 겪는다고 생각할 때가 많다. 그러나 어른들도 그것을 경험한다. 바로 그것 때문에 우리가 비싼 차를 몰고, 형편에 맞지 않는 좋은 집에 사는 것이다. 왜 그런가? 모든 친구들이 갖고 있으니까 우리도 가져야 한다고 생각하는 것이다.

분수에 넘치는 것이 아니라 형편에 맞는 것을 가져야 한다는 생각은 전혀 하지 못한다. 어떤 수준의 삶을 살아야 한다는 또래집단의 압력을 느끼기 때문이다. 또래집단의 압력 자체가 죄는 아니다. 하지만 나이와 상관없이 그것에 굴복하면 당신과 당신의 가정에 큰 손해를 끼칠 수 있다.

> "리더십은 지위가 아니라 행동이다."
> —도널드 맥거넌Donald Mcgannon

협박

기드온은 자기 아버지와 성읍의 모든 사람들에게 협박을 받았다. 이와 같이 다른 사람들의 협박은 종종 하나님이 주신 꿈들을 이루려고 노력하는 데 방해가 된다. 우리에겐 분명한 꿈이 있지만 "우리 어머니,

아버지, 자매, 형제, 친구가 그것에 대해 뭐라고 말할까?"라는 생각이 들지도 모른다.

우리는 매우 목소리가 큰 누군가에게 협박을 받을 때가 많다. 그 사람은 성격이 매우 거칠지도 모른다. 당신은 '그들과 맞서고 싶지 않다'는 생각이 들 것이다. 항상 '누가 어떻게 생각할까?'라는 질문을 하면 아무것도 시도하지 못할 것이다.

"실패는 할부로 살 수 있지만, 성공은 선불로 사야 한다."
-컬런 하이타워Cullen Hightower

여기에 좋은 대안이 될 만한 질문이 있다.

"하나님은 어떻게 생각하실까? 이 사람 때문에 하나님이 내게 주신 꿈들을 향해 나아가지 않고 주저하는 것을 하나님은 어떻게 생각하실까?"

당신을 협박하는 그 사람을 '신'이라고 불러도 좋다. 왜냐하면 그가 당신의 삶의 행보를 결정짓고 있기 때문이다. 하지만 여호와가 정말 하나님이라면, 가장 거슬리는 사람들이 반대를 하더라도 하나님이 인도하시는 곳으로 가야 한다. 어떻게든 당신은 하나님께 순종해야 한다.

하나님께서 당신의 마음에 어떤 것을 품게 하셨고, 당신에게 그 일을 할 수 있는 재능이 있으며, 또 성경에 반하는 일이 아니라면, 그 일을 향해 꿋꿋하게 나아가라. 당신의 꿈과 목적들이 하나님의 말씀과 조화를 이룬다면 그것을 따라가야 한다. 비록 '거짓된 목소리'가 그것을 이해하지 못해 화를 내거나 당신을 협박하여 다른 길로 가게 하려고 하더라도 말이다.

부정적인 이미지들

당신은 좋은 자아상을 가지고 성장했는가? 사람들은 부정적인 환경에서 성장하는 경우가 많다. 그것은 입증된 사실이다. 저명한 심리학자이자 《자신과 대화를 나눌 때 해야 할 말What to Say When You Talk to Yourself》이라는 베스트셀러 저자인 섀드 헴스테터Shad Helmstetter 박사는 충격적인 연구 결과를 발표했다.

> 우리는 그래도 꽤 긍정적인 보통의 가정에서 성장했을 경우, 18살까지 '안 돼!'라는 말이나 '할 수 없다'는 말을 148,000번 이상 듣고 자란다고 한다. 그러면 같은 기간에, '넌 할 수 있다'는 말이나 '네 인생에서 이룰 수 있다'는 말은 얼마나 자주 들었을 것 같은가? 몇천 번? 몇백 번? 전국을 다니며 강연을 하는 동안, 자기는 그런 얘기를 들었던 기억이 서너 번밖에 안 된다고 말하는 사람들도 있었다! 그 수가 어떻든 간에, 우리들 대부분은 '된다'라는 말보다 '안 된다'는 말을 훨씬 더 많이 듣고 자랐다.

헴스테터 박사의 말에 의하면, 유명한 심리학자들과 정신과 의사들과 행동과학 연구원들이 대체적으로 우리가 생각하는 모든 것의 77퍼센트 정도가 해롭고 부정적인 생각이라는 사실에 동의한다고 한다. 그와 동시에 의학 분야의 연구원들은 모든 질병과 장애의 75퍼센트 가량이 스스로 유도한 것이라고 말한다.

우리의 프로그래밍의 75퍼센트 이상이 해롭고 부정적인 것이라는 뜻이다. 그리고 해가 갈수록 그것의 영향을 더 많이 받아 왔다. 사실상 우리가 우리 자신의 가장 나쁜 적이 된 것이다. 하지만 틀림없이 더 나은 길이 있을 것이다.

우리가 두려움에 맞서고 거짓 우상들을 쫓아낼 때 그에 따른 결과는 항상 그만한 가치가 있다. 때로는 정말로 그런 결과들이 온다는 것을 알아야만 두려움에 맞설 수 있는 용기가 생긴다.

반복해서 하나님이 어떤 사람과 함께 큰일을 행하실 때, 그들은 자신의 두려움에 맞서

"성공이 사람들을 거만하고 이기적이고 독선적으로 만들어 망쳐놓는다는 일반적인 생각은 잘못된 것이다. 그와 반대로, 성공은 대개 사람들을 겸손하고 관대하고 상냥하게 만든다. 실패가 사람들을 잔인하고 모질게 만드는 것이다."
-윌리엄 서머셋 모음
W. Somerset Maugham

믿음으로 나아가야 한다. 하지만 그들이 그렇게 하나님의 인도를 따를 때 무슨 일이 일어나는지 보라. 자기 가정과 성읍의 우상숭배를 제압함으로써 시험을 통과한 기드온에게 "여호와의 영이 기드온에게 임하셨다."(삿 6:34) 그럴 때 능력이 온다! 순종함으로 능력이 생긴다. 새로운 마음자세를 가질 때 당신의 삶에 힘과 방향성이 생긴다.

우리는 어떤 사람들의 삶에 능력이 있고 그들이 다른 사람들보다 더 성공하는 이유가 무엇일까 종종 궁금해 한다. 그들이 성공하는 이유는 당신이 아직 통과하지 못한 크고 작은 시험들을 이미 통과했기 때문이다. 성경 전체

"끈질기게 반복되는 자기와의 대화가 우리의 자아상을 바꾸어놓는다."
-데니스 웨이틀리 Denis Waitley

를 통틀어, 명확하게 주의 성령이 어떤 사람에게 임하였다고 말하는 경우는 겨우 11번밖에 안 된다. 시험을 통과할 때 하나님의 능력이 임한다.

하나님이 당신 앞에 두신 시험을 지금 통과하고 있는가? 당신이 직

면해야 할 두려움이 있는가? 당신이 직면해야 할 사람이나 문제가 있는가? 당신이 무너뜨려야 할 '거짓 신들'이 있는가?

그 시험들을 통과하고 나면, 즉 새로운 마음자세를 갖게 되면 하나님이 당신을 위해 예비해 놓으신 최선을 경험하게 될 것이다.

하나님께 질문하기

생명을 유지하려면 혈액이 심장에서 폐로, 다시 심장을 거쳐 전신으로 돌고 돌아야 하는 것처럼, 당신의 마음자세도 정신과 영의 여러 부분들을 계속 순환해야 한다. 끊임없이 마음을 새롭게 함으로써 변화를 받아야 한다. 하나님이 당신에게 원하시는 것이 무엇인지 깨달으려고 항상 노력해야 한다. 간단히 말해서, 당신의 목표는 언제나 당신의 전략적 사고의 수준을 하나님의 수준까지 끌어올리는 것이어야 한다.

내가 말하고자 하는 것은 하나님이 우리에게 요구하시는 것에 대해 완전히 이해가 가지 않을 때에도 하나님을 신뢰하는 법을 배워야 한다는 것이다. 만일 당신이 "이 모든 일들이 일어나는 이유를 정확히 이해할 수 있을 때 하나님을 따르겠습니다."라고 말한다면, 그런 일은 결코 일어나지 않을 것이다. 잘못된 질문을 하면서 인생을 허비하지 말라. 올바른 질문을 하고 올바른 일들을 하면서 인생을 보내기 바란다.

그렇다면 올바른 질문들은 무엇일까?

"하나님, 제가 어떻게 하면 당신께 쓰임 받을 수 있을까요? 어떻게 하면 하나님의 목적에 딱 맞는 사람이 될 수 있을까요? 어떻게 하면 좀 더 온전히 저 자신을 하나님께 드릴 수 있을까요?"

이런 질문들이 올바른 질문이다. 하나님은 당신의 상상을 초월하여 그런 질문들에 답해 주실 것이다. 하지만 그 대신 우리는 종종 이런 질문을 한다.

"당신이 자신에 대해 어떻게 느끼는지가 당신의 행동으로 나타나게 되어 있다."

"저는 왜 이렇게 일이 안 풀릴까요? 왜 누구누구처럼 저는 기적을 보지 못할까요? 왜 하필 저인가요?"

이런 질문들은 하나님을 믿고 의지하지 않는 마음에서 터져 나오는 것들이다.

하나님은 당신의 일을 축복하신다. 그는 당신의 사업에 가담하는 대신, 당신에게 그의 사업을 함께하자고 하신다. 거기에 차이점이 있다. 우리는 하나님이 우리에게 무엇을 원하시며 어떤 방향으로 이끌고 계신지를 발견해야 한다. 우리의 삶을 하나님이 예비하신 풍성한 삶으로 끌어올리기 위해서는 우리의 사고를 하나님의 사고방식으로 끌어올려야 한다.

하나님은 기드온에게 사고방식을 바꿀 것을 요구하셨다. 기드온은 거짓 신들을 섬기는 제단을 부수고, 기존의 사고방식을 깨뜨려야 했다. 그의 가정과 나라를 적들에게 내어주게 만든 그 사고방식을 말이다. 그러기 위해서는 자신을 더 이상 연약하고 하찮은 존재로 여기지 말아야 했다.

당신이 자신에 대해 어떻게 느끼는지가 당신의 행동으로 나타나게 되어 있다. 당신을 패배자로 여기면 패배자들의 행동을 따라하게 된다. 하나님의 최선을 경험하기 위해서는, 자신이 아무것도 할 수 없고 힘도 없으며 능력도 없는 존재라는 패배적인 생각을 버려야 한다.

사실, 당신은 놀라운 은사들을 갖고 있다.

우선 당신에게 은사와 재능과 능력과 꿈이 있다는 것, 그리고 하나님이 이와 같은 때를 위해 당신을 준비시키셨다는 것을 깨달아야 한다. 이런 식으로 생각하기 시작할 때 당신의 행동은 깜짝 놀랄 정도로 달라질 것이다.

다시 말하면, 당신이 제일 먼저 변화해야 할 것은 당신의 처지나 환경, 관계, 가정, 또는 수입이 아니다. 제일 먼저 변화해야 할 것은 바로 당신의 사고방식이다. 마음자세를 바꾸면, 당신이 인생에서 올라갈 수 있는 높이가 달라질 것이다. 그 단순한 한 가지가 당신의 삶에 놀라운 변화를 가져올 것이다.

배우자를 향한 마음자세를 바꾸기 전에는 당신의 삶과 결혼생활에서 하나님의 최선을 경험하지 못할 것이다. 당신의 상사나 혹은 함께 일하는 동료들에 대한 마음자세를 바꾸지 않으면 직장생활에 발전이 없을 것이다. 하나님과 그분의 말씀에 대한 마음자세를 바꾸지 않으면 개인적인 신앙생활에서 하나님으로부터 더 많은 것을 기대할 수 없을 것이다. 자녀들에 대한 양육 태도를 바꾸지 않으면 자녀들에게 더 많은 일들이 일어나는 것을 보지 못할 것이다.

당신의 문제들에 대한 마음자세를 바꾸면 그 문제들이 변화될 가능성이 더 커진다. 마음자세를 바꾸기 전까지는 아무것도 달라지지 않을 것이다. 왜 그런지 그 이유에 대해 살펴보자.

> "돈을 따라가지 말고 성공을 따라가라. 성공을 얻으면 그것이 돈도 던져줄 것이다."
> -에드 맥마흔 Ed. McMahon

창의적 사고

마음자세가 바뀌지 않으면 당신 안에서 창의적 사고가 이루어질 수 없다. 창의성을 받아들이면, 그것이 오래된 문제들에 대해 새로운 해답들을 제시해줄 것이다. 하지만 똑같은 마음자세를 갖고 있으면 변화의 시도조차 하지 않을 것이다.

"글쎄요, 제 남편(또는 아내)을 잘 아시잖아요. 그 사람은 절대로 달라지지 않을 거예요."

사람들에게 종종 듣는 말이다. 당신이 정말로 그렇게 믿는다면 어떤 시도도 하지 않을 것이다. 그 사람이 달라질 거라고 믿지 않는데, 노력해 봐야 무슨 소용이 있겠는가?

당신의 문제는 자원의 문제가 아니라 생각의 문제다. 결혼생활의 문제가 아니라 생각의 문제다. 경력의 문제가 아니라 생각의 문제다. 마음자세가 바뀌기 전까지는 그런 문제들에 대한 새로운 생각들을 받아들이지 않을 것이다. 변화를 위한 효과적인 계획을 생각해낼 수도 없을 것이다.

우리의 삶은 마음자세를 능가하지 못한다. 시큰둥한 마음자세는 시큰둥한 삶을 가져오고, 훌륭한 마음자세는 훌륭한 삶을 가져온다.

그렇다면 새로운 마음자세를 갖기 시작하면 시련과 환난이 없을까? 그렇지 않다. 현재 문제가 없는 사람은 이 세상에 아무도 없다. 누구나 힘든 상황에 부딪힌다. 우리는 종종 이 모든 문제들이 없다면 더 나은 마음자세를 갖게 될 것이라고 생각한다. 하지만 우리에게 아무런 문제가 없는 곳은 천국뿐이다.

"우리는 창조자가 되어 세상을 새롭게 만들도록 부름받았다."
-존 부딘John Boodin

마침내 성공을 이루면 또 새로운 문제들이 생기는 것이 현실이다. 살아있다는 것은 곧 문제가 있다는 것이다. 문제가 없으면 정복자가 될 수 없다. 그러므로 당신의 마음자세가 당신이 올라갈 수 있는 높이를 결정짓는다.

동기부여 전문가인 댄 라이어Dan Lier는 세일즈맨 시절에 잘나가는 다른 세일즈맨을 만나러 갔다. 그와 이야기를 나누면서 배우고 싶어서였다. 그 당시 댄은 30대였고 다른 세일즈맨은 24살이었다. 게다가 대학을 졸업하고 입사한 지 3년밖에 안 된 친구였다. 그 젊은 친구가 벌써 1년에 25만 달러를 벌고 있었다. 이 사람은 불타는 열정으로 모든 사람의 할당량과 기대치를 능가해 버렸다. 댄은 이 젊은 세일즈맨의 특별한 점들을 배우고 싶었다. 그래서 그와 함께 있을 때 노트와 펜을 꺼내놓고 질문을 시작했다.

대화를 시작한 지 얼마 되지 않았을 때, 그 젊은 세일즈맨이 댄의 말을 가로막고 이렇게 말했다.

"당신은 절대로 1년에 25만 달러를 벌지 못합니다."

댄은 자신을 신뢰하지 않는 이 남자의 말에 소스라치게 놀라 할 말을 잃었다.

"제 말을 끝까지 들어 주세요." 젊은 세일즈맨은 이야기를 계속했다. "전 당신이 마음에 듭니다. 당신은 좋은 사람이라고 생각해요. 전 당신을 잘 모르고, 당신의 가족도 모릅니다. 당신의 사업도, 정확히 당신이 어떤 식으로 판매를 하는지도 모릅니다. 하지만 이것만은 말해 줄 수 있습니다, 댄. 10만 달러의 마음자세로는 절대 1년에 25만 달러를 벌지 못합니다."

댄은 깜짝 놀라 당황했다. 하지만 곧 그 젊은이의 말이 사실이라는 것이 명백하게 밝혀졌다. 그는 10만 달러를 버는 데 안주해 버린 것이다. 그의 마음은 25만 달러를 버는 것에 대해 현실적으로 생각하려고 하지를 않았다.

"긍정적인 자세와 감사하는 마음이 앞으로 어떤 삶을 살게 될지를 결정한다."
―조엘 오스틴 Joel Osteen

요점은 간단하다. 당신의 마음자세가 달라지지 않으면, 즉 어떤 목표를 마음에 품지 않으면 그것을 성취할 수 없다. 깊은 구렁을 건널 수 있다고 생각하지 않으면 아예 다리를 만들려고 시도하지 않을 것이기 때문이다.

당신이 지금 어떤 위치에 있든 이것은 사실이다. 1년에 2만 달러를 벌고 있는데 1년에 4만 달러를 버는 것이 꿈이라고 하자. 먼저 당신의 마음자세가 거기까지 가지 않으면 결코 그 돈을 벌지 못한다.

현재 교인 수가 100명인 교회의 목사인데 휴스턴에 있는 레이크우드 교회에 버금가는 교회를 만드는 것이 꿈이라고 하자. 그의 마음자세가 조엘 오스틴이 거쳐온 그 과정을 똑같이 거치지 않으면, 3만5천 명의 교인을 가질 수 없을 것이다.

계속해서 당신을 붙잡아두고 있는 옛 사고방식의 틀을 깨고 나와야 한다. 남편과 아내들이여, 부부관계가 더 좋아지려면 배우자를 향해 새로운 마음자세를 가져야 한다. 부모들이여, 자녀들 안에서 참된 변화가 일어나는 것을 보려면 과거의 낡은 사고방식을 깨고 나와야 한다. 당신의 사업체를 크게 키우고 싶으면, 먼저 당신의 사고를 확장하여 완전히 새로운 방식으로 생각하고, 말하고, 행동해야 한다.

새로운 삶의 양식은 가격표가 붙어 있다. 먼저 당신의 마음과 생각 속에서 성공이 이루어지지 않으면 현실에서 성공은 결코 이루어지지 않을 것이다. 새로운 마음자세가 당신의 모든 것을 변화시키는 이유가 바로 그것이다.

새로운 마음자세를 갖기 위한 실제적인 단계

인생의 가장 놀라운 발견은 당신이 어떤 하루를 보낼지를 선택할 힘이 있다는 사실을 깨달을 때 일어난다. 하루하루의 삶은 중립적인 상태로 당신에게 다가온다. 긍정적으로 살지 부정적으로 살지는 오로지 당신이 선택하는 것이다.

하루의 분위기를 결정하는 건 주변 환경이나 다른 사람들, 당신이 해야 할 일들, 중간 중간에 일어나는 사건들이 아니다. 그것은 오직 한 가지, 바로 당신의 마음자세다. 당신이 하루 동안 일어나는 일을 언제나 통제할 수 있는 것은 아니다. 하지만 어떤 일이 일어나든, 당신이 그 일에 대응하는 방식은 언제나 통제가 가능하다.

나는 6가지 매우 실제적인 단계들을 제시하려 한다. 이 단계들은 사사기 6장이나 7장에서 직접 인용한 것은 아니지만, 새로운 마음자세를 갖는 데 분명히 도움이 될 것이다.

제1단계, 밤에 잠자리에 들기 전에 다음날을 준비하라

아무리 피곤하더라도, 밤마다 잠깐이나마 그날 있었던 좋은 일들을 생각하는 시간을 가지라. 내일 입을 옷들을 미리 꺼내놓고, 내일 해야 할 일들의 목록을 작성하거나 점검하라. 존 록펠러John D. Rockefeller는 매일 밤 잠자리에 들기 전에 아주 천천히 자기 주머니들을 비웠다고 한다. 그는 주머니에서 물건들을 하나하나 꺼내면서, 동시에 자기 마음에서 모든 걱정, 근심, 부정적인 감정들을 비워내려고 의식적으로 노력했다고 한다.

제2단계, 매일 좋은 마음자세로 하루를 시작하기로 결심하라
하루 중 가장 중요한 시간은 아침에 잠을 깬 후 첫 시간이다. 그 첫 시간이 남은 하루의 리듬을 결정한다. 긍정적인 말로 하루를 시작하면 하루 종일 긍정적인 생각들을 하게 된다. 그것이 감정적인 관성의 법칙이다.

제3단계, 분명한 목표를 유지하라
목표가 있어도 마음을 거기에 집중하지 않으면 아무 소용이 없다. 당신이 목표에 도달하는 모습을 마음속에 그려 보고, 그 장면을 최대한 자주 재생해 보라. 그러면 무슨 일이 생기더라도 방향감각을 잃지 않을 것이다.

제4단계, 당신이 성공하고 싶어 하는 이유를 자꾸 되새겨라
어느 사업가는 동료들이 성공하지 못할 때 자기만 성공한 이유가 무엇이냐는 질문을 많이 받았다. 그의 대답은 단순했다.
"제 생각엔, 제가 부자가 되어야 할 이유들이 그들보다 많았던 것

같습니다."

　계속해서 동기 부여를 받는 가장 좋은 방법은, 당신이 성공해야 할 이유들을 최대한 많이 생각해내고 그것에 초점을 두는 것이다. 그 모든 이유들을 계속해서 되새겨라. 당신이 성공해야 할 이유들이 충분하다면 가장 놀라운 일들을 성취할 수 있을 것이다.

제5단계, 당신 자신을 시도자가 아니라 성취자로 여겨라

　이 세상에는 별로 내키지도 않는 일들에 인생을 걸다가 왜 자기는 성공하지 못할까 의아해 하는 사람들로 가득하다. 누구나 매번 성공할 수는 없다. 하지만 당신이 하는 모든 일에서 가장 높은 목표에 도달하기 위한 계획을 세울 수는 있다. 당신은 누구에게도 선두자리를 양보할 필요가 없다는 것을 항상 되새겨라. 인생의 챔피언이 되려면 단지 경기에 참여하는 것으로 기뻐해선 안 된다. 그들은 항상 이기기 위해서 경기에 나간다.

제6단계, 성취는 비판을 야기한다는 것을 명심하라

　비판은 오랫동안 있어 왔다. 게다가 우리 사회는 비판의 칼날을 얼마나 날카롭게 갈아 왔는지 모른다. 1865년 《시카고 타임스》에서 에이브러햄 링컨의 게티즈버그 연설을 어떻게 평가했는지 보자.

　"외국의 지성인들이 지켜보는 가운데서 미국 대통령이 어리석고 평범하며 보잘것없는 연설문을 읽어내려 가서, 모든 미국인들은 수치심에 뺨이 달아올랐을 것이다."

　헨리 워드 비처Henry Ward Beecher가 브루클린에서 설교를 할 당시의 일이다. 어느 주일날 그는 꽃 한 다발을 강단으로 가져와 화병에 꽂아 두었다. 그 꽃은 그가 설교하는 자리를 아름답게 꾸며 주었다. 그 다음날 뉴욕의 신문들은 '강단을 꽃으로 장식했다'고 비처를 비난하는 장황한 기사들을 실었다.

새뮤얼 모스Samuel Morse는 국회에서 돈을 받아 볼티모어에서 워싱턴까지 전신선을 설치하려 했다가, 무려 11년 동안 언론의 강한 비판을 받아야만 했다.

어느 6살짜리 남자아이가 선생님께 받은 쪽지를 가지고 집으로 왔다. 아이가 '너무 우둔해서 학습을 할 수가 없으니' 자퇴를 권한다는 내용이었다. 그 아이가 바로 토마스 에디슨이었다.

사이러스 필드Cyrus Field가 대서양에 전선을 설치하려 했을 때 신문들은 '무식하고 고집 센 미치광이'라고 비난했다.

1927년 5월 21일 토요일자 뉴욕 석간신문 안쪽 면에는 몇몇 전문가들이 찰스 린드버그(대서양 횡단에 성공했던 전설적인 미국 비행사)가 뉴욕에서 파리까지의 비행에 실패할 거라는 강력한 증거들을 제시하는 정교한 글이 실렸다. 그런데 아이러니한 것은, 바로 그 신문의 제1면에 린드버그가 무사히 프랑스에 도착했다는 소식이 커다란 표제로 실린 것이다. 인쇄에 들어가기 직전에 급히 조판한 것이었다.

"성공은 어떤 사람이 도달한 지위를 보고 판단하는 것이 아니라, 그가 성공하기 위해 노력하는 동안 극복한 장애물들을 보고 판단해야 한다."
-부커 T. 워싱턴
Booker T. Washington

1929년 샘 골드윈Sam Goldwyn은 영화《라플스Raffles》에서 로널드 콜먼Ronald Coleman의 상대역을 할 여배우를 찾고 있었다. 그러던 중 배역 담당 책임자의 제안으로, 어느 무명 여배우의 스크린테스트를 하게 되었다. 테스트를 마친 후 골드윈은 자기 의자에서 펄쩍 뛰며 소리쳤다.

"당신들 나한테 무슨 짓들을 하려는 거야? 내가 그 커다란 퉁방울눈에 말투도 우스꽝스러운 여자를 배우로 쓸 것 같아?"

그러나 몇 년 후, 샘 골드윈은 그 젊은 여자를 캐스팅하기 위해 최고의 출연료를 기꺼이 지불했다. 그 여배우가 바로 관능적인 눈매를 가진 '베티 데이비스Bette Davis'다.

영국인 데이비드 퍼트남David Puttnam은 콜럼비아 픽처스 영화사에 자신의 최신 시나리오를 제안했을 때 이런 답변을 들었다.

"미안한 말이지만, 이것은 미국 시장에서 전혀 통하지 않을 겁니다. 주제뿐만 아니라 문체와 어조 때문이기도 합니다."

그 영화가 바로 1981년에 오스카상을 수상한 《불의 전차Chariots of Fire》다.

가시 돋친 비판과 실망을 경험하지 않고 인생에서 무엇을 이룰 수 있다고 생각하는 것은 비현실적이다. 하지만 그런 날카로운 말들을 들을 때마다 당신에게 훌륭한 친구들이 있다는 것을 명심하라.

스스로 일어나라

항상 모든 것을 최고로 잘하는 사람은 아무도 없다. 도전에 맞서지 않으면 성공할 수 없다는 것은 자명한 사실이다. 때때로 당신은 실패할 것이며, 어쩌면 아주 처참하게 넘어질 것이다. 하지만 실패했을 때 "이렇게 계속 넘어질까?"라고 묻지 말고 "앞으로도 계속 일어날까?"라고 물으라.

인생에서 실패를 거듭하다가 결국은 성공한 사람들의 이야기를 쓴 책들이 많이 있다.

베이브 루스Babe Ruth는 홈런왕이 되기 한참 전에 스트라이크아웃 신기록을 세웠다. 한때 그는 이렇게 말했다.

"나는 결점이 많은 사람이지만, 쉽게 포기하는 결점은 없다."

헨리 포드Henry ford는 자신의 첫 자동차에 후진기어를 장착하는 걸 잊었다. 나중에 대량생산의 아버지라 불린 그는 이렇게 말했다.

"나는 항상 성공보다 실패로부터 더 많은 것을 배운다."

토마스 에디슨은 백열광을 내는 물질을 발견하기 전에 수천 가지 물질들을 시험해 보았다. 그는 이렇게 말했다.

"가치 있는 일을 달성하기 위해 반드시 필요한 세 가지는 첫째, 노력, 둘째, 인내력, 셋째, 상식이다."

사이 영Cy Young은 메이저리그의 전설적인 투수였다. 그의 이름을 따서 만든 '사이영상'은 그해의 최우수 투수에게 주는 상이다. 그런데 그가 출전한 906번의 큰 경기 중에 이긴 경기는 511번뿐이었다. 절반을 약간 넘는 수치다.

과거에 성공한 사람들 가운데 평범한 재능과 미심쩍은 기술을 가지고 있는 경우가 종종 있었다. 대부분은 갖은 곤란을 무릅쓰고 싸워 이긴 사람들이다. 모두들 포기할 만한 이유들이 얼마든지 있었다. 하지만 그들은 실패에도 불구하고 핸디캡을 극복할 때까지 계속 노력했다.

기드온은 집안에서 작은 사람이었고, 미디안 족속을 피해 포도주 틀에 숨어 있던 자였다. 하지만 하나님의 음성을 들었을 때 뭔가 변화가 일어났다. 그는 완전히 새로운 마음자세를 갖게 되었고, 그것은 즉시 주변 사람들에게 영향을 미쳐 결국은 역사의 흐름을 바꾸어 놓았다.

새로운 마음자세를 기르기 위한 길을 찾겠는가? 한 자리에 머물러 있기를 거부할 수 있겠는가? 문제가 아닌 결과에 초점을 맞출 수 있겠는가? 스스로 계속 동기 부여를 받을 수 있겠는가?

> "평범함은 우리가 열망해야 할 것이 아니라, 벗어나야 하는 것이다."
> −조디 포스터 Jodie Foster

어느 방면에서든 눈에 띄는 성공을 이루기 위해 반드시 항상 옳게 행동해야 하는 것은 아니다. 당신이 절반 이상만 옳게 행동한다면 금메달을 따거나, 수십억을 벌거나, 새로운 컴퓨터 부품을 발명하거나, 무서운 질병의 치료법을 개발하거나, 세계에서 가장 큰 교회의 목사가 되거나, 당신의 산업 분야에서 최고 수준에 도달할 것이다. 또한 당신의 결혼생활을 향상시키거나, 더 좋은 부모가 되거나, 새로운 사역을 시작하거나 단지 더 만족스러운 삶을 살게 될 수도 있다.

성공하는 사람들이 하는 일들을 계속 해보자. 성공하는 사람들은 항상 성취하는 마음자세를 최우선순위로 꼽는다.

돌아보기 :: 내다보기

우리 아버지와 어머니는 나의 가장 훌륭한 영웅들이다. 그런데 두 분이 살아온 과정을 보면, 세상에서 가장 나쁜 마음자세를 가질 만한 이유들이 충분해 보인다. 하지만 그들은 인생의 중대한 시기에 과거에 매여 있지 않기로 결단을 내렸다. 그래서 그들이 만들어낸 승리와 성취의 유산이 나의 삶 속에도 그대로 스며든 것이다.

우리 아버지 빌 코넬리우스Bill Cornelius는 캘리포니아 브라이스의 외진 곳에서 태어났다. 아버지의 부모님은 이주 노동자들이었다. 부모님이 이 마을 저 마을로 일자리를 찾아 다녔기 때문에 아버지는 차 안에서 살았다. 우리 아버지는 5학년이 될 때까지 초등학교를 11군데나 다녔다. 어쨌든 결국 고등학교를 마치고 공군에 입대했다. 아버지는 군 복무를 마친 후 군대에서 주는 학자금 지원을 받아 대학에 들어갔다. 졸업 후에는 잠깐 동안 학교에서 가르치다가 미국 항공 우주국(NASA)에 들어가 아폴로 미션을 위해 일했다. 그 후에는 몇십 년 동안 휴스턴에 있는 큰 회사와 함께 일했다. 그러는 과정에서 아버지는 많은 임대자산과 투자자산을 갖게 되었다. 그렇게 해서 아버지와 어머니는 오랫동안 경제적으로 자유롭게 살아 왔다.

우리 어머니는 샌 안토니오에서 자랐다. 고등학교 때 그리스도인이 되었지만 외할아버지의 강력한 반대에 부딪혔다. 외할아버지는 하나님에 대해 반항적이고 가족들에게도 난폭한 분이었지만, 어머니는 그런 외할아버지가 천국에 가게 해달라고 계속 기도했다. 외할아버지는 결국 임종시에 그리스도를 마음속에 영접했다. 어머니는 또한 우리 아버지를 위해서도 기도했다. 아버지는 기업 세계로 들어가기 위해 나사(NASA)를 떠난 지 얼마 안 돼서 예수님을 영접했다.

어머니 덕분에 우리 가족은 지금 믿음의 유산을 갖고 있다. 큰 교회 목사로서 내가 하는 모든 일들은 대부분 부모님들을 보면서 배운 것들이다.

우리 아버지는 유명인사가 아니다(나에게만 유명한 분이다!). 설교를 해본 적도 없다. 하지만 하나님을 사랑하고 지역교회와 세계 선교회와 그 밖의 기관들을 통해 하나님의 일을 후원하고 있는 경건한 분이다. 아버지의 신실한 믿음은 그를 아는 모든 사람들에게 감동을 주고 있다.

우리 어머니는 동네에서 성경공부 모임을 이끌며 지역 교회에서 열심히 활동했다. 어머니의 봉사를 통해 하나님께 나아오게 된 아이들이 지금 전 세계에 흩어져 예수 그리스도를 섬기고 있다. 모두 다 어머니가 신실하게 믿음의 본을 보였기 때문이다.

나는 과거에 얽매이지 않는 새로운 마음자세가 한 가족과 공동체를 위해 무엇을 할 수 있는지 알고 있다. 우리 부모님을 보면, 하나님께서 모든 사람들 안에서 하시기 원하는 일이 무엇인지 분명히 알 수 있다.

기드온처럼 그들도 위대한 성취는 깊은 내적 확신에서 비롯된다는 것을 직접 배웠다. 즉 무슨 일을 하든, 어제의 실패나 오늘의 핸디캡과 상관없이 성공할 수 있다는 확신이 중요하다는 것이다.

당신은 어떤가?

당신의 내면을 통제할 수 있는 것은 당신뿐이다. 한번 하나님의 음성을 듣고 나면, 하나님의 최선이 아닌 것에는 결코 만족할 수 없을 것이다. 하나님이 원하시는 사람이 되기로 결심하면 아무것도 당신을 붙들어맬 수 없다.

행동 계획

무엇보다 먼저, 당신의 현재 마음자세에 대해 기도하며 하나님과 대화하는 시간을 가지라. 당신의 삶과 현재 상황에 대한 사고방식을 바꿀 수 있게 도와달라고 기도하라. 그런 다음 노트를 꺼내, 다음 질문들에 대한 답을 적어 보라.

1. 당신이 가장 잘하는 일은 무엇인가?
2. 당신이 잘 못하는 일은 무엇인가?
3. 당신이 그만두고 싶은 일은 무엇인가?
4. 당신이 시작하고 싶은 일은 무엇인가?
5. 당신의 마음자세에 대해, 즉 매일매일 삶에 대처하는 방식에 대해 가장 바꾸고 싶은 것은 무엇인가?
6. 이번 주에 당신의 마음자세를 바꾸기 위해 해야 할 세 가지 일들을 구체적으로 적어 보라.

*

기드온이 하나님께 여쭈되 주께서 이미 말씀하심 같이

내 손으로 이스라엘을 구원하시려거든

보소서 내가 양털 한 뭉치를 타작 마당에 두리니

만일 이슬이 양털에만 있고 주변 땅은 마르면 주께서 이미 말씀하심 같이

내 손으로 이스라엘을 구원하실 줄을 내가 알겠나이다 하였더니

그대로 된지라 이튿날 기드온이 일찍이 일어나서 양털을 가져다가 그 양털에서

이슬을 짜니 물이 그릇에 가득하더라

기드온이 또 하나님께 여쭈되 주여 내게 노하지 마옵소서

내가 이번만 말하리이다 구하옵나니 내게 이번만 양털로

시험하게 하소서 원하건대 양털만 마르고 그 주변 땅에는 다

이슬이 있게 하옵소서 하였더니

그 밤에 하나님이 그대로 행하시니 곧 양털만 마르고

그 주변 땅에는 다 이슬이 있었더라

(삿 6:36~40)

계획을 세워라

step 05

거의 모든 주일학교 학생들이 기드온의 양털 이야기를 들어본 적이 있을 것이다. 나는 플란넬보드 위에 커다란 솜뭉치로 양털 이야기를 재현하는 것을 본 기억이 난다. 또 양털에 관한 설교도 많이 들어 보았다. 대부분은 기드온의 믿음 없음을 비판하는 내용이었다.

"표적을 요구한다는 것은 곧 믿음이 흔들린다는 뜻입니다. 주님 안에서 성숙한 사람들은 표적을 요구하지 않습니다."

이게 무슨 말인가?

기드온은 주님 안에서 성숙한 사람이 아니었다. 그는 이제 막 포도주 틀에서 하나님의 사자를 만났다. 게다가 당대 최강의 적군과 싸울 준비를 하면서 삶이 불투명해졌다.

조금 관대하게 기드온을 바라보자. 불의 심판이 다가오고 있었다. 그리고 그는 상황을 분별하고 다음에 해야 할 일을 파악하려고 애쓰고 있다. 하나님이 원하시는 것은 사람들이 하나님을 믿는 것이었고, 기드온은 하나님을 믿고 싶었다.

그리고 양털은 그 과정에서 매우 중요한 단계였다.

양털

:

기드온은 모든 것을 올바른 시각으로 바라보려고 애쓰고 있었다. 그는 천사의 부름에 응답했다. 바알신상과 아세라목상을 파괴하고 하나님의 인도를 따르기로 했다. 하나님의 영이 그에게 임했다. 그는 조금씩 자신의 군대를 이끌고 미디안과 싸울 준비를 하고 있었다.

기드온이 표적을 구한 것은 하나님이 자신과 함께하신다는 것을 확인하기 위해서였다. 그는 양털 한 뭉치를 타작마당에 두고 하나님께 다음날 아침에 양털만 이슬에 젖고, 주변 땅은 마르게 해달라고 말한다.

이때 하나님이 표적을 구하는 기드온을 책망하지 않으셨다는 사실이 중요하다. 아침이 왔을 때 기드온은 양털만 이슬에 젖어 있고 땅은 말라 있는 것을 보았다. 그것은 그의 믿음의 수준을 높여 주었다.

기드온은 곧이어 두 번째 시험을 했다. 이번에는 양털만 마르고 주변 땅은 젖게 해달라고 했다.

이번에도 하나님은 그렇게 요청한 기드온을 책망하지 않으셨다. 다음날 아침, 기드온이 요청했던 것처럼 양털만 마르고 땅은 젖어 있었다. 그 결과, 그의 믿음과 기대가 훨씬 더 높아졌다.

여기서 얻는 교훈은 명백하다. 하나님은 기드온의 요청을 들어주심으로써 참된 신자들에게 하나님 자신이 얼마나 친절하고 부드러운 분이신가를 보여주셨다. 하나님이 원하시는 것은 우리가 그분을 믿는 것이다. 알다시피, 삶 속에서 변화를 발견하는 사람들과 그렇지 않은 사람들의 차이점은 재능이나 기술에 관한 것이 아니다. 그 차이는 바로 기대, 믿음, 신뢰이다.

하나님이 거룩한 체험들을 주시는 것도 그 때문이다. 우리가 섬기는 하나님은 목적의 하나님이시다. 그분은 어떤 분명한 목적을 가지고 당신을 지금 그 자리로 인도하셨다. 그리고 하나님이 주시는 그 경험들로 인해 당신의 믿음이 자라나기를 원하신다.

예수님의 어머니, 마리아를 생각해 보자. 주의 천사가 이 젊은 여자에게 하나님의 아들, 메시아를 잉태하게 될 거라고 예고했고, 그 다음에 성령이 그녀에게 임하여 그녀가 아이를 갖게 되었다. 그 경험은 그녀의 기대를 높여 주었고, 요셉과 부모님에게 모든 일을 설명해야 하는 임무를 감당할 만한 믿음을 주었다. 또한 친척들과 이웃들에게서 쏟아질 경멸과 압도적인 비판에도 불구하고 굳게 설 수 있는 용기를 주었다.

> "아는 것은 증명하는 것도,
> 설명하는 것도 아니다.
> 그것은 비전을 받아들이는 것이다.
> 하지만 우리가 비전을 가지려면,
> 그 비전의 목적에 동참하는
> 법을 배워야 한다."
> -생텍쥐페리
> Antoine de Saint-Exupery

예수님의 제자들을 생각해 보라. 예수님은 승천하시기 전에 교회의 탄생을 예고하셨다. 그 후에 사도행전 2장 1~4절에 기록된 대로 성령이 임했다. 다락방에 있던 사람들은 모두 능력을 받았고, 교회가 탄생했다. 모든 것이 달라졌고, 지옥문이 하나님의 교회를 짓밟거나, 교회가 전 세계로 퍼져나가는 운동을 진압할 수 없게 되었다.

기드온은 양털을 이용하여 자기에게 말씀하고 계신 분이 하나님이라는 것을 확인했다. 하지만 양털이 중요한 단계였던 것은 사실이나, 기드온은 아직도 하나님이 주시는 임무를 완벽히 받아들일 준비가 되어 있지 않았다.

먼저 당신의 싸움에서 승리하라

우리는 기드온이 해야 했던 준비과정은 보지 않고 바로 기드온의 승리를 보려고 할 때가 많다.

사람들은 누구나 슈퍼헤비급 세계 챔피언이 큰 시합에서 이기는 것을 보고 싶어 한다. 그가 어두컴컴하고 먼지가 풀풀 나는 낡은 체육관 한가운데서 혼자 권투연습을 하고 있을 때는 아무도 그를 보고 싶어 하지 않는다. 매일 꼬박 8시간 동안 시합 준비를 하고 있어도 아무도 그를 응원해 주는 이가 없다. 아무도 그 부분을 보고 싶어 하지 않지만, 실은 바로 거기서 시합의 성패가 결정된다.

양털은 기드온의 준비과정의 한 부분이었다. 하나님은 기드온을 전쟁터로 인도하려고 하시나, 준비하는 과정이 필요했다.

이때 하나님은 기드온에게 세 가지 방법으로 자신의 뜻을 분명히 확인시켜 주셨다. 제일 먼저 하나님이 그에게 말씀하셨고, 그 다음엔 양털만 젖고 땅은 마르게 하셨다. 그러고 나서는 땅만 젖고 양털은 마르게 하셨다. 기드온은 이제 앞으로 나아가라는 세 가지 분명한 신호를 하나님에게서 받은 것이다.

어떤 사람은 그것을 두고 믿음이 부족하다거나 지나친 준비라고 말할지도 모른다. 그것을 뭐라고 불러도 좋다. 우리가 아는 것은, 미디안 족속과의 전쟁을 향해 나아가는 그 시간 동안 기드온이 가만히 앉아서 쉬고만 있지 않았다는 것이다. 그는 분주하게 전쟁 계획을 세우고 있었다.

양털은 기드온이 올바른 방향으로 가고 있다는 것을 확인시켜 주었다. 하지만 기드온은 그것만으로 그냥 자동적으로 승리하게 될 거라고 생각하지 않았다. 그는 마음에 떠오른 중요한 질문들에 올바로 답하고 있었다. '왜? 무엇을? 어떻게? 언제?' 이것들은 굉장히 중요한 질문들이었다.

모든 사람은 하나님이 축복해 주시기를 바란다. 그런데 정말 '축복 받는' 사람들이 있는가 하면, 허풍만 떠는 사람들도 있다. 그 차이점은 간단하다. 곧 축복받는 사람들은 '계획'이 있다는 것이다.

당신은 계획이 있는가? 당신의 꿈들이 당신의 머리에서 나와 달력으로, 해야 할 일의 목록으로 옮겨갈 때, 당신은 계획이 있는 것이다. 앞으로 보게 되겠지만, 기드온은 영감을 받은 후에 계획을 세웠다.

예나 지금이나, 영감을 받고 계획을 세우지 않으면 좌절과 실패로 이어진다. 영감을 받은 후 노력이 따라야만 성공하게 되는 것이다. 기드온은 이것을 깨닫고 있었다.

하나님의 비전을 이루기 위한 확실한 방법들을 계획을 세워 구체적으로 찾으려고 노력해야 한다는 중요한 교훈을 우리도 배워야 한다.

"사람들이 자기가 겨냥하지 않은 것을 맞히는 경우는 매우 드물다."
-헨리 데이비드 소로
Henry David Thoreau

당신의 비전-당신의 계획

하나님의 최선을 찾는 법을 배울 때 구체적인 행동 계획을 세우는 것이 당신의 성공을 위해 반드시 필요하다.

왜 그럴까?

어느 지혜로운 사람이 이런 말을 했다.

"산 정상을 향해 올라가고 있을 때 작은 돌멩이에 걸려 넘어지는 것쯤은 그렇게 아프지 않다."

예를 들면, 나는 베이 에리어 펠로우십 교회를 담임하고 있다. 그 교회는 처음 세워진 이후로 미국에서 가장 빠르게 성장하는 교회 중 하나가 되었다. 몇 년 동안 우리는 대규모의 건축 계획들에 열중해 왔다. 그런데 매번 깜짝 놀라는 것은, 건물의 토대를 다지는 작업에 정말 많은 시간이 소요된다는 것이다.

아름다운 시설을 건축하려면 개략적인 계획을 세우고, 기둥 몇 개를 붙이고, 조명을 매달고, 실내장식 전문가를 고용하는 것보다 훨씬 더 많은 것들이 필요하다. 모든 것을 준비하는 데 시간이 걸린다는 것은 충분히 이해가 간다. 하지만 때로는 땅 위로 건물이 올라오는 것을 보기까지 땅 밑에서 준비하는 데 정말 많은 시간이 걸린다. 건축 회사의 설계 과정과 진흙 바닥에 도랑을 파는 데 가장 긴 시간과 큰 비용이 드는 것 같다.

그래도 계획을 세우고 기초를 다지는 일을 어리석거나 비합리적인 일로 여기는 사람은 아무도 없다. 건축가, 시공사, 프로젝트 매니저들은 건축을 계속 하려면 각 준비 단계를 매우 진지하게 받아들여야 한다. 지금 건축이 어느 단계까지 진행되었든 간에, 항상 건설현장에 완전한 설계도와 자세한 일정표가 있어야 한다.

> "구체적이고 실제적인 행동 계획을 세우는 것이 당신의 성공에 반드시 필요하다."

그런데 사람들이 완벽한 계획 없이 무작정 '행동'으로 돌진해야 한다고 생각하는 이유는 무엇일까? 물론 계획은 바뀔 수 있다. 당신은 여러 가지 도전들에 직면하게 될 것이다. 하지만 정말 성공하려면 다음의 것들을 포함하는 종합 계획을 갖고 있어야 한다.

- 당신의 '왜'-전반적인 이유, 비전 또는 생각
- 당신의 '무엇'-명확한 목표
- 당신의 '어떻게'-행동 전략
- 당신의 '언제'-시간표

이것을 방정식 또는 공식으로 나타내 보겠다.

왜+무엇+어떻게+언제=당신의 성공을 위한 종합 계획

이 종합 계획이 없으면, 당신의 '건물'은 좋게 말하면 되는 대로 지어지고 나쁘게 말하면 아주 위험할 것이다. 반면에 정교하고 상세한 종합 계획이 있으면 좀 더 확실히 성공을 향해 나아가는 데 도움이 될 것이다. 그러면 각 단계마다 '양털 뭉치'를 내놓지 않아도 된다.

그러므로 어떤 여행을 시작하기 전에, 당신이 어디로 가기 원하는지, 무엇을 하기 원하는지, 어떻게 거기에 도달할 것인지, 예상 도착 시간이 언제인지를 알고 있어야 한다. 이 장의 나머지 부분을 통해 당신의 '왜', '무엇', '어떻게', '언제'를 살펴보도록 하자.

당신의 '왜'

성공을 위한 모든 공식에 반드시 들어가는 필수 요소가 바로 '비전'이다. 그것은 근본적이고, 사람을 움직이게 하며, 열망이 가득한 '왜'이다. 역사상 가장 지혜로운 사람으로 꼽히는 솔로몬이 "묵시가 없으면 백성이 방자히 행하거니와"(잠 29:18)라고 말한 이유가 이것이다.

하나님은 기드온에게 의심의 여지가 없는 비전을 주셨다. "이스라엘을 미디안의 손에서 구원하라 내가 너를 보낸 것이 아니냐?"(삿 6:14)

어쩌면 당신의 비전은 그렇게 극적으로 다가오지 않을지도 모르지만, 반드시 아주 명료해야 한다. 당신이 피곤하고, 오해받고, 지치고, 그만두고 싶을 때도 계속 나아가려면 반드시 이 비전이 있어야 한다. 그런 절망의 시기에 다른 모든 사람들과 상황들이 달리 말하더라도, 당신의 '왜'가 계속 앞으로 나아가도록 영감을 주기 때문이다.

미국의 개척자이자 선구자인 대니얼 분Daniel Boone은 한때 다음과 같은 말을 했다. "내가 길을 잃었다고 할 수는 없지만 3일 동안 어리둥절했던 적은 있다." 그가 지적하려 했던 것은 많은 사람들이 근시안적인 약점을 갖고 있다는 사실이다. 멀리 바라보지 않고 바로 앞에 있는 것들에만 주로 초점을 두는 것이 실패의 주된 이유, 대니얼 분의 말을 빌리면 어리둥절해지는 이유 중 하나다.

울타리를 겨냥하여 바닥을 맞히느니 달을 향해 쏘아서 말뚝 울타리를 맞히는 것이 더 낫다.

성공하려면 어떻게든 장애물들과 잠재적인 실패를 넘어 더 멀리 바라볼 줄 알아야 한다.

나폴레옹은 알프스가 아니라 이탈리아를 바라보았다. 조지 워싱턴은 꽁꽁 언 델라웨어 강을 보지 않고, 트렌턴Trenton에 있는 독일인 용병 헤세인들을 이기는 승리의 광경을 바라보았다. 미국의 육상선수 글렌 커닝엄Glenn Cunningham은 자신의 화상 입은 다리에 시선을 집중하지 않고 자신이 올림픽에서 금메달을 따는 모습을 상상했다. 빌리 그레이엄은 세계 복음화에 걸림돌이 되는 모든 장애물들을 바라보지 않고, 온 세상에 복음을 전하라는 자신의 소명을 힘차게 따랐다.

대부분의 사람들이 장애물을 보지만, 성공하는 사람들은 장애물을 넘어 목표를 바라본다. 당신은 어떤가? 무엇이 당신을 멈추게 하는가? 당신의 비전으로 모든 장애물들을 돌파하라. 이 장의 끝에 가면 당신의 비전, 즉 당신의 '왜'를 기록할 기회가 있을 것이다.

당신의 '무엇'

누구나 꿈을 꾸고 목표를 정한다. 사람들이 "난 절대 목표를 정하지 않아", 라든가 "난 목표를 믿지 않아. 그래서 목표에 도달하지 못해도 절대로 실망하지 않아."라고 말하는 것을 자주 들었을 것이다. 그 말은 그럴 듯하게 들리지만 전혀 사실이 아니다.

모든 사람들이 매일매일 목표를 세운다. 우리는 알람시계를 끄고 일

"하나님이 우리에게 주시는 모든 체험, 우리의 삶 속에 두시는 모든 사람들은 오직 하나님만 보실 수 있는 미래를 위한 완벽한 준비과정이다."
-코리 텐 붐 Corrie Ten Boom

어나거나 계속 잠을 잔다. 아침을 먹거나 건너뛴다. 일하러 나가거나 집 안에서 종일 빈둥거리며 텔레비전을 본다. 청구서를 다 처리하거나 전기가 끊어지도록 내버려둔다. 2마일을 달리거나 초코바 2개를 먹는다. 당신이 인식하든 못하든, 당신은 끊임없이 선택을 하고 목표를 세우고 있다. 그렇게 매일매일의 목표를 세우고 달성하는 일에 너무 익숙해져 있어서 우리가 뭘 하고 있는지도 깨닫지 못하는 것이다.

당신의 매일, 매주, 매달, 매해, 그리고 평생의 목표들에도 똑같은 생각이 적용된다. 당신은 '어떤 것'을 하는 꿈을 꾸고 있다.

몇 년 동안 사람들과 함께 연구하고 일해 온 결과, 성공하는 사람들이 남들과 다른 한 가지 특징은 대체로 꿈을 꾸고 목표를 정하는 일을 더 잘한다는 것이다. 실제로 성공한 사람들의 대다수가 자신의 개인적인 꿈과 목표들을 정하고, 순차적으로 정도를 밟아 목표에 도달했다는 것을 확실히 말할 수 있다.

마찬가지로 목표를 확실히 정하고 추구하는 것이 당신 삶의 방향을 결정하고 이끌어간다. 포부가 커지면 목표가 생긴다. 목표에 근거하여 계획을 세우게 되므로, 목표보다 나은 계획은 나올 수가 없다.

효력을 발휘하려면 당신의 목표에 분명한 특징들이 있어야 한다.

첫째, 개인적이어야 한다

당신의 목표를 생각하면 가슴이 설레어야 한다. 외적인 기대는 금방

광채를 잃을 수 있기 때문에 내적으로 동기 부여가 되어야 한다. 당신의 목표들을 생각할 때 가슴이 설렌다면, 그런 마음으로 모든 일을 할 수 있고, 당신의 모든 에너지와 자원들을 동원하여 목표 달성을 위해 힘쓸 수 있다. 반대로 당신의 목표가 당신을 흥분시키지 않는다면, 변화하도록 동기를 부여하지도 못할 것이다.

둘째, 미래지향적이어야 한다

과거가 아닌 미래를 보고 목표를 세워야 한다. 물론 과거를 기초로 할 수도 있다. 하지만 하나님이 당신의 삶 속에서 초자연적인 일을 행하기로 결정하실 때는 종종 새로운 일을 행하신다.

과거의 성과나 실패와 거의 또는 전혀 관계가 없는 목표를 세우기로 결심하라. 뮤추얼 펀드 상품에 대한 경고문을 읽어본 적 있는가? '과거의 성과가 반드시 미래의 성과를 보장하지는 않습니다'라는 경고문 말이다. 나는 사람들에 대해서도 똑같이 말하려고 한다. 당신이 작년에 실패했다고 해서 반드시 올해도 실패하리라는 법은 없다. 사실, 실패는 적어도 당신이 시도했다는 것을 보여준다. 그러므로 올해는 더욱 더 성공을 위해 노력할 것이다.

거의 모든 스포츠의 전국 챔피언들을 보라. 대부분의 경우에 그들은 작년에 패배를 경험했던 사람들이다. 물론 강호들이 있지만, 그들도 항상 한 단계 높은 수준으로 나아가는 법을 배울 때 먼저 패배를 경험한다.

패배는 성공하지 못하는 방법을 한 가지 더 알아냈다는 뜻이다. 꼭 해야 할 일은 처음에 잘 못해도 괜찮다!

셋째, 구체적이어야 한다

  목표가 구체적일수록 각 이정표에 도달할 가능성이 더 커진다. 구체적인 목표를 세운 사람들은 반드시 결과를 보게 되는 반면에, 목표를 세우지 않은 사람들은 결국 어떤 일이 일어나기만을 기다리고 있는 것을 여러 번 보았다. 또한 막연한 희망만 가지고 있는 사람들은 무슨 일이 일어날까 궁금해하면서 빈둥거리기만 한다.

넷째, 하나님을 기반으로 해야 한다

  목표를 세울 때 기반이 되는 것은 '당신이 누구냐'가 아니라 '당신이 누구의 것이냐' 하는 것이다. 당신이 생각하는 당신의 모습이 아니라 하나님이 누구신가를 바라보고 목표를 세워야 한다. 기드온이 자신을 바라보고 목표를 세웠다면 미디안 족속에게 맞서지 못했을 것이다. 그가 백성들을 이끌고 훨씬 더 강한 나라와 싸울 수 있었던 것은 바로 하나님께 대한 확신이 있었기 때문이다.

  우리는 종종 너무 작은 목표를 세우고 제한된 시간에 목표를 이루려고 한다. 우리는 짧은 시간에 할 수 있는 일을 과대평가하고, 평생에 걸쳐 할 수 있는 일은 과소평가한다. 하나님을 염두에 두고 목표를 세울 때 우리가 달성할 수 있는 일에는 제한이 없다.

다섯째, 달성할 수 있어야 한다

  목표는 막연한 몽상이나 그림의 떡 같은 환상이 아니다. 좋은 목표는 당신의 모든 능력을 발휘하게 하되, 어느 정도 달성할 수 있다는 확신을 가질 수 있어야 한다. 참된 목표와 공허한 환상의 차이는 당신만

이 알 수 있다.

의미 있고 달성 가능한 목표는 세 가지 기본 범주로 나눌 수 있다.

1. 장기 목표들은 몇 년이 걸리지만, 일반적으로 3년에서 5년을 넘지 않는다.
2. 중기 목표들은 장기 목표들을 6개월이나 1년 단위로 쪼갠 것으로, 항상 당신이 정한 장기 목표들을 향해 가는 과정이다.
3. 단기 목표들은 중기 목표들을 월 단위나 주 단위로 쪼갠 것으로, 궁극적으로 장기 목표들을 이루기 위한 것이다.

여섯째, 균형을 이루어야 한다

당신의 목표들은 삶의 모든 면들을 포괄해야 한다. 많은 사람들이 목표를 세우고도 충분한 효과를 보지 못하는 이유는, 그 목표들이 삶의 한 영역에 제한되어 있기 때문이다. 사업가와 시민 지도자들 가운데 정말 탁월하게 목표를 세우는 사람들이 때때로 자기 가족에 대한 목표는 전혀 세우지 못하는 모습을 보고 항상 깜짝 놀란다. 마찬가지로 일부 대학교수들은 정말 훌륭한 지적 목표들을 갖고 있지만, 육체적 건강에 관한 목표는 완전히 무시해 버린다.

목표를 세울 때 잊지 말아야 할 것이 있다. 성공은 당신의 삶의 여러 영역에서 얼마나 균형 잡힌 목표들을 갖고 있느냐에 달려 있다는 것이다.

> "대부분의 사람들이 실패하는 이유는 자기가 무엇을 하려고 하는지 모르기 때문이다."
> ─루 홀츠 Lou Holtz

일곱째, 문서로 작성해야 한다

당신의 목표를 기록해 두어야 한다. 이것은

매우 중요하다. 사야 할 식료품 목록이나 매일 해야 할 일의 목록을 작성하는 것과 마찬가지로, 당신의 목표들을 문서로 작성하면 좀 더 구체화되고 좀 더 책임감 있게 목표를 이루어 가는 데 도움이 된다. 또한 당신이 성취하고자 하는 일들을 적어 보면, 그것을 이루기 위해 필요한 단계들을 생각하는 데 도움이 된다. 뿐만 아니라 그것을 바탕으로 매일, 매주, 매달, 매해의 활동 계획을 세울 수 있다.

당신의 개인적인 꿈이나 직업상의 꿈들을 이루기 위해 목표를 세우고 기록하는 것의 가치는 아무리 강조해도 지나치지 않다. 목표를 글로 적으면 확신이 생긴다. 머릿속에 있는 목표와 글로 쓴 목표의 차이는, 당신의 목표들을 문서화할 때 불확실한 세상에서 훨씬 더 확실성을 갖게 된다는 것이다. 다른 것이 모두 변해도, 글로 써둔 목표가 있으면 항상 당신이 어디로 가고 있는지 알 수 있다!

특히 당신이 목표를 정할 때 하는 모든 일들이 앞으로 5년 후 당신의 모습에 분명히 영향을 끼친다.

당신의 '어떻게'

비전과 구체적인 목표를 갖는 것만으로는 부족하다. 그 목표들을 이루기 위한 계획이 있어야 한다. 당신의 비전 선언문을 바탕으로 목표를 세우고, 또 그 목표를 기반으로 행동 전략들을 세우게 된다.

강력한 행동 계획이 목표를 달성하는 데 도움이 될 것이다. 거기에는 내년 계획표뿐만 아니라 매일, 매주, 매달 해야 할 일들이 포함된다.

사실 당신의 '왜', '무엇', '언제'가 아무리 확고해도 '어떻게'라는 행동 전략들이 없으면 다 소용없다.

제1차 세계대전 때 독일 잠수함들은 미국인들에게 적지 않은 걱정을 끼쳤다. 어떤 사람이 미국의 해학가 윌 로저스Will Rogers에게 물었다.

"만일 당신이 대통령이라면 그 잠수함들을 어떻게 하겠습니까?"

그 해학가는 씩 웃으며 이렇게 대답했다.

"간단해요. 대서양 물을 다 마르게 한 다음, 잠수함들이 모습을 드러내면 폭파시켜 버리면 되지요."

"도대체 어떻게 바닷물을 마르게 할 수 있습니까?"

옆에서 보고 있던 사람이 의심스러운 표정으로 물었다.

"아, 그건 내가 생각해낸 거니까, 이제 여러분이 어떻게 그 일을 할 수 있을지 생각해 보세요."

윌리엄 로저스는 많은 큰 꿈들(그리고 꿈꾸는 사람들)이 곤경에 빠지는 것을 아주 인상적으로 묘사했다. 아이디어와 기준을 생각해내는 것은 쉽다. 행동계획을 세우는 것이 어려운 것이다.

"살면서 점점 더 확신하게 되는 것이 있다. 바로 나약한 자와 강한 자, 위대한 자와 하찮은 자의 큰 차이는 에너지, 곧 꺾을 수 없는 결단력에 있다는 것이다. 일단 한 가지 목표를 정했으면 '승리 아니면 죽음'이라는 각오를 해야 한다. 이런 마음을 가진 사람은 이 세상에서 할 수 있는 일이라면 무엇이든 할 것이다."
-토머스 벅스턴 경Sir Thomas Buxton

이 장의 끝부분에 가면 당신의 주요 목표들을 이루는 데 도움이 될 만한 행동 계획을 세워볼 기회가 있을 것이다. 회사들은 이 단계를 사업 계획서 작성이라고 칭한다. 사업 계획서는 꽤 복잡해질 수 있다. 그러므로 당신의 개인적인 목표들은 최대한 간단하고 명백해야 한다.

당신의 목표를 달성하기 위한 계획을 어떻게 세울 것인가? 당신이 원하는 곳에 도달하기 위해 필요한 단계들을 생각해 보라. 또한 당신의 행동 계획에 영향을 미칠 수 있는 중요한 변화들과 간략한 전략들을 포함시키는 것을 잊지 말라.

당신의 '언제'

목표를 달성할 시간과 날짜를 정해 놓아야 한다. 다시 말해서, 측정할 수 있는 목표를 세워야 한다는 뜻이다. 측정할 수 없는 것은 결코 실행될 수 없다. 따라서 도로의 이정표까지 가는 것이 목표라면, 각 이정표에 도착해야 할 마감 시간을 분명히 정해 놓으라. 그리고 그 시간을 꼭 지켜야 한다.

물론 상황이 달라질 수 있다. 때로는 어쩔 수 없이 시간표를 변경해야 할 때도 있을 것이다. 그런데 변하지 않는 사실은, 목표를 달성해야 할 시간과 날짜가 정해져 있지 않으면 그 목표에 도달할 가능성이 확연하게 줄어든다는 것이다. 또한 당신의 시간표는 장기 목표, 중기 목표, 단기 목표들과 밀접하게 연결되어 있어야 한다.

구체적인 목표가 성공에 그렇게 중요한 요소라면, 왜 좀 더 많은 사람들이 그것을 이용하지 않는 걸까? 몇 가지 이유를 들자면 다음과 같다.

- 자신의 안전지대 밖으로 나가는 것에 대한 두려움 때문이다. 두려움은 저항이 제일 적은, 가장 쉬운 길이다. 미래의 위험을 감수하느니 지금 있는 자리에 머무르는 것이 훨씬 더 쉽다.
- 낮은 자아상, 또는 자신이 성공하는 모습을 상상하지 못하기 때문이다. 성공적으로 목표를 달성하려면 마음속에 그림을 그리는 것이 중요하다. (다이어트 프로그램을 위한 동기 부여용으로 다이어트 전후 사진을 활용하는 것을 본 적이 있는가?)
- 회의론적인 생각이나 목표 세우기의 효능을 믿지 못하기 때문이다.
- 확실한 결과를 얻기 위해 시간과 노력을 들이려고 하지 않기 때문이다.
- 구체적이고 측정 가능한 목표를 세우는 방법에 대해 지식이 부족하기 때문이다.

목표 세우기는 오늘날 세계에서 가장 널리 알려진 자기 계발 도구이다. 또한 성공이 능력보다 목표의 선택과 더 밀접한 관련이 있다는 사실이 입증되었다. 중요한 것은 측정이다. 대부분의 사람들은 어떤 것을 측정하는 걸 원치 않는다. 자신의 현 상태에 대한 진실을 알고 싶지 않기 때문이다. 그렇지만 먼저 당신의 현 상태에 대한 진실을 인정하지 않으면 성취의 진실을 알 수 없다.

목표 세우기는 또한 하나님께 대한 믿음을 실제적으로 나타내는 것이다. 당신은 목표를 세울 때 이렇게 말한다.

"나는 하나님을 믿을 뿐만 아니라, 하나님이

> "두려움은 꿈을 훔쳐가는 도둑이다."
> -작자 미상

이 동네에, 이 가격에, 이 집을 살 수 있게 해주실 거라고 믿는다. 하나님이 목사인 나에게 이날까지 이 많은 사람들을 전도할 능력을 주실 거라고 믿는다. 하나님이 이 분기 말까지 나에게 할당된 판매량을 다 채우게 해주실 거라고 믿는다."

목표는 처음에 비전이나 꿈으로 시작해서, 계획과 결심과 대화와 집중을 통해 현실이 될 수 있다.

비전이 현실이 되기까지

경이로운 일들을 성취한 사람들은 대부분 그렇게 된 것이 하나님의 섭리라는 것을 깨닫는다. 그들이 그리스도인이든 아니든 간에 자연, 하나님, 또는 더 높은 자아 같은 것이 그들의 걸음을 인도하고 있다는 것을 느끼는 것이다. 그들이 존재하는 것 자체가 섭리에 따른 것이다.

스티브 잡스Steve Jobs의 말을 잘 들어보면, 모든 사람의 책상에 개인 컴퓨터(되도록이면 애플 로고가 있는)를 놓는 것이 그의 일생의 사명이었다는 것을 금세 알 수 있다.

당신의 '왜'는 단순히 '이거 좋은 생각인데'라고 말하는 데서 그치지 않고 인내심을 만들어낸다. 당신은 그것을 떨쳐 버릴 수가 없다. 그것이 하나님으로부터 온 비전인지를 알 수 있는 한 가지 방법이다. 하나님을 찾고 구할 때마다 그 생각이 떠오르는 것이다. '왜 내가 기도할 때마다 하나님이 계속 이 생각을 주시는 걸까?'

어떤 사람들은 이렇게 말한다. "하나님, 저에게 돈이 더 필요합니다."

하지만 하나님은 계속 그들의 마음속에 "그래, 넌 네 사업을 시작할 수 있어."라는 생각만 주신다.

"네, 하나님, 그건 좋은 생각이에요. 하지만 먼저 저에게 돈이 더 필요하다고요."라고 그들은 대답한다.

하지만 어쩌면 하나님이 당신에게 돈을 주시지 않을 수도 있다는 생각을 해보았는가? 대신 하나님이 당신에게 그 돈을 벌 수 있는 수단을 주기 원하실 수도 있지 않을까?

우리는 창조와 과정 없이 이익만 얻기 바라는 경향이 있다. 하지만 하나님은 우리에게 즉시 이익을 나눠주지 않으신다. 우리에게 도구, 즉 수단을 주셔서, 그것을 가지고 일하고 하나님과 협력하여 이익을 얻게 하시는 것이다.

"당신이 공중에 성을 지었다고 해서 반드시 당신의 노력이 수포로 돌아가는 것은 아니다. 그 자리가 바로 성이 있어야 할 자리라면, 이제 그 밑에 기초를 쌓아라."
-헨리 데이비드 소로

왜 하나님이 그런 식으로 역사하실까? 왜 단순히 우리가 구하는 것을 주시지 않는 걸까? 이렇게 생각해 보라. 사람들은 사람들을 통해 임무를 완수한다. 그리고 하나님은 임무를 통해 사람들을 온전하게 만들어 가신다. 하나님은 다윗에게 곰과 싸우라는 임무를 주셨고, 그 다음엔 사자, 그 다음엔 골리앗과 싸우게 하심으로써 그를 용사로 성장시키셨다. 그리고 기드온은 그를 미디안 족속과 싸우게 하심으로써 지도자로 성장시키셨다.

당신은 자신의 힘으로 성장하지 않는다. 당신 자신보다 더 큰 목표를 세움으로써 성장한다. 그 목표를 이루려면 당신이 더 큰 사람이 되어야 하기 때문이다. 목표가 당신을 더 크게, 더 강하게, 더 훌륭하게 만들며 더 큰 목표들을 가질 수 있게 해준다.

다시 사도 바울의 말을 생각해 보자. "내게 능력 주시는 자 안에서 내가 모든 것을 할 수 있느니라"(빌 4:13). 그는 내가 모든 것을 '한다'고 말하지 않았다. 내가 '할 수 있다'고 말했다. 이것은 단지 입으로 반복하거나 암송할 구절이 아니다. 이 구절에 자극을 받아 당신이 어떤 일을 해야만 한다.

기드온은 포도주 틀에서 가족이 먹을 밀을 타작하고 있었다. 당신은 지금 하나님이 축복해 주실 수 있는 어떤 일을 하고 있는가?

하나님은 우리가 활동하기를 원하신다. 일단 결심을 했으면 목표를 향해 첫 걸음을 떼야 한다. 어떤 일을 하기로 결정했으면 바로 그날, 아주 작은 일이라도 무언가를 해야 한다. 당신도 알다시피, 하나님이 축복해 주시는 것은 우리의 의도가 아니라 행동이다. 오늘 바로 시작하라!

> "전혀 꿈이 없는 사람들과 균형을 맞추려면, 순수하고 광범위한 꿈을 가진 사람들도 있어야 한다."
> ―아서 슐레진저 2세
> Arthur M. Schlesinger Jr.

목표를 추구하기 시작하면 장애물들을 만날 것이다. 가장 큰 어려움 중 하나가 지쳐서 탈진하는 것이다. 어쩌면 낙담하여 그만두고 싶을지도 모른다. 갈라디아서를 보면 "우리가 선을 행하되 낙심하지 말지니 포기하지 아니하면 때가 이르매 거두리라"는 말씀이 있다(갈 6:9).

하나님은 당신이 선을 행할 때 매우 지치게 될 것을 알고 계신다. 하지만 피로와 탈진, 포기하고 싶은 마음은 추수를 위해 치러야 할 대가의 일부분이다. 사실, 추수할 때가 가까이 왔다는 신호 중 하나가 바로 피로감이다. 그러므로 피곤하다고 해서 그만두면 안 된다. 오히려 두 배로 더 노력해야 한다. 피곤하다는 것은 곧 목표 달성에 가까워졌다는 신호일 때가 많다.

불가능에 맞서라

'난 할 수 없어'라는 생각을 기드온이 얼마나 많이 했을까 궁금하다. 이상과 현실의 간격이 너무 크기 때문에 인간의 본성은 누구나 그런 생각을 하도록 만든다.

비전을 가지고, 목표를 정하고, 행동 계획을 세워 가는 과정에서 가장 중요한 부분 중 하나가 바로 하나님을 따르지 않는 사람들에게는 없는 자원이 하나님을 믿고 따르는 우리에게는 있다는 사실을 기억하는 것이다.

"대저 하나님의 모든 말씀은 능하지 못하심이 없느니라."(눅 1:37)

우리는 성숙할수록, 우리 자신의 힘으로는 도달하기 힘든 목표를 세워야 한다는 것을 깨닫게 된다. 우리가 그런 목표를 세울 때 반드시 하나님의 도우시는 손길을 체험할 수 있기 때문이다.

예를 들어, 내가 부부생활 상담을 할 때 각 배우자의 달라져야 할 점들을 목록으로 작성하게 하면 반드시 이런 말이 나온다.

"하지만 내가 이런 일들을 다 하더라도, 내 아내(또는 남편)는 절대 그 일들을 하지 않을 거예요."

바로 거기서 '하나님의 요소'가 등장한다.

생각해 보라. 당신이 모든 일을 다 할 수 있다면 왜 하나님이 필요하

"당신의 꿈들을 버리지 말라.
꿈이 없으면 당신은 여전히
존재하지만 더 이상
살아 있는 것이 아니다."
-조나단 스위프트 Jonathan Swift

겠는가?

당신이 원하는 일을 다른 사람들이 하도록 만들 힘이 당신에게는 없다. 상황과 사람들을 바꾸기 위해선 하나님이 필요하다. 또한 그 사람이 변하면 결국 누가 영광을 받겠는가?

이 원리를 이해하면 모든 것이 달라진다. 즉 모세가 홍해 바다 위로 지팡이를 뻗었을 때처럼, 또는 다윗이 골리앗을 향해 돌진했을 때처럼, 모든 것을 걸기가 더 쉬워진다. '전부 아니면 전무'All or nothing다.

내면의 모든 소리들이 하지 말라고 아우성치는 일을 당신은 한다. 어쨌든 하나님이 당신에게 그 일을 하도록 명령하셨다는 것을 알기 때문이다. 그리고 하나님을 위해 '바보'가 된다는 것이 무슨 뜻인지를 알게 된다.

기드온이 자신을 따라 전쟁터에 나가겠다고 자원하는 사람들에게 그의 대략적인 계획을 설명하는 모습을 상상할 수 있겠는가? 비전이 없었다면, 양털 뭉치와 목표와 행동 계획들이 없었다면 어떻게 그들에게 하나님이 승리하게 해주실 거라는 확신을 심어줄 수 있었겠는가?

종종 불가능을 가능케 하시는 하나님의 능력을 주님과 당신 외에는 아무도 이해하지 못할 때가 있다. 하나님은 바로 그것을 이용하신다. 어리석은 것들을 사용하여 똑똑한 사람들을 부끄럽게 하시는 것이다.

왜 하나님은 북캐롤라이나 출신의 평범하고 비쩍 마른 애송이 설교자, 빌리 그레이엄을 사용하셔서 세계를 다니며 스타디움을 꽉 채운 청중들에게 예수님을 전하게 하셨을까? 맨 처음 그를 보고 누가 그 사람이 그런 일을 할 것이라고 생각이나 했겠는가? 하지만 하나님이 개입하시면 불가능한 일들이 얼마든지 가능해진다. 목표와 행동 계획들을 세울 때 이 점을 꼭 명심하라. 하나님은 불가능한 일들을 충분히 이루시는 분이다.

누가 영광을 받는가?

계획을 세울 때, 목표 달성에는 두 가지 면이 있다는 것을 명심해야 한다. 즉 하나님이 영광을 받으시고, 당신이 성장하는 것이다.

성장은 돈이나 명예를 말하는 것이 아니다. 우리는 항상 돈과 명예를 중요한 결과로 생각하지만, 사실은 그렇지 않다. 당신이 성장하지 않으면 그 돈은 그냥 다 써버릴 것이다. 성장하지 않으면 당신이 사는 집은 그냥 또 한 채의 집이 될 것이고, 차도 그냥 또 하나의 운송수단에 불과할 것이다. 돈은 써버릴 수 있고 명예는 잃을 수 있어도, 성장은 영구적인 것이다. 당신이 목표를 하나하나 달성해 가면서 경험하는 성장은 결코 써버리거나 없어지는 것이 아니다.

우리는 항상 트로피 수상자들을 부러워한다. 하지만 대부분의 트로피는 선반 위에 올려진 채 먼지만 쌓이거나 녹이 슬거나 깨지기도 한다. 그와 마찬가지로 명예도 덧없는 것이다. 당신이 신문에 나고, 뉴스 인터뷰를 하고, 자신의 분야에서 모든 상을 휩쓴다 해도 내일이면 다 지나간 일이 될 것이다.

하지만 하나님의 뜻대로 행할 때는 다른 점이 있다. 당신은 성장하게 되고, 그 성장은 아무도 빼앗아갈 수 없다는 것이다. 다른 것은 다 사라져도 하나님께서 당신이 성장하도록 도와주셨다는 만족감은 언제까지나 변함이 없을 것이다.

계획을 세우고 목표를 제대로 달성하면, 하나님이 영광을 받으시고 당신은 성장하게 된다. 하나님은 "너희로 내 아들의 형상을 본받게 하려고 내가 왔다."고 말씀하신다. 당신이 점점 더 예수님을 닮아가는 것, 그것이 성장이다. 그것은 당신이 하나님의 최선을 추구하는 법을 배울 때 얻게 될 가장 가치 있고 큰 유익이다.

돌아보기 :: 내다보기

새로운 비전은 거룩한 불만에서 나온다. 이스라엘 자손들은 계속 미디안 족속에게 괴롭힘을 당하며 굴속에서 짐승처럼 사는 것이 불만이었다. 기드온이 하나님께 받은 비전은 이스라엘의 비참한 상황에 대한 거룩한 불만을 해결해줄 해답이었다.

위대한 일들을 이루려면, 먼저 당신이 과거의 실패들과 현재의 상황 때문에 행복하지 않다는 것을 인정해야 한다. 이것은 단순히 '긍정적 사고'가 아니다. 긍정적 사고의 위험은 부정적인 상황을 보고도 애써 좋은 척하는 것이다. 그런 의미에서 긍정적인 것은 곧 우리 자신에게 거짓말을 하는 것이나 마찬가지다. 참된 긍정적 사고는 우리의 현 상태를 인정하되, 또한 우리가 그 자리에 머물러 있지 않아도 된다는 사실에 감사하는 것이다.

역사상 가장 훌륭한 본보기 중 하나가 페루 철도 이야기다. 1800년대 중반에 남아메리카 기술자들에게 안데스 산맥을 지나는 철도를 만드는 것이 가능한지 물었다. 이 사람들은 모든 정보를 수집하여, 큰 목소리로 그 일은 불가능하다고 선언했다.

미국에서 온 전문가들에게도 리마크강을 따라 철도를 만들 수 있는지 의견을 물었다. 세계 최고로 간주되는 이 사람들도 그건 불가능한 일이라고 주장했다.

마지막으로 에르네스트 말리노프스키Ernest Malinowski라는 폴란드 기술자를 데려왔다. 그의 명성은 잘 알려져 있었지만, 나이가 60대였기 때문에 당국에서 그에게 정밀한 일을 맡기는 것을 꺼려했다.

말리노프스키는 남아메리카의 여러 나라 대표자들에게 그 일은 절대 불가능하지 않으며 자기가 그 일을 완수할 수 있다고 확신 있게 말했다. 그래서 결국 말리노프스키에게 그 프로젝트를 맡겼고, 1880년에 그는 세계에서 가장 높은 철도 건설을 감독했다.

선로는 페루에서 시작해 구불구불 돌아 안데스 산맥을 지나갔다. 62개의 터널과 30개의 다리를 건설해야 했다. 한 터널은 길이가 4천 피트에, 해수면에서부터 1만5천 피트 높이에 건설되었다. 일부 참여 국가에서 일어난 혁명 때문에 공사가 지연된 적도 두 번 있었다.

한번은 말리노프스키가 페루에서 도망쳐 한동안 망명생활을 해야만 했다. 하지만 아무것도 이 나이 많은 폴란드인이 기술적인 위업을 이루는 것을 막지 못했다. 그것은 그 세기가 끝나갈 무렵 온 세상을 깜짝 놀라게 했다.

당신은 어떤가?

당신의 꿈을 파노라마 같은 비전으로 발전시키는 것은 어려운 일이다. 행동 계획의 초안을 작성하여 실행에 옮기는 것은 훨씬 더 어려운 일이다. 그래서 아주 소수의 꿈들만 살아남는 것이다.

당신은 내일의 문들을 열 수 있는 열쇠를 쥐고 있다. 당신의 결단이 다음 단계들에 영향을 미친다.

지금 자신의 위치를 아는 것이 중요하다. 당신이 꿈에서 얼마나 멀리 떨어져 있는지 인정하기 전에는 그 꿈을 실현할 수 없다. 그것이 사사기 6장에 나오는 기드온 양털 이야기의 핵심이다. 우리는 표적을 요구하는 기드온을 비판하는 함정에 빠져들기 쉽다. 여러 가지 면에서 그는 단지 자신이 하나님과 함께 서 있는 자리가 어디인지를 알고 싶었을 뿐이다.

"이게 정말이에요? 저는 하나님이 주신 비전을 성취하기 위해 행동 계획을 세우려고 애쓰고 있어요. 하지만 정말로 제가 어디에 서 있는지를 알아야겠어요! 하나님, 거기 계신가요?"

물론 때로는 우리가 표적을 달라고 기도할 때, 한자리에 머물러서 다른 비전을 주시기를 바라며 어떻게든 빠져나갈 구멍만 찾으려고 할 때도 있다. 어떻게든 앞으로 나아가지 않으려고 말이다. 하지만 기드온은 그렇지 않다는 것을 행동으로 입증해 보였다. 그에겐 하나님의 격려가 필요했다. 그의 기대 수준이 높아져야 했다. 그렇기 때문에 양털뭉치는 다른 무엇보다도 격려의 의미가 강하다고 할 수 있다.

기드온은 이렇게 말하고 있었다.

"하나님, 머리로는 하나님이 저와 함께 계신다는 걸 알겠습니다. 하지만 하나님이 정말 제 곁에 앉아 계신다는 것, '내가 지금 너와 함께 있다'고 말씀하고 계신다는 것을 마음으로 알고 느끼고 싶습니다."

기드온에게 양털뭉치는 '하나님이 지금 나와 함께 계신다'는 구체적이고 명확한 확증이었다. 단지 막연하게 '하나님이 저기 어딘가에 계신다'는 개념이 아니었다.

하나님께는 아무 문제가 없다. 하나님은 언제든지 모든 것을 변화시키실 수 있지만, 우리가 작은 꿈들과 목표들을 매일매일 하나하나 이루어 가도록 만드셨다.

당신은 어떤가? 하나님은 당신이 무엇을 하도록 이끌고 계신가?

당신의 삶은 결코 당신의 목표 이상으로는 성공하지 못할 것이다. 구체적이고 측정 가능한 목표와 계획들이 견고한 기초 위에 높은 성을 쌓아올릴 수 있는 비결이다. 미래에 성공하려면 반드시 구체적이고 명확한 행동 계획을 수립해야 한다.

이상적인 방정식 또는 공식을 기억하라. 왜+무엇+어떻게+언제=성공을 위한 종합 계획, 당신은 이런 계획을 세워야 한다.

무엇보다도 사명을 제외한 모든 것이 협상 가능하다는 것을 명심하라. 사명은 하나님이 주신 것이다.

꿈은 차를 타고 부유한 이웃마을을 지나가면서 그중 가장 아름다운 집에서 사는 것을 상상해 보는 것과 조금 비슷하다. 목표를 정하는 것은 그 집들 중 하나를 골라, 언제까지 그와 비슷한 집을 꼭 가질 거라고 마음속으로 다짐하는 것과 비슷하다. 하지만 거기서 끝난다면 당신은 결국 좌절만 하고 말 것이다. 심지어 그런 멋진 집에서 사는 운 좋은 사람들에게 화가 날 수도 있다. 이미 알고 있겠지만, 꿈과 목표를 갖는 것 외에도 당신의 큰 뜻을 이루기 위한 구체적인 계획을 세워야 한다.

당신은 실제적인 꿈을 꾸는 사람이 되어야 한다.

당신의 계획과 그에 따른 활동들은 그것의 기반이 되는 목표보다 더 뛰어나지 못할 것이다. 그러므로 앞으로 며칠 동안, 삶의 모든 영역에 대해 완전한 목표들을 공식화하는 시간을 가지기를 권한다. 먼저 장기 목표들부터 시작하여 중기 목표와 단기 목표들로 세분화하라.

큰 꿈을 가진 사람들은 스스로 목표를 세우고 그 목표를 바라보며 살아간다. 그리고 그 목표를 향해 매일매일 한 걸음씩 나아간다.

당신도 그럴 수 있다!

행동 계획

무엇보다 먼저, 기도하고, 당신의 삶에 함께해 주시는 하나님께 감사하며, 하나님을 영화롭게 하고 당신의 성장을 도와줄 계획들을 세울 수 있는 지혜를 달라고 간구하는 시간을 가지라. 그런 다음 노트를 꺼내, 다음 질문들에 대한 답을 적어 보라. 이 부분에서 서두르지 말라. 당신은 미래의 성공을 위한 땅 위에 기반을 쌓고 있다는 것을 명심하라.

1. 당신의 '왜'

잠깐 시간을 내어 당신의 비전 선언문을 적어 보라. 당신의 '왜'는 무엇인가? 하나님이 당신에게 무엇을 하도록, 어떤 사람이 되도록 명령하고 계신다고 믿는가? 그렇게 믿는 이유는 무엇인가?

2. 당신의 '무엇'

잠깐 동안 당신의 장기 목표들(3년에서 5년)을 적어 보고, 이런 결과들이 당신에게 왜 중요한지 확실히 말해 보라.

그 다음에 장기 목표들을 중기 목표들(1년에서 2년)로 쪼개 보라. 당신의 5년 후 목표에 도달하기 위해 꼭 필요한 단계들은 무엇일까? 그것들이 바로 중기 목표들이다.

그러면 중기 목표들을 달성하기 위해 내년까지 해야 할 일들은 무엇일까? 그것들이 바로 단기 목표들(1년 내)이다. 그것들을 적어 보라.

3. 당신의 '어떻게'

이제 당신의 몇 가지 주요 목표들을 이루는 데 도움이 될 만한 행동 계획을 세워 보자. 회사로 말하자면 사업 계획서를 쓰는 것이 바로 이 단계에 해당된다. 그것은 간단하고 명백해야 한다.

목표를 달성하기 위해 어떤 계획을 가지고 있는가? 각 목표에 대한 행동 계획을 적어 보라.

4. 당신의 '언제'

당신은 각각의 목표들을 언제까지 성취하려 하는가? 당신이 정한 기한은 언제인가? 반드시 구체적으로 정해 놓아야 한다는 것을 명심하라. 전반적인 행동 계획을 완수한다고 할 때, 5년 후에 당신의 개인적인 삶은 어떻게 되겠는가?

step 06

팀을
만들어라

어떤 일을 이룰 수 있는 방법은 단 세 가지뿐이다.

- 혼자서 하기
- 도움을 받기
- 도움을 주기

세 가지 방법은 각각 장점이 있지만, 또 한계도 있다. 세 가지를 동시에 다 할 수 있어야만 당신의 세계를 변화시키고 당신의 삶에 대한 하나님의 최선을 경험하는 법을 터득할 수 있다. 사실 당신의 성공을 주로 좌우하는 것은 얼마나 효율적으로 사람들의 도움을 받아서 당신의 목적을 달성하는가 하는 것이다.

우리는 개인주의적인 사회에 살고 있다. 서구 문화에서는 대부분의 사람들이 자신의 힘으로 꿈을 이룰 수 있다고 믿는 경향이 있다. 그래서 스스로에게(그리고 다른 사람들에게) 이렇게 말한다.

"난 그 일을 할 수 있어."

"나 혼자 힘으로 감당할 수 있어."

"내가 다 해결했어."

"내가 내 힘으로 처리할 거야."

자신을 믿고 자신의 행동에 대해 개인적인 책임을 지는 것은 잘못이 아니다. 그것은 좋은 것이다. 하지만 자신을 믿는 것이 아무리 훌륭한 일이라 해도, 그것이 당신의 성공을 위한 궁극적인 해답은 아니다. 성공하려면 '팀'이 필요하다.

> 1년 동안 번영하고 싶으면 곡식을 키워라. 10년 동안 번영하고 싶으면 나무를 키워라. 100년 동안 번영하고 싶으면 사람을 키워라.

기드온은 이것을 분명히 알고 있었다. 하나님이 그에게 바알의 제단을 헐라고 하셨을 때 그는 즉시 가장 친한 일꾼들 몇 명을 불렀다. 그리고 하나님이 정말로 그에게 미디안 족속과 싸우라고 명령하셨다는 것을 확신하게 된 후 제일 먼저 군대를 소집했다.

기드온은 이미 개인적으로 승리했다. 이미 그의 삶에서 큰 변화를 경험했기 때문이다. 하나님이 그의 태도를 바꾸어 주셔서 개인적인 인격이 향상되었고 기도 생활도 달라졌다. 기드온은 자기 자신과 또 자신의 가족과 맞섰으며, 자신의 공동체와 맞섰다. 그는 또한 포위된 이스라엘에서 군대를 일으키려 했다.

팀워크

협력의 중요성은 누구나 알고 있는 것 아닌가? 그렇지 않다. 많은 사람들과 사업체, 기관, 가정들이 여전히 그것을 모르고 있다. 워싱턴이나 다른 주나 도시의 정당정치를 보라. 규모와 상관없이 회사나 기관들의 문제를 살펴보면, 얼마나 갈 길이 먼지 알게 될 것이다.

리더십 컨설턴트이자 베스트셀러의 저자인 제임스 쿠제스James M. Kouzes와 배리 포스너Barry Z. Posner는 다음과 같이 말했다.

"팀워크는 생산적인 조직에 반드시 필요한 요소다. 고용인들의 헌신도와 기술을 향상시키고, 문제를 해결하고, 주변의 압력에 대응하려면 협력이 꼭 필요하다. 협동심을 기르는 것은 단순히 좋은 아이디어가 아니다. 그것은 리더들이 자기 조직 안에서 활용할 수 있는 힘과 재능들을 여는 핵심 열쇠이다."

아르키메데스는 "나에게 커다란 지레를 주면 세상을 움직일 수 있다."고 말했다. 그는 철과 나무에 대해 이야기한 것이지만, 지레 장치를 사람들에게 사용하면 굉장한 힘이 있다.

> "내가 남보다 멀리 보았다면 그것은 내가 거인의 어깨 위에 서 있었기 때문이다."
> -아이작 뉴턴

역사적인 대부호의 한 사람인 폴 게티J. Paul Getty는 이렇게 말했다.

"당신이 많은 사람들을 도와서 그들이 원하는 것을 갖게 해준다면, 저절로 당신이 원하는 것을 갖게 될 것이다."

지렛대의 가치를 배우는 것은 가장 중요한 개념 중 하나이다. 하지만 사람들이 당신과 함께 일하게 하는 것은 쉬운 일이 아니다. 그것을 위해 치러야 할 대가가 있다. 당신 자신이 다른 사람들에 대해 마음을 열어야 하고, 그들이 일을 잘할 거라고 믿어야 하며, 그들의 성장을 장려하고, 잘한 일에 대해 긍정적인 보상을 해주어야 한다. 기드온은 그것을 빨리 배웠다.

올바른 팀을 세우기

> "여호와의 영이 기드온에게 임하시니 기드온이 나팔을 불매 아비에셀이 그의 뒤를 따라 부름을 받으니라 기드온이 또 사자들을 온 므낫세에 두루 보내매 그들도 모여서 그를 따르고 또 사자들을 아셀과 스불론과 납달리에 보내매 그 무리도 올라와 그를 영접하더라."
> (삿 6:34~35)

기드온은 처음에 혼자였는데, 소수의 협력자들이 생겼다. 그러다 이제는 무려 3만2천 명이 그와 함께하게 되었다. 얼마나 큰 변화인가! 그 많은 사람들이 미디안과 동방 족속들과 싸우겠다고 모여든 것인데, 정말로 뭔가 중대한 일이 벌어지고 있었다.

이 모든 사람들이 기드온과 함께하고 싶게 만든 어떤 일이 벌어진 것이다. 바로 그것이 리더십이다. 다른 사람들을 이끌려면 먼저 당신이 자신을 이끌 수 있고 다른 사람들에게(이 경우엔 기드온의 도시 사람들에게) 대항할 수 있다는 것을 먼저 입증해 보여야만 한다. 이제는 기드온을 따르겠다는 용사

> "당신이 리더인지 알아보는 가장 좋은 방법은 당신 뒤에 진심으로 당신을 따라오고 있는 사람이 있는지 보는 것이다."

들이 많아졌다.

성공의 많은 부분을 차지하는 것이 기꺼이 다른 사람들에게 도움을 구할 줄 아는 것, 즉 단결된 그룹의 일원이 되는 것임을 알아야 한다. 거만한 사람은 "난 이걸 충분히 할 수 있어. 다른 누구도 필요치 않아. 나 혼자 힘으로 할 수 있어."라고 말한다. 그러나 현실은 당신 혼자서 그것을 할 수 없게 만든다.

성경에는 팀워크의 여러 가지 예들이 나온다. 하나님은 삼위일체라는 완전한 공동체 안에 사신다. 그분은 결코 혼자가 아니시다. 세 인격, 즉 성부, 성자, 성령이시다. 이 인격들은 모두 동일한 하나님이시지만, 각각 고유하게 존재하시고 비할 데 없는 능력을 갖고 계신다.

하나님은 당신도 다른 사람들을 필요로 하도록 만드셨다. 아담에겐 하와가 있었다. 노아에겐 가족이 있었으며, 다윗에겐 요나단이 있었다. 바울에겐 바나바와 디모데가 있었고, 예수님에게도 제자들이 있었다. 위대한 일을 이루려면 다른 사람들이 꼭 필요하다.

나의 팀

목회자로서 나는 팀의 효력을 직접적으로 배웠다. 나의 팀에서 가장 중요하고 큰 부분은 바로 내 아내, 제시카이다. 그녀 없이 내가 뭘 할 수 있을지 모르겠다. 그녀는 정말 훌륭한 아내이며 어머니일 뿐만 아니라, 또한 큰 비전과 리더십을 가지고 있으며 우리 사역에서 중요한 역할을 하고 있다.

그녀 다음으로, 나를 도와 우리 교회의 비전을 이루어가고 있는 탁월한 운영진 팀이 있다. 나는 내 시간의 대부분을 하나님과 함께 보내거나 아니면 나의 팀과 함께 보낸다. 사실 교회가 성장할수록 우리 팀의 중요성이 더욱 커져서, 우리가 시도하고 있는 일의 성패를 좌우하는 가장 중요한 열쇠가 되었다.

당신의 팀

당신의 삶을 한 단계 높은 수준으로 끌어올리고 당신의 삶에 대한 하나님의 최선을 경험하려면 당신 주변에 올바른 사람들이 있어야 하며, 그들이 당신의 비전에 함께해야 한다.

당신은 팀을 보유하고 있는가? 그렇지 않다면 하나님의 전략들을 사용하여 팀을 만들 준비가 되어 있는가?

성공하고 번영하는 사람들에겐 팀이 있다. 조언자, 멘토, 선생, 조력자들로 구성된 팀이 있다. 모두 도움을 주고 필요한 것을 공급해 주는 사람들이다. 훌륭한 일을 하려면 당신의 주변에 팀이 있어야 한다.

지금 당신에게 말해 주고 싶은 것은, 당신에게 '마음을 끌 만한' 요소가 없으면 한 팀을 이끌 수 없다는 것이다. 기드온은 이미 자신의 문제들을 해결했고 하나님이 그에게 은혜를 주셨다. 사람들이 그를 따른 이유가 그것이다. 그는 개인적으로 승리했다. 다른 사람에게 자신을 따르라고 말하기 전에, 자기 할 일을 잘해 놓아야 한다는 것을 기드온은 알고 있었다.

훌륭한 꿈을 가지고 있지만, 자기 남편이나 아내와 같은 비전을 품지 못하는 사람들이 있다. 여기에는 이유가 있는데, 배우자가 도와주지 않아서가 아니다. 일반적으로 그 원인은 대부분의 사람들이 기드온과 똑같은 문제를 갖고 있기 때문이다. 즉 그들은 먼저 자신의 일을 잘해 놓지 못한 것이다.

당신과 가까운 사람들이 당신을 따르려 하지 않는다는 것은, 곧 당신이 보지 못하는 부분을 그들이 보고 있다는 뜻이다. 아니면 당신이 보고 싶어 하지 않는 부분을 그들이 보고 있을 수도 있다.

당신의 문제를 발견하여 그것을 인정하고 바로잡을 수 있다면, 다른 사람들이 당신을 따르려 하는 경우가 많아질 것이다. 당신과 가장 가까운 사람들이 당신을 따르려 하지 않고, 당신이 하나님의 뜻이라고 믿는 것을 그들이 믿지 못한다면, 거울을 들여다보며 스스로에게 이렇게 질문해 보아야 한다.

"그래, 나 자신의 어떤 부분이 변해야 할까?"

여기 몇 가지 가능한 대답들이 있다.

첫째, 진실한 사람이 되라

당신 자신이 가고 싶지 않은 곳으로 다른 사람을 인도해갈 수는 없다. 당신의 삶에서 변화가 필요한 부분들을 발견하기 위한 한 가지 방법은 바로 당신 자신과 작은 게임을 해보는 것이다. 만일 컨설턴트 팀을 고용하여 당신의 삶을 조사하게 한다면, 그들이 당신에게 어떤 변화가 필요하다고 말하겠는가?

예를 들어, 내가 컨설턴트들을 고용하여 나의 사역을 관찰하고 리더십을 조사하게 한다면, 내가 보지 못하는 어떤 부분을 그들이 볼 것인가? 그들이 며칠 동안 나를 따라다니면서 메시지를 준비하는 모습, 직원들을 이끄는 모습, 갈등과 문제를 다루는 모습, 상담하는 모습, 하루하루 교회에 필요한 일들을 해나가는 모습을 보고 무슨 말을 할 것인가? 나의 리더십을 향상시키기 위해 어떤 계획을 수행하기 원할 것인가?

당신의 삶 속에서 잘 보이지 않는 약점을 찾아내어 고치도록 도와줄 조언자나 인생 코치가 필요할 때가 있을 것이다. 그래서 종종 '컨설턴트 게임'을 통해 변화가 필요한 부분들을 확인할 수 있다. 다시 말해서, 거울을 들여다보며 스스로 조언자가 당신에게 무슨 말을 해줄까 질문해 봄으로써 개인적인 감정 없이 문제 영역을 바라보게 되는 것이다. 그렇게 함으로써 한 걸음 뒤로 물러나 자신의 삶을 객관적으로 바라볼 수 있다.

일단 개인적으로 변화가 필요한 영역들을 다루고 나면, 당신의 팀을 만들어갈 수 있다. 자신을 살피고 변화가 필요한 영역들을 확인했으면 이제 다른 사람들에게 도움을 요청해야 한다. 하지만 먼저 자신이 할 일을 다 해야만 다른 사람들에게 신뢰를 줄 수 있다. 사람들은 당신에게 투자하기 전에, 당신이 그들의 시간과 자원을 투자할 가치가 있는 사람인지를 알고 싶어할 것이다. 그들은 당신이 진실한 사람인지를 알고 싶어한다.

둘째, 믿을 만한 사람이 되라

당신은 약속을 지키는가? 공약을 잘 이행하는가?

믿을 수 있어야 신뢰성이 생기고, 신뢰성이 있어야 믿음이 생긴다. 또 믿음이 있어야 강한 팀이 된다. 누군가가 당신의 팀원들에게 당신이 약속을 잘 지키느냐고 묻는다면 그들이 뭐라고 말할 것 같은가? 당신이 약속을 지키지 않으면 사람들은 당신을 믿지 않을 것이다.

리더는 믿음을 통해 팀워크를 형성하고 단결된 팀을 만들어낸다. 믿음을 쌓는 데는 시간이 걸린다. 매일매일 쌓여가야만, 뜨거운 전쟁의 열기 속에서도 굳게 버틸 기초가 형성된다.

팀을 만들고 싶으면, 남들에게 믿음을 줄 수 있는 라이프스타일을 먼저 만들어가야 한다.

셋째, 당신의 비전을 나누라

당신의 미래를 위한 비전은 무엇인가? 비전이 있는가? (힌트: 당신이 바라는 5년 후의 삶을 기록해 두었다면, 그것이 당신의 비전을 발전시켜 가는 좋은 출발점이 된다.)

비전의 사전적 정의는 '마음속의 상'mental image이다. 유능한 조직의 리더들은 현장이나 사명 선언문 같은 것으로는 조직의 목적을 충분히 전달할 수 없다는 것을 알고 있다. 그래서 그들은 미래의 비전을 개발하여 제시하고 그들의 목적을 알리는 것이다.

비전은 사람들을 감화시켜 현실을 초월하여 가능성을 향해 나아가게 한다. 또 사람들이 두려움을 극복하고 잘못될지도 모르는 일들에

"자신의 비전을 사람들이 공감하기 전까지는 공허한 꿈에 불과하다. 다른 사람들이 그 비전을 받아들일 때 비로소 조직을 변화시켜 계획한 방향으로 나아가게 하는 데 필요한 힘을 갖게 된다."
-버트 나누스Burt Nanus, 비전적 리더십 Visionary Leadership

마음을 두지 않게 해준다.

워렌 베니스와 버트 나누스는 《리더들Leaders》에서 이렇게 말했다.

> 조직의 비전은 칙령이나 권력 행사나 압제에 의해 형성되는 것이 아니다. 결국 리더는 비전을 타당성 있게 분명히 전달하는 사람, 사람들의 마음을 사로잡는 연설로 비전을 제시하여 상상력과 감정에 불을 붙이는 사람, 그래서 그 비전을 통해 다른 사람들이 결단을 내리고 행동할 수 있게 만드는 사람일 것이다. 하지만 조직이 성공하려면 그 마음속의 상이 전체 조직의 필요에서 나와야 하며, 중요한 관계자들이 모두 '주장'하거나 '소유'하고 있어야 한다.

모든 조직 안에는 성공의 잠재력뿐 아니라 위대해질 잠재력이 있다. 이렇게 우리를 흥분시키는 결과들은 오직 분명한 비전을 통해서만 올 수 있다. 하지만 비전은 또한 개인적인 차원에서도 효력이 있다는 것을 잊지 말라. 당신의 미래를 향한 비전, 즉 5년 후에 당신이 되고 싶은 모습은 그 미래를 실현하도록 도와줄 사람들을 모집하기 위한 열쇠이다. 하지만 그 비전을 혼자만 간직하고 있으면 다른 사람들에게 영향을 미치지 않을 것이다. 당신은 그 비전을 나누어야 한다.

넷째, 팀 전체에 깊은 목적의식을 심어 주라

목적은 우리가 이 땅에서 해야 할 일, 또는 피터 블록Peter Block이 《능력 있는 관리자The Empowered Manager》에서 말한 것처럼 '우리가 하게 될 게임'을 말한다. 사전에서는 '목적'을 '어떤 사람이 이루거나 하려고 하는 일, 의도, 뜻. 어떤 것이 존재하는 목표 또는 이유'라고 설명한다.

간단히 말해서, 목적은 성공의 내적, 개인적인 동기이다.

목표는 좋은 것이다. 지금쯤이면 내가 목표와 꿈을 얼마나 믿는지 알 것이다. 하지만 먼저 목적을 확고히 세우지 않으면, 목표들로 인해 숨겨진 갈등들이 계속 해결되지 않은 채 남아 있을 수 있다.

전 로스앤젤레스(LA)다저스 감독이었던 토미 라소다Tommy Lasorda 의 말을 들어 보자.

> 1988년 월드시리즈 우승은 당신이 진심으로 당신 자신을 믿을 때 삶 속에서 무슨 일을 이룰 수 있는지를 보여주는 명확한 증거였다. 24명의 선수들이 하나가 되어 모두 자신을 믿었고, 그것은 그들의 행동으로 나타났다. 그것이 미국 사람들의 마음을 사로잡은 이유는, 가장 강한 사람이 항상 싸움에서 이기는 것은 아니라는 사실을 보여주었기 때문이다. 대부분의 경우에는 승리를 조금 더 원하는 사람이 승리를 거두는데, 바로 이 팀이 그랬다. 그들이 승리를 더 원했다.

사람들에게 목적을 심어 주면 당신이 나아가고자 하는 방향을 분명히 알릴 수 있고, 또 그들이 당신을 따르도록 하는 데 큰 도움이 된다. 당신이 성공하고자 하는 내적, 개인적 동기는 무엇인가? 왜 하나님의 최선을 경험하라는 하나님의 부르심에 응답하려 하는가? 당신의 목적은 무엇인가?

다섯째, 당신의 비전에 대해 열정을 품으라

'열광하다'enthused라는 단어는 그리스어 '엔데오스'en theos에서 나온 것인데, 이는 '하나님 안에'라는 뜻이다. 하나님이 당신 안에, 또 당신이 하는 일 안에 계신다면 당신의 비전을 이루도록 도와줄 팀을 만드는 일에 열정을 가질 수 있을 것이다. 당신이 가정주부든, 주일학교 교사든, 사역자든, 판매원이든, 최고경영자든, 환경미화원이든 상관없다. 다윗왕은 인생의 어느 시점에서 사람들의 반대에 직면했다. 사람들은 그를 돌로 치자는 말까지 했다. 그때 다윗은 "여호와를 힘입고 용기를 얻었더라."(삼상 30:6)라고 했다. 그렇게 함으로 하나님 안에서 힘과 열정을 발견하고 앞으로 나아갈 수 있었던 것이다.

열정은 모든 챔피언들의 공통된 특징이다. 평범한 일꾼들은 약간의 열정만 있어도 삶에 대변혁을 일으킬 수 있다. 틀림없이 그것은 리더에게 필요한 중요한 자질이다. 위대한 일들은 열정 없이 이루어지지 않는다는 말이 있다. 당신의 열정은 다른 어떤 인격적 특성보다 더 당신의 리더십 능력에 대한 확신을 나타낸다.

> "인생은 로맨틱한 사업이다. 그것은 계산을 하는 것이 아니라 그림을 그리는 것이다. 하지만 당신이 로맨스를 만들어야 한다. 결국 그것에 따라 당신이 얼마나 많은 열정을 품게 될지가 결정될 것이다."
> -올리버 홈스
> Oliver Wendell Holmes

무엇보다도 리더십의 자질들을 개발해갈 때 도움을 요청하는 것을 두려워하지 말라. 야고보서 4장 2절에선 "너희가 얻지 못함은 구하지 아니하기 때문이요."라고 말한다. 이 구함의 원칙은 하나님에 대해서뿐 아니라 하나님이 당신 주변에 두신 사람들에게도 적용되는 것이다.

성경의 많은 구절들이 하나님의 예비하심에 대해 말하고 있지만, 당신이 놓쳤을지도 모르는 하나님의 섭리에 대한 진리가 있다. 즉 하나님이 어떤 사람에게 하늘로부터 어떤 것을 주실 때는, 종종 그들이 개인적으로 가진 자원들과 주변 자원들을 책임감 있게 다 사용한 후에야 주신다는 것이다.

이것은 곧 하나님으로부터 온 당신의 목적과 꿈들을 이루기 위해서는 먼저 당신의 모든 것을 바쳐야 한다는 뜻이다. 그런 다음 다른 사람들에게 도움을 청해야 한다. 당신의 자원들이 다 떨어졌을 때 다른 사람들과의 관계가 바로 자원이 된다. 하나님은 당신의 꿈을 이루는 데 도움이 될 돈과 전문 기술과 인맥들을 가진 사람들을 당신 주변에 두셨다.

당신의 자원들이 한정되어 있는 이유 중 하나는 팀을 이루도록 권면하기 위해서다. 인생은 다른 사람들과의 관계 밖에서 혼자 살도록 되어 있지 않다.

무엇보다도 이 요소들, 즉 진실성과 신뢰성, 당신의 비전을 나누는 것, 깊은 목적의식, 당신의 비전에 대해 열정을 갖는 것 등은 당신의 주변 사람들이 내면에서부터 성장할 수 있게

> "당신은 오직 한 번만 살 수 있다. 하지만 올바르게 살면 한 번으로 충분하다."
> —조 루이스 Joe Lewis

해줄 것이다. 그러한 성장은 사명 선언문이나 구호 같은 것으로는 이룰 수 없다. 그것은 당신의 팀 안에 강하고 활기찬 정신을 불어넣기 때문이다. 그런 정신이 참된 공동체 정신이 되게 하는 것이 가장 좋다. 틀림없이 기드온은 이것을 알고 있었던 것 같다. 결과들을 보면 알 수 있다.

부적절한 사람들

때때로 하나님은 우리가 팀원을 늘리기 전에 축소할 것을 요구하신다(7단계에서 좀 더 자세히 이야기할 것이다). 이것은 터무니없는 일이다. 나는 그것이 달갑지 않다. 그래서 그것을 '리더십의 부담'이라고 하는 것이다. 사람들은 항상 리더십의 특전에 대해 말하고 싶어 하지만 리더십의 부담에 대해선 절대로 말하지 않는다. 하지만 당신 주변에 부적절한 사람들을 두면 큰 손해를 입을 수 있다.

부적절한 사람들 대신 적절한 사람들을 찾기 위한 몇 가지 제안을 하려고 한다. 다음과 같은 사람들은 당신이 분명 팀원으로 두기를 꺼리는 사람들이다.

겁 많고 부정적인 사람들

겁이 많고 부정적인 사람의 대표적인 특징은 어떤 일을 이룰 수 없다고 말하는 것이다. 회사나 사역 기관 내에서 이런저런 일을 하려고 할 때 항상 이런 식으로 말하는 사람이 있다.

"아, 우리도 그걸 해봤는데 안 되더라고요. 1978년에 시도했다가 실패했으니, 지금도 안 될 거예요."

꼭 그런 사람이 있다. 때에 따라선 그런 사람의 말이 일리가 있을 때도 있다. 하지만 당신이 내는 아이디어마다 그 사람이 계속 그런 식으로 무시한다면, 그는 아마 부정적인 사람일 것이다. 또 부정적인 사람들은 다른 부정적인 사람들을 끌어들인다는 것을 명심하라. 늑대들은 떼지어 달린다.

또 한 가지 예는 어떤 사람이 당신을 찾아와 이렇게 말하는 것이다. "저기, 있잖아요, 당신이 걱정돼서 왔어요. 왜냐하면 모두들 하는 말이……."

이것은 대개 그들이 그런 말을 하고 있다는 사실을 감추기 위한 연막이다.

부정적인 사람들은 종종 겁도 많다. 겁이 많은 사람들은 당신이 성공하지 못할 거라고 말하겠지만, 사실은 그들의 두려움을 당신에게 투영하고 있는 것뿐이다. 하나님의 계획이나 당신의 삶을 겁 많은 사람들의 그릇된 예언에 맡기지 말라.

기술적 능력이 부족한 사람들

솔직하게 말해 보자. 우리의 삶에서 개인적으로나 직업적으로 기대치를 높여야 할 영역들이 있다. 하지만 대개 기준을 높이지 않는 이유는 주변의 몇몇 사람들이 목표를 달성하지 못하리라는 것을 잘 알고 있기 때문이다. 이것은 명백한 사실이지만, 많은 경우에 우리가 기대치를 높이지 않는 이유는 어떤 사람이 온갖 문제들을 일으킬 것이기 때문이다.

"기대치를 높이면 그 사람들이 이런저런 것들을 싫어할 것이다."

"내가 기대치를 높이면 우리 가정에 큰 문제가 생길 것이다."

그런 것들은 기대치를 높이지 않는 것에 대한 충분한 이유가 될 수 없다. 그것이 그리스도를 위한 일이고, 하나님이 당신을 인도하시는 방

> "승자를 좋아하는 사람들도 있고 미워하는 사람들도 있다. 하지만 승자가 주목받지 못하는 일은 없을 것이다."
> -마이크 슈셉스키
> Mike Krzyzewski

향이라면 당연히 기준을 높이 잡아야 한다. 기드온은 자신의 기준을 높이려 했고, 자기 가족과 도시와 온 나라 사람들의 기준까지 높이려 했다.

어쩌면 하나님은 당신의 가정이나 재정 관리 부분이나 여가 시간에 하는 일들에 대해 좀 더 높은 기준을 원하실지도 모른다. 당신의 사역에서 좀 더 높은 기준을 요구하고 계실지도 모른다. 사람들이 좋아하지 않을 결정을 내려야 할지도 모른다. 하지만 주변 사람들을 이끄는 리더가 되려면 때때로 그런 과정이 필요하다.

교회 지도자로서 나는 우리 교회를 정말로 사랑하는 사람들이 있고 그렇지 않은 사람들도 있다는 것을 알고 있다. 사실 당신에게 화를 내는 사람이 아무도 없다면 당신의 비전은 너무 광대한 것이다. 당신의 임무가 한곳에 집중되어 있을수록 그것을 좋아할 사람들도 더 많고 싫어할 사람들도 더 많을 것이다. 지금 내가 말하고자 하는 것은, 당신이 크게 성공할수록 거절 또한 더 많이 받게 된다는 것이다. 그 두 가지를 다 편안하게 받아들여야 한다.

적절한 사람들

당신의 팀에 부적절한 사람들의 몇 가지 특징들을 이야기했다. 이제는 긍정적인 사람들, 즉 훌륭한 팀 동료가 될 수 있는 사람들에 대해 알아보자.

믿음이 충만하고 긍정적인 사람들

기드온이 군대를 소집했을 때, 하나님은 나아온 사람들에게 "전쟁이 두려운 사람은 지금 집에 가라."고 말하게 하셨다.

왜 두려워했을까? 이유는 단 한 가지뿐이다. 하나님이 이미 약속하셨는데도 그들에게 승리를 주실 것이라는 믿음이 없었기 때문이다. 게다가 두려워 떠는 군사들은 부정적이며, 자신들이 죽을지도 모른다고 생각했다.

정말로 성공할 거라고 믿지 않으면 성공하지 못한다. 당신이 무엇을 믿는지를 알려주면 얼마나 잘 할 수 있을지를 알 수 있다. 당신에게 믿음이 없으면 승리는 없을 것이다. 그래서 우리는 항상 주변에 믿음이 충만하고 긍정적인 사람들, '하나님께는 불가능한 일이 없다.'라고 생각하는 사람들이 있기를 바란다.

준비된 유능한 사람들

당신의 팀 동료들은 또한 싸울 준비가 되어 있어야 한다. 확신도 있고 능력도 있어야 한다. 당신은 과거의 경험 속에서 능력을 입증해 보인 사람들을 팀원으로 삼고 싶어 한다. 어떤 사람이 당신이 원하는 팀원인지 알 수 있는 한 가지 방법은, 그 사람의 개인적인 생활과 가족 관계와 재정 상태를 보면 된다. 그 사람의 삶이 정돈되어 있는가? 그들이 삶 속에서 하나님의 인도를 따르고 있는가? 그들이 하나님의 최선을 경험하고 있는 것

"팀워크는 공동의 비전을 향해 함께 일할 수 있는 능력이며, 개인적인 성취를 조직의 목표들을 향해 이끌어갈 수 있는 능력이며, 소위 평범한 사람들이 평범하지 않은 결과들을 낼 수 있게 해주는 연료이다."

처럼 보이는가? 그렇다면 그 사람은 당신이 도움을 요청하기 원하는 그런 사람이다.

팀 플레이어 team player

사사기 7장 4~6절에서 하나님은 기드온에게 그의 팀을 더 축소해야 한다고 말씀하신다. 그래서 그 사람들을 강가로 내려보내 물을 마시게 하라고 지시하시고는 이렇게 말씀하신다.

"자, 무릎을 꿇고 얼굴을 물속에 담가 물을 마시는 사람들을 보아라. 저 사람들은 돌려보내야 한다."

많은 사람들이 무릎을 꿇은 채 물을 마시고 있었다. 군인이 자기 머리를 물속에 담그면 적군을 살필 수 있겠는가? 물만 쳐다보고 있으면 뒤를 조심할 수 있겠는가? 절대로 그럴 수 없다! 이런 군인은 항상 "나한테 무슨 이득이 있는데?"라고 말하는 사람이다. 진정한 군인들은 한쪽 무릎만 꿇은 채 계속 주변을 살피고 경계하면서 물을 손으로 떠서 조금씩 핥아먹었다. 그들은 겨우 300명밖에 안 됐다. 그들은 무엇을 하고 있었는가? 근처에 적군이 있다는 것을 알고 싸울 준비가 되어 있었기 때문에 항상 경계하고 있었던 것이다. 사실상 그들은 이렇게 말하고 있었다.

"내가 물을 마시고 있든, 뭘 하고 있든 내 손에는 칼이 있고 언제든 싸울 준비가 되어 있다."

물속에 머리를 담근 사람들은 갑자기 공격을 당하면 죽었을 것이다. 군대에 다녀온 사람이라면 언제나 눈을 뜨고 있어야 한다는 걸 알 것이다. 무슨 일이 있어도 적에게서 눈을 떼면 안 된다. 절대로! 언제나 싸울 준비가 되어 있어야 한다. 훌륭한 군인들은 물을 마시기 전에 주변부터 살피려 한다. 한 사람이 앉아서 물을 핥아 마시고 있으면 다른 사람들이 주변을 살핀다. 다른 사람들이 물을 마시고 있으면 내가 주변을 살피며 망을 본다. 그것이 팀 플레이어다. 나에 관한 것이 아니라 팀에 관한 문제다. 당신의 팀에 두고 싶어 하는 사람들이 바로 그런 사람들이다.

비전을 품은 사람

  남은 300명의 용사들은 비전을 품고 있을 뿐만 아니라 이것이 전쟁이라는 것을 이해하고 있었다. 기드온의 비전을 이해했고, 미디안 족속이 다 죽기 전에는 임무를 완수한 것이 아니라는 것을 알고 있었다. 부상당하는 것도 아니고 다 죽어야 했다!

  모든 사람의 삶에는 다음 단계로 나아가기 위해 대가를 치러야 하는 순간이 온다. 그러한 대가 중 하나가 당신의 비전을 살피고 당신의 팀이 그 비전을 품고 있는지 확인하는 것이다.

  어쩌면 당신은 어떤 사람과의 어려운 논의를 미루어 왔을지도 모른다. 사역을 하면서, 함께 일하는 동료들의 눈을 들여다보며 당신의 비전을 함께 이루자고 도전해야 할 수도 있고, 그들이 당신을 도와줄 수 없다면 그냥 떠나라고 해야 할 수도 있다. 개인적인 관계 속에서는 아마 사랑하는 마음으로 배우자나 자녀와 맞서야 할지도 모른다.

  기도하라. 그리고 나서 필요하다면 언제나 사랑으로 맞서라.

  마지막으로 충고할 것은, 절대로 어떤 사람에게 당신의 팀에 남아 달라고 빌지 말라는 것이다. 팀원들이 떠나겠다고 하면 보내 주라. 때때로 하나님은 잠시 동안 어떤 사람을 당신의 팀이나 회사나 사역 기관에 보내 주실 것이다. 하지만 그 기간이 끝나면 떠나야 한다. 이것을 실패로 간주할 이유가 전혀 없다. 단지 그 사람이 떠날 때가 된 것뿐이다. 그런 일이 있으면 다시 팀을 모으고, 하나님이 갑작스러운 이별로 인한 공백을 다시 채워 주신다는 것을 명심하라.

하나님은 당신의 필요보다 훨씬 더 크신 분이다. 그분을 믿으라. 그리고 사람들이 떠날 때도 그들을 사랑하라. 어떤 사람이 떠나려 하면 붙잡지 말라. 빨리 이행해야 둘 다 앞으로 나아갈 수 있다. 많은 경우에 하나님은 다른 사람들이 빠져나갈 출구를 만들어 놓으심으로써 당신이 인생의 다음 장을 준비하도록 해주실 것이다. 당신이 계속 그 사람들과 함께 있는 것은 하나님의 뜻이 아니다.

기드온의 승리의 열쇠는 그와 함께한 사람들이 아니라 함께하지 않은 사람들이었다는 것을 명심하라. 나라도 서약을 지키지 않고 충성스럽지 않은 큰 무리들보다 소수지만 충성스럽고 싸울 준비가 되어 있는 군인들을 택할 것이다.

그것은 우리가 하나님의 최선을 추구하는 법을 배울 때 반드시 치러야 할 대가 중 하나이다.

돌아보기 :: 내다보기

세 사람이 일터에서 벽돌을 쌓고 있었다. 세 사람 모두 똑같은 도구와 모르타르와 재료들을 가지고 있었다. 하지만 일할 때의 모습은 아주 달라 보였다. 어떤 사람이 그 모습을 보고 있다가 각 사람에게 다가갔다.

"무엇을 하고 있습니까?"

질문자가 첫 번째 일꾼에게 물었다.

"벽돌을 놓고 있잖아요."

일꾼이 툴툴대며 말했다.

"힘들지만 돈을 벌려면 해야지 어쩌겠소."

그 다음 사람에게 물었다.

"무엇을 하고 있습니까?"

"글쎄요, 보시다시피 전 건설현장에서 일하는 인부로서 지금 건물의 동쪽 벽을 쌓고 있어요."

이번엔 세 번째 일꾼에게 물었다.

"무엇을 하고 있습니까?"

"대성당 짓는 일을 돕고 있습니다."

그는 이마의 땀을 닦으며 활기 찬 목소리로 말했다.

"언젠가는 지금 우리가 서 있는 자리에 뾰족탑들이 높이 솟아 있을 것이고, 사람들이 거기 모여 예배드리고 평화를 기원하며 하나님을 발견하고 가르침을 받게 될 겁니다."

첫 번째 일꾼은 단지 일거리가 있었다. 두 번째 사람은 공동의 목표들을 묵묵히 받아들였다. 세 번째 사람은 강력한 목적과 비전으로 팀을 세워 가는 사람이었다. 즉 그는 계획에 따라 살며 오직 하나님의 최선만을 구하는 법을 배우고 있는 빛나는 본보기였다.

행동 계획

팀을 세우는 것은 당신의 삶에 대한 하나님의 최선을 발견하고 경험하는 데 있어 중요한 부분이다. 당신의 필요와 목표들이 무엇이냐에 따라 그 팀은 다양한 형태를 띨 것이다. 팀원들은 아마 가족들과 친구들, 함께 일하는 동료들, 같은 교인들, 멘토나 선생들로 구성될 것이다. 팀의 목표는 당신이 이용할 수 있는 자원들을 늘려서 하나님이 당신에게 명하시는 일들을 효과적으로 성취할 수 있게 하는 것임을 명심하라. 잠시 기도하며 당신이 세워야 할 팀에 대해 하나님께 묻는 시간을 가지기 바란다. 그런 다음 노트를 펴고, 다음 질문들에 대한 답들을 적어 보라.

1. 당신은 팀 세우는 일을 얼마나 잘하는가? 당신의 장점 세 가지를 적어 보라.
2. 당신의 팀을 세우는 데 있어 개선이 필요한 약점 세 가지를 적어 보라.
3. 팀 세우는 일을 더 잘하기 위해 필요한 구체적인 단계들은 무엇인가?
4. 당신의 팀이 되어 달라고 요청할 사람들 세 사람을 적어 보고, 당신이 하나님의 소명을 따르는 데 그들이 도움을 줄 수 있다고 생각하는 이유를 적어 보라.

step 07

계획들을
기꺼이
변경하라

하나님의 계획을 따르고 하나님의 최선을 추구하는 데 있어 한 가지 필수 단계가 바로 하나님이 우리의 계획을 변경하실 것을 기대하는 것이다. 기드온은 미디안 족속과 맞설 준비를 하면서 이것을 배웠다.

지금까지 우리는 기드온이 하나님의 부르심에 응답하여 헌신적으로 순종하며, 자기 가족 및 도시 사람들과 대립하고, 군대를 소집하는 것을 보았다. 사람들의 반응은 어마어마했다. 기드온이 사람들에게 모이라고 하자, 무려 3만2천 명이 몰려든 것이다. 여기까지는 참 좋았다. 이스라엘이 여전히 수적으로 아주 불리하긴 했지만, 그래도 버젓한 군대가 세워졌으니 말이다.

이때 기드온이 사령관들에게 이런 격려 연설을 했을지도 모른다.

"물론 저쪽 골짜기에 장비를 잘 갖춘 군인들이 13만5천 명도 넘게 있습니다. 우리는 모두 농부에서, 동굴 거주자에서 강한 용사로 탈바

꿈하기 위해 노력해야 할 것입니다. 하지만 우리는 반드시 미디안 족속과 모든 동방 족속들을 이길 수 있습니다. 제가 장담합니다!"

그런데 그 다음에 모든 것이 바뀌었다. 기드온이 하나님의 새로운 계획들을 들은 후 사령관들과 어떤 대화를 나누었을지 상상해 보라.

"당신들은 지금 내가 하나님으로부터 들은 말씀을 믿으려 하지 않을 거예요. 하나님께서 두려워하는 자들은 모두 집으로 돌려보내라고 하십니다. 그 새로운 계획에 대해 어떻게 생각하시나요?"

하나님께서 이 지시를 내리셨을 때 그들은 길르앗 산에 있었다. 길르앗 산은 뒤돌아 떠날 수 있는 마지막 지점이었다. 거기엔 동쪽 출구와 서쪽 출구가 있었다. 일단 모레 산으로 건너가 곧바로 거대한 미디안의 진영으로 돌진해 들어가면, 그땐 떠나고 싶어도 어쩔 수 없이 전쟁을 해야 한다.

그러니까 길르앗 산으로 다시 돌아올 수 없었다. 일단 그곳을 지나가면 바로 전쟁이었다. 하나님은 기드온의 사람들에게 선택권을 주셨다. "나에게 더 이상 이야기하지 마라. 말로는 누구나 자신이 강하다고 하겠지만, 정말 싸움이 시작되면 공격할 수 있겠느냐?" 하나님은 그들에게 두려우면 지금 떠나야 한다고 말씀하셨다. 산 반대쪽에는 진짜 적들이 있었기 때문이다. 그들은 삶과 죽음의 기로에 서게 될 것이다. 따라서 이제는 결단을 해야 했다.

> "이 세상에 안전은 없다.
> 오직 기회만 있을 뿐이다."
> -더글러스 맥아더 장군
> General Douglas Macarthur

그 결과 2만2천 명이 떠났다. 이제 기드온에게 남은 사람은 1만 명뿐이었다. 어쨌든 나는 기드온이 이것을 전투전략으로 택했을 거라고는 생각지 않는다.

그때 결정적인 말이 또 들린다.

"여호와께서 또 기드온에게 이르시되 백성이 아직도 많으니."(삿 7:4)

백성이 너무 많다고?

여기 스냅사진을 보라. 2만2천 명의 사람들이 산 위에서 손을 흔들며 터벅터벅 걸어서 집으로 가고 있다. 남은 1만 명이 세상에서 가장 센 군인들 13만5천 명 이상을 감당해야 한다. 전쟁에 관한 어떤 책에서도 한 사람이 13명과 싸우는 것은 승산이 없다고 말한다.

그런데 하나님은 그 확률조차 더 터무니없게 만들려고 하셨다.

당연히 기드온은 이렇게 질문했어야 했다.

"너무 많다고요? 실례지만 주님, '너무 많다'고 하셨나요? '너무 적다'가 아니고요?"

당신은 어떤지 모르겠지만 나는 그렇게 생각하지 않는다. 내가 전쟁에 나갈 때는 적보다 더 적은 인원이 아니라 더 많은 인원을 데려가고 싶다. 나는 어린아이인데 운동장에 몸집이 커다란 골목대장이 서 있으면 항상 한두 명의 친구들이 나를 도와주었으면 좋겠다고 생각했다. 그래야 좀 말이 되고, 내가 너무 많이 당하지 않을 테니까 말이다. 만일 내가 13만5천 명의 용사들과 싸우게 되었다면 내 편엔 13만6천 명이 있기를 바랄 것이다. 당신 같으면 그렇지 않겠는가?

나 같으면 3만2천 명도 부족했을 것이다. 하물며 단 1만 명은 말할 것도 없다.

만일 당신이 새로운 사업을 시작하려 하는데, 하나님이 "네가 그 사업을 시작하는 걸 내가 도와주려 한다. 그런데 그 사업을 위해 쓸 돈과 자원들이 너한테 너무 많다."라고 말씀하시는 것이 상상이 가는가?

무슨 생각이 들겠는가?

틀림없이 나 같으면 이렇게 반박할 것이다.

"아니오, 저는 이 돈이 있어서 좋아요, 주님. 감사합니다. 혹시라도 안 좋은 상황을 대비해서 그 돈을 갖고 있는 게 어떨까요?"

때로는 하나님이 다음과 같이 말씀하실 때가 있다는 것을 기드온은 빨리 배웠다.

"내가 너에게 필요한 자원들을 다 준다면, 어떻게 너의 삶 속에서 나 자신의 능력을 보여줄 수 있겠느냐?"

> 하나님은 어떤 놀라운 일을 행하려 하실 때 먼저 어려운 일부터 시작하신다. 하나님이 매우 놀라운 일을 행하시려면 불가능한 일에서 시작하실 것이다.

비전, 목표, 행동 계획, 팀, 모두 중요하다. 6단계에서 그 중요한 주제들을 다룬 것도 그 때문이다. 하지만 믿음은 종종 모든 것이 완벽하지 않은 상태에서 시작해야 하는 것을 의미한다. 많은 경우에 하나님은 우리에게 모든 자원들과 그 이상을 주시기보다는 모든 자원들이 갖춰지지 않은 상태에서 시작하라고 하신다.

"사람이 너무 많다고요, 하나님?"

틀림없이 기드온은 그런 상황이 탐탁지 않았을 것 같은데, 그래도 그는 하나님을 신뢰했다. 기드온이 이미 제물과 양털의 표징을 받은 것이 참으로 다행이었다. 잠시 후 더 믿기 힘든 일들이 벌어질 것이기 때문이다.

아직도 너무 많은 사람들

인간적으로 말하면, 불합리한 상황에서 완전히 우스꽝스러운 상황으로 급히 흘러가고 있었다.

"여호와께서 또 기드온에게 이르시되 백성이 아직도 많으니 그들을 인도하여 물가로 내려가라 거기서 내가 너를 위하여 그들을 시험하리라."(삿 7:4)

다시 한 번 하나님은 기드온의 팀에서 명백하게 그 비전에 맞지 않는 사람들을 돌려보내기로 하셨다.

목사인 나는 교인들이 어떤 이유로든 내 교회를 떠나면 화를 냈던 적이 많다. 하지만 이 경우처럼 하나님은 우리의 방법이 아닌 하나님의 방법을 신뢰해야 한다고 말씀하신다. 기드온이 아닌, 내가 아닌, 당신이 아닌 하나님이 책임자이시다.

따라서 하나님은 전쟁에 나갈 사람들을 더 줄이기 위해 기드온에게 간단한 시험을 하게 하셨다.

"내가 누구를 가리켜 네게 이르기를 이 사람이 너와 함께 가리라 하면 그는 너와 함께 갈 것이요 내가 누구를 가리켜 네게 이르기를 이 사람은 너와 함께 가지 말 것이니라 하면 그는 가지 말 것이니라 하신지라 이에 백성을 인도하여 물가에 내려가매 여호와께서 기드온에게 이르시되 누구든지 개가 핥는 것 같이 혀로 물을 핥는 자들을 너는 따로 세우고 또 누구든지 무릎을 꿇고 마시는 자들도 그와 같이 하라 하시더니 손으로 움켜 입에 대고 핥는 자의 수는 삼백 명이요 그 외의 백성은 다 무릎을 꿇고 물을 마신지라 여호와께서 기드온에게 이르시되 내가 이 물을 핥아 먹은 삼백 명으로 너희를 구원하며 미디안을 네 손에 넘겨주리니 남은 백성은 각각 자기의 처소로 돌아갈 것이니라 하시니 이에 백성이 양식과 나팔을 손에 든지라 기드온이 이스라엘 모든 백성을 각각 그의 장막으로 돌려보내고 그 삼백 명은 머물게 하니라."(삿 7:4~8)

"성공은 어떤 사람이 이룬 일을 보고 판단하는 것이 아니라, 그 사람이 어떤 반대에 부딪혔고 얼마나 용감하게 강적과 싸웠는지를 보고 판단하는 것이다."
-찰스 린드버그 Charles A. Lindbergh

6단계에서 무릎을 꿇고 직접 물을 마신 9천 7백 명의 군인들과 다른 군인들이 망을 보는 동안 조심스럽게 손으로 물을 떠서 입에 갖다 댄 300명의 군인들의 중요한 차이점에 대해 이야기한 바 있다.

여기서 주목할 것은 기드온이 9천7백 명을 집으로 돌려보낼 때 그들이 갖고 있던 항아리와 나팔들을 남겨두었다는 것이다. 앞으로 알게 되겠지만 이것은 아주 놀라운 전략이었다.

여러분의 나팔과 항아리가 우리에게는 약간 엉뚱하게 보일지도 모른다. "이런 것들이 대체 누구에게 필요할까?"라고 말하고 싶을 것이다. "이 많은 남은 항아리와 나팔들은 우리에게 필요하지 않다. 우리에게 필요한 것은 지금 집으로 가고 있는 군인들이다."라고 말이다.

그런데 우리가 쓸모없다고 생각하는 자원들이 종종 우리를 구원하는 것들이다.

300명의 군대

순식간에 기드온의 군대는 3만2천 명에서 1만 명으로, 그리고 다시 300명으로 줄었다. 원래 기드온과 함께 있었던 사람들 중 겨우 1퍼센트만 남은 것이다.

여기서 중요한 사실을 말해 주고 싶다. 즉 우리가 100%의 사람들을 데리고 우리 자신의 힘으로 할 수 있는 일보다 더 많은 일들을, 하나님은 진심으로 순종하는 1%를 데리고 충분히 하실 수 있다는 것이다. 사역에서, 사업에서, 전쟁에서, 그리고 삶 속에서 사람들은 위기가 닥치기 전까지 잘난 체하며 떠든다. 하지만 전쟁 한가운데서는 어떻게 행동하는가?

교회에서는 누구나 영적으로 보일 수 있다. 회사의 휴게실에서 누군가가 불쾌한 농담을 할 때 당신이 어떻게 처신하는지 알고 싶다. 그때 당신의 신앙은 어디에 있는가? 월요일부터 금요일까지 당신이 어떻게 사는지 알고 싶다. 신앙의 압박감을 느낄 때 당신은 무엇을 하는가?

두 사람일 때는 하나님의 말씀을 영화롭게 하는 것에 대해 이야기하지만, 혼자일 때는 무엇을 하는가? 압박감을 느낄 때 당신의 믿음은 어디 있는가?

사랑이 식은 것 같을 때도 계속해서 결혼생활을 잘 유지하려 하는가? 싸움이 치열할 때 진짜 군인들은 능력을 발휘하여 난국에 대처하지만 가짜 군인들은 숨거나 도망치기에 바쁘다.

경제적인 희생이 따르기 전에는, 모든 사람들이 온 세상에 그리스도를 전하는 일에 대해 얼마든지 떠들 수 있다. 대부분의 사람들이 하나님을 섬기는 일에 대해 잘난 척하며 떠들지만, 막상 불편하고 힘들고 실망스럽고 지치고 개인적인 자원들이 고갈되면 그렇게 말하지 못한다. 하나님이 복 주시는 사람들은 진심으로 하나님께 헌신하는 소수의 사람들이다.

하나님은 기드온에게 300명의 군인들만 데리고 미디안을 공격하라고 하셨다. 300명은 본래 싸우겠다고 한 3만2천 명의 약 1%였다.

합당한 군인들

기드온은 짐 콜린스Jim Collins가 《좋은 기업을 넘어 위대한 기업으로 Good to Great》라는 책에서 말한 '단계 5'의 리더가 되어야만 했다. 콜린스가 말하는 단계 5의 리더란, 조직을 위해 좋은 것이 리더에게도 좋다는 것을 아는 사람이다. 팀원이든, 팀의 리더든 그 교훈을 빨리 배울수록 조직의 변화라는 가혹한 현실에 빨리 대처할 수 있다.

감정적으로 기분이 좋은 것은 중요하지 않다. 단계 5의 리더는 회사를 위한 최선이라면 자기 처남이라도 해고할 것이다. 예수님은 하나님 나라를 위한 최선을 행하셨고, 그로 인해 십자가에서 목숨을 버리셔야 했다. 그는 기꺼이 그 일을 하셨다.

기드온은 비록 엉뚱해 보였지만 이스라엘 나라를 위해 최선의 일을 했다.

당신이 리더의 자리에 있다면 당신의 팀을 세우고, 일을 완수하기 (또는 이 경우엔 전쟁에서 이기기) 위해서라면 냉혹한 현실들에 기꺼이 직면해야 한다. 모든 사람이 따라오지 못하더라도 기대치를 높여야 한다. 이것은 고통이 따르는 일이다. 내가 사역 속에서 해야 할 가장 어려운 일이며, 당신이 삶 속에서 하게 될 가장 어려운 일이다.

하나님이 부모인 당신에게 경건한 리더가 되어 자녀들을 인도하라고 명령하시는 것을 느낀다면, 가족의 생활을 살펴보고 변화가 필요한 부분에 대해 힘든 결단을 내려야 할 것이다.

어쩌면 십대인 당신이 사역을 하도록 부름 받았다고 느끼는데, 친구들이 당신의 선택에 대해 어리석다고 생각할지도 모른다. 그럴 때 당신 자신과 다른 사람들을 위해 기준을 높게 잡겠는가? 하나님께 쓰임 받기 위해 비난을 참고 견디겠는가?

"이게 우리가 갈 길이다. 하나님이 우리에게 이 방향으로 가라고 하셨다. 우리는 이렇게 해나갈 것이다. 자, 그 하나님의 프로그램을 따라갈 각오가 되었는가?"라고 말하는 것은 참 힘든 일이다.

알렉산더 대왕은 그의 군대에 자기와 이름이 같은 소심한 군인이 있다는 것을 알고 그 젊은이에게 단호하게 말했다.

"당장 그 겁쟁이 모습을 버리든지, 아니면 그 좋은 이름을 버리든지 해라."

여기서 얻는 교훈은 분명하다. 오늘날 모든 신자들에 대한 메시지는 똑같다. 우리는 '그리스도인'이라는 이름에 합당한 삶을 살도록 성실하게 노력해야 한다.

당신이 한 기업을 이끌고 있든, 한 가정 또는 단지 한 친구들의 그룹을 이끌고 있든, 훌륭한 팀을 만들고 싶다면 모든 사람이 아무나 따라올 수 없는 기준을 세워야 한다. 훌륭한 영업팀을 만들고 싶다면, 단지 최고의 판매왕과 친하게 지내는 것만으로는 안 되고 실적이 안 좋은 사람들을 교육시키거나 심지어 정리해야 할 수도 있다.

하나님은 "싸우지 않을 거면 지금 떠나라!" 하고 말씀하셨다.

되돌아보면 그것이 사랑의 행동이었다는 생각이 든다. 때때로 하나님은 우리가 팀의 인원을 늘리기 전에 줄이도록 지시하신다. 이것은 매우 힘든 일이고 나도 그 일이 정말 달갑지 않지만, 리더가 져야 할 짐이다. 사람들은 늘 리더의 특전에 대해서만 말하고 싶어하고, 리더의 부담에 대해선 말하지 않는다. 그런데 둘 다 필요한 것이다.

변화의 한가운데서 느끼는 흥분

이제 하나님이 기드온의 군대를 선별하여 단 300명만 남기셨다. 그리고 그의 결심을 굳히기 위해 은혜롭게도 마지막 표징을 보여주신다. 하나님은 기드온과 그의 부하에게 명령하시기를 밤에 미디안의 진영에 몰래 내려가 적들이 하는 말을 들어 보라고 하신다. 기드온이 그곳으로 내려갔을 때 무슨 일이 일어났는지 살펴보자.

> "기드온이 그 곳에 이른즉 어떤 사람이 그의 친구에게 꿈을 말하여 이르기를 보라 내가 한 꿈을 꾸었는데 꿈에 보리떡 한 덩어리가 미디안 진영으로 굴러 들어와 한 장막에 이르러 그것을 쳐서 무너뜨려 위쪽으로 엎으니 그 장막이 쓰러지더라 그의 친구가 대답하여 이르되 이는 다른 것이 아니라 이스라엘 사람 요아스의 아들 기

드온의 칼이라 하나님이 미디안과 그 모든 진영을 그의 손에 넘겨 주셨느니라 하더라."(삿 7:13~14)

기드온은 적군이 자기에 대해 하는 말을 엿들었다. '기드온의 칼'과 기드온이 그들을 크게 이길 거라는 얘기였다. 이 성경구절에서 내가 제일 좋아하는 부분은 적군들이 기드온의 칼을 언급하는 부분이다. 하지만 우리가 읽은 성경말씀에 의하면 기드온에겐 칼이 없었다! 기드온의 명성은 그가 자신에 대해 생각하는 것보다 훨씬 더 커지고 있었던 것이다. 당신이 담대하게 행동할 때 당신의 명성이 당신보다 앞서 가기 시작한다.

기드온이 자신의 삶 속에서 어려운 문제들과 사람들에게 기꺼이 맞선 것이 사람들에게 강한 인상을 남겨 그의 명성이 높아진 것이 틀림없었다. 이제는 말 그대로 나라들이 그를 두려워하고 있었다.

당신은 당신 자신보다 더 큰 것의 일부분이 될 수 있는가?

당신의 인생에 대한 하나님의 비전을 따르는 법을 배우면서 당신의 꿈과 목표들을 변화시켜 갈 수 있는가?

하나님이 당신을 사용하기 원하신다는 사실을 발견할 때 놀라운 일들이 일어날 수 있다.

"명성은 위대한 목적들이 아니라 위대한 행동들을 통해 쌓인다."

하지만 먼저 당신이 순종하려는 의지가 있는지 하나님이 알아 보셔야만 한다. 기드온이 순종했기 때문에 하나님은 포도주 틀에 숨어 밀을 타작하고 있던 그 온순한 사람을 며칠 만에 강한 용사로 만드셨고, 당대에 가장 막강했던 군대에 그의 명성이 자자하게 하셨다.

더욱 놀라운 것은 기드온의 '최고 응원단장'이 미디안의 군인들이었다는 것이다!

기드온이 자신에 대해 말하는 소리를 듣고 무슨 생각을 했을지 상상해 보라. 알다시피 하나님이 당신의 삶 속에서 일하실 때는 당신의 원수들까지 말로써 당신의 삶에 용기를 불어넣게 하신다.

어떤 사람이 당신에 대해 나쁘게 말할 때마다 그들의 말 속에 격려의 메시지가 담겨 있다는 것을 아는가? 대개 사람들은 자기가 위협을 느낄 때 다른 사람들을 깎아내리려는 경향이 있다. 당신을 깎아내림으로써 자신을 높이려 하는 것이다. 하지만 당신의 삶 속에 그들이 부러워할 만한 특성들이 없으면 굳이 그럴 필요성을 느끼지 않을 것이다. 그렇게 생각하면, 이것이 오히려 당신에게 용기를 줄 수 있다.

우리는 모두 격려가 필요하다. 비록 적군의 진영에서 나온 것이라도 말이다. 우리의 삶 속에는 저마다 용기를 주는 사람들이 필요하다. 적군이 악의로 그렇게 하더라도, 하나님은 그것을 통해 우리를 격려해 주실 수 있다.

이것이 변화를 긍정적으로 받아들이고 하나님이 이끄시는 대로 기꺼이 계획을 수정하는 것과 무슨 상관이 있을까? 당신이 선두에 서서 나아갈 때는 어디서든지 격려를 받을 필요가 있다.

우리가 까다로운 사람들이나 문제들을 다룰 때 하나님께서는 그것을 사용하여 우리의 주의를 집중시키시고 변화를 겪어 나가도록 격려해 주실 것이다. 기드온이 적과 싸우도록 자극

> "나는 고난 속에서도 웃을 수 있는 사람, 어려움 중에도 힘을 낼 수 있는 사람, 자기 성찰을 통해 용기를 얻을 수 있는 사람을 사랑한다."
> ―토머스 페인 Thomas Paine

하고 용기를 북돋아준 사람은 적군이었다. 하나님은 누구든지 사용하실 수 있다. 당신의 원수라도 말이다.

어쩌면 같이 일하는 사람들 중에 당신에게, 또는 당신에 대해 나쁜 말을 하고, 심지어 그것을 즐기는 사람이 있을지도 모르겠다. 그들은 거짓말도 서슴지 않을 것이다. 항상 당신의 아이디어에 흠을 잡거나 상사에게 당신에 대한 불평을 늘어놓을지도 모른다. 사람들은 어느 환경에서나 남의 이야기를 하게 되는데, 대개는 긍정적인 이야기가 아니다. 사람들은 다른 사람들을 깎아내리는 것을 좋아하고 대개 나쁜 점들을 이야기한다.

당신에게 이런 일이 생기면 오히려 용기를 얻어야 한다. 그 사람이 당신에 대해 나쁘게 말하는 이유는, 오직 당신 때문에 그들이 나쁘게 보인다는 것을 알기 때문이다. 당신이 능력 있다는 것을 알거나, 아니면 당신을 무시하고 싶어서 그러는 것이다. 당신은 자신의 일을 잘 해내고 있고, 그로 인해 그들이 위협감을 느낀다고 보면 된다.

기드온의 경우도 그랬다.

하나님이 기드온에게 완전히 새로운 계획을 주시지 않았다는 것을 주목하라. 옛 군인들을 다시 돌려보내 주시거나 기드온에게 돈다발을 주시면서 "좋아, 이제 가서 공격해라." 하고 말씀하지 않으셨다. 하나님이 하신 일은 오로지 용기를 더 북돋워주신 것뿐이었다.

당신이 절망적인 상황에 처했을 때 조금 더 용기를 내면 모든 것이 달라질 수 있다. 특히 변화의 한가운데 있을 때는 약간의 용기가 세상에 중요한 영향을 끼친다.

적들이 두려워하고 있다는 것을 안 후 기드온에게 어떤 일이 벌어졌는가?

기드온은 마음이 들떴고, 용기를 주시는 하나님께 경배를 드렸다. "기드온이 그 꿈과 해몽하는 말을 듣고 경배하며 이스라엘 진영으로 돌아와 이르되 일어나라 여호와께서 미디안과 그 모든 진영을 너희 손에 넘겨 주셨느니라 하고."(삿 7:15)

가장 최근에 개인적인 예배를 드린 때가 언제인가? 교회에서 드린 마지막 예배를 말하는 것이 아니라, 개인적으로 하나님을 예배한 시간을 말하는 것이다. 특히 위기와 변화의 시기를 지날 때, 참되고 유일하신 하나님께 드리는 예배의 힘을 무시하지 말라.

하나님을 예배할 때 우리는 하나님의 임재와 능력과 열정으로 충만해진다. 또한 예배를 드리고 나서 적극적인 순종이 따라와야만 온전한 예배라는 것을 명심하라.

> "나에게 아첨을 하면 당신을 믿지 않을 것이다. 나를 비판하면 당신을 좋아하지 않을 것이다. 나를 무시하면 당신을 용서하지 않을 것이다. 나를 격려해 주면 나는 당신을 결코 잊지 않을 것이다."
> —존 맥스웰 John Maxwell

변화의 한가운데에 있는 격려자

우리는 누구나 자신을 격려해줄 사람이 필요하다. 특히 큰 위기나 변화의 시기에는 더욱 그렇다. 하지만 우리에게 격려가 필요할 뿐만 아니라 우리 자신도 격려하는 사람이 되어야만 한다. 기드온이 한 일을 보자.

"이스라엘 진영으로 돌아와 이르되 일어나라 여호와께서 미디안과 그 모든 진영을 너희 손에 넘겨 주셨느니라 하고."(삿 7:15)

변화의 한가운데서 당신이 다른 사람들을 격려해 주어야 하기 때문에 하나님이 종종 당신을 그런 상황에 두신다는 것을 알아야 한다. 격려하는 일은 언제 어디서나 할 수 있는 일이다. 잠언 3장 27절은 "네 손이 선을 베풀 힘이 있거든 마땅히 받을 자에게 베풀기를 아끼지 말며"라고 말한다. 이것을 또한 "네가 말할 힘이 있거든 선한 말을 아끼지 말라."는 뜻으로 받아들여도 될 것 같다.

기드온과 그의 군사들이 금세 깨달은 것처럼, 하나님이 하려고 하시는 일을 확증하는 그 격려의 말들이 세상에 큰 변화를 일으켰다.

변화의 한가운데에서 더 강해지는 승리의 비전

그 다음에 일어나는 일은 너무도 실제적이어서 오늘날 우리가 함축된 의미를 못 보고 지나치기 쉽다. 하나님이 승리의 비전을 주셨기 때문에 기드온은 매우 흥분했다. "삼백 명을 세 대로 나누어 각 손에 나팔과 빈 항아리를 들리고 항아리 안에는 횃불을 감추게 하고."(삿 7:16)

전쟁의 때가 가까워올 때 변화를 갖는 것은 흔히 있는 일이나, 이것은 매우 의미심장한 일이었다. 당신은 어떤지 모르겠지만, 만약 내가 전쟁에 나간다면 나에게 나팔과 항아리를 건네주는 사람에겐 관심도 갖지 않을 것이다! 나에게 냄비 따윈 필요 없다. 무기를 달라!

대체 항아리와 횃불, 나팔, 이런 것들로 뭘 한단 말인가?

> "결함을 찾지 말고 치료책을 찾아라."
> —헨리 포드 Henry Ford

step 07 계획들을 기꺼이 변경하라

답은 이것이다. 즉 그것은 예기치 못한 변화가 있어도 실행 가능한 계획이다!

5단계에서 이야기했듯이 계획을 세우는 것이 중요하다. 하나님이 당신을 다음 단계로 이끌어가 주시기 원한다면, 하나님이 당신을 어디로 데려가기 원하시는지를 알아야 한다. 하나님은 단지 목적을 보고 보상해 주시지 않으며 당신의 행동을 보고 보상해 주신다. 목적이 아무리 좋아도 그것만으로는 결과가 절대 나타나지 않는다. 결과가 나타나려면 당신이 하나님으로부터 받은 비전을 품고, 계획을 세우고, 실행에 옮겨야 한다.

그렇지만 또 하나님이 인도하시는 과정에서 계획을 수정하시면 기꺼이 받아들여야 한다. 기드온과 그의 300명의 군사들은 종종 변화의 한가운데에서 기적이 일어난다는 사실을 발견했다. 단 우리가 하나님의 인도하심에 기꺼이 순종할 때 그런 일이 일어난다.

모범을 보이는 리더십

기드온과 그의 용사들은 그때그때 꼭 필요한 것만 알고 나아갔다. 적절한 때가 되면 하나님이 기드온에게 무엇을 해야 하는지 말씀해 주셨고, 그러면 기드온이 때를 봐서 부하들에게 그 정보를 알려 주었다.

전쟁의 때가 다가오자, 기드온은 300명의 군사들을 세 그룹으로 나누었다. 각 사람에게 나팔과 빈 항아리를 주고 항아리 안에 횃불을 감추게 했다. 그리고 이렇게 말했다.

"너희는 나만 보고, 내가 하는 대로 하라."

우리도 그렇게 말할 수 있을까? 사람들이 우리의 삶을 보고 배워서 더 유능해질 수 있을까? 집에서 온 가족이 당신을 보고 따라하면 가정생활이 놀랍게 좋아질 수 있을까? 직장에서 사람들이 그저 당신이 하는 대로만 하면 직장 분위기가 좋아질까? 아니면 모든 사람이 당신을 따라하면 다 엉망이 될까?

그때그때 꼭 필요한 것만 알고 하나님을 따르는 것은 어려운 일이다. 그렇지 않은가? 기드온은 리더십의 원칙을 이해했다. 그는 인간적으로 말이 안 되는 상황에서도 믿음으로 하나님을 따랐다. 기드온의 군사들은 그가 행동하는 모습을 지켜보았다. 그리고 이제 그들도 기드온과 똑같이 하려고 했다.

당신이 가고 싶지 않은 곳에 다른 사람들을 가라고 할 수는 없다. 기드온은 직접 본을 보임으로써 사람들을 이끌었다.

더 많은 변화들

기드온이 말했다.

"내가 그 진영 근처에 이르러서 내가 하는 대로 너희도 그리하여 나와 나를 따르는 자가 다 나팔을 불거든 너희도 모든 진영 주위에서 나팔을 불며 이르기를 여호와를 위하라, 기드온을 위하라 하라."(삿 7:17~18)

성경에서 "여호와를 위하라, 기드온을 위하라!"고 하면 "오, 알았어

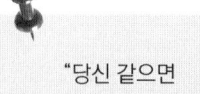

"당신 같으면
당신과 사업을 함께 하겠는가?"
-린다 골드짐머 Linda Goldzimer

요. 이제 기드온이 최고란 말이군요. 언제 기드온이 하나님의 자리에 끼어든 거죠? 대체 어떻게 된 일입니까?"라고 말하기 쉽다.

적의 진영에서 무슨 일이 있었는지 기억해 보라. 하나님은 "낮추기도 하시고 높이기도 하시는" 분이다(삼상 2:7). 하나님이 어떤 사람을 리더십의 자리에 두시는 데는 다 이유가 있다. 그 당시에는 기드온의 이름이 분명히 적들 사이에서 화제가 되었다. 그의 이름만으로도 적들에게 위협이 되었다. 그래서 적군이 "오, 안돼! 우린 기드온과 그의 큰 칼에 넘겨질 거야!"라고 말한 것이다.

우리가 알기로는 기드온에게 칼 한 자루도 없었다. 그런데도 적은 그를 두려워했다는 걸 명심하라. 그의 이름이 아주 강력한 요소가 되었다. 그의 명성이 그보다 앞서갔다. '기드온'이라는 이름 자체가 강한 무기가 된 것이다. 군인들에게 "여호와를 위하라, 기드온을 위하라!" 하고 말하도록 지시함으로써, 기드온은 하나님을 위해 자신의 이름과 명성을 긍정적으로 사용했다.

당신의 이름은 어떻게 쓰일 수 있을까? 사람들이 당신의 이름을 말할 때 어떤 자질을 떠올릴까, 아니면 자질이 부족한 것을 떠올릴까? 언제나 일을 올바로 하는 사람을 떠올릴까, 아니면 언제나 일을 쉬운 방법으로 하는 사람을 떠올릴까? 자신들이 믿을 수 있는 성실한 사람을 떠올릴까, 아니면 타협할 길만 찾고 위조품을 만들어내는 사람을 떠올릴까?

하나님의 이름이 모든 이름 위에 있지만, 당신의 이름도 중요한 의미를 가져야 한다. 당신이 원하든 원치 않든, 당신의 이름은 당신의 인격을 묘사하는 다른 주요 단어들과 고착되어 있다.

"여호와를 위하라, 기드온을 위하라!"고 외치라고 지시를 받은 군인들은 사실상 하나님이 기드온에게 하라고 명하신 일을 입으로 증거하고 있었다. 그의 이름은 "우리는 어려운 문제에 직면하는 걸 두려워하지 않으며 너희 미디안 족속은 더 이상 우리를 쥐고 흔들 수 없다."는 뜻이었다. 기드온은 옳은 편에 섰고, 자기 가족과 종족과 지역사회에 맞섰으며, 이제 그와 그의 부하들은 국가적 차원에서 단호한 입장을 취하고 있었다. 즉 이스라엘의 생존과 자유를 위해 싸우기로 한 것이다.

하나님이 당신의 조직이나 교회, 가정에서 당신에게 좋은 평판을 주셨다면 그것을 자신을 위해 쓰지 말고 더 큰 선을 위해 사용하기 바란다. 기드온은 하나님이 자기에게 주신 이름이 그 자신의 이익이나 특전을 위해서가 아니라 하나님의 일을 위해 쓰이도록 했다.

이름표를 넘어

어떤 사람들은 모험을 하거나 계획을 세우려 하지 않기 때문에 이름을 떨치지 못한다. 대신 이런 사람들은 종종 이름표를 얻으려고 애쓴다.

세상에는 이름표에 집착하는 사람들이 많이 있다. 그런 사람들을 알고 있는가?

"음, 알고 계시겠지만, 저는 공식적으로 ○○○입니다."

그들은 자신들이 맡고 있는 일에 대해 말하고 싶어 한다.

나는 오래전에 그런 직함들이 단지 이름표에 불과하다는 걸 깨달았다. 나는 다른 사람의 직함에 관심이 없다. 실제로 그 사람이 효율적으로 잘하고 있는 일에 훨씬 더 관심이 간다.

하나님은 직함을 주지 않으신다. 에베소서 4장 11절 말씀처럼, 하나님은 직무를 주신다.

"그가 어떤 사람은 사도로, 어떤 사람은 선지자로, 어떤 사람은 복음 전하는 자로, 어떤 사람은 목사와 교사로 삼으셨으니."

바울은 사람들이 자기를 긴 직함으로 부르지만, 그의 소명이나 권위나 직무에 대해 묻는 사람은 거의 없다고 했다.

당신이 어떤 일을 위한 특별한 은사와 열정을 갖고 있다면, 굳이 다른 사람들이 인정해 주지 않아도 그 일을 할 수 있다. 당신에게 은사가 있으면 하나님의 권위를 가진 것이다. 기드온은 틀림없이 리더십의 은사를 갖고 있었고 군인다운 용맹스러움이 있었지만 전에는 자신에게 그런 면이 있는 줄 몰랐다. 이제 하나님이 그것을 사용하시려고 했다.

기드온이 사람들에게 "여호와를 위하라, 기드온을 위하라!"고 외치라고 했을 때 그는 분명 "제가 최고입니다, 여러분. 제가 그 사람입니다."라고 말하지 않았다. "자, 만일 제 이름이 이 일에 신빙성을 더해 준다면 참 좋은 일입니다. 시작해 봅시다."라고 말하고 있었다.

교훈은 명백하다. 변화와 도전의 한가운데서 각각의 자원들은 매우 귀중해진다. 당신이 가진 모든 자원들을 활용하라. 당신이 가진 자원 중 하나가 당신의 이름이라면 그것을 적극 활용하라.

기드온이 그랬으며, 그 사람들이 그랬다. 그리고 그 다음에 일어난 일들은 여러 나라들의 운명을 바꾸어 놓았다.

변화와 당신

현재의 추세로 볼 때 미래는 훨씬 더 예측하기 어려울 것 같다. 소위 전문가라고 하는 많은 사람들이 예상하는 것보다 훨씬 더 극심한 변화가 많을 것이다. 자기가 늘 해왔던 것에 의존하는 많은 기관들과 개인들은 격동의 시기를 견디지 못할 것이다. 재정적, 기술적 변화와 시장의 변화들이 더 빨라지고 훨씬 더 격렬해질 것이며, 가장 융통성 있는 사람들과 기관들만이 살아남을 것이다. 즉 변화를 빨리 배우고 소란스러운 상황에 잘 적응하여 살아가는 사람들만 살아남는 것이다.

기드온의 시대에도 그랬고, 오늘날은 더욱더 그렇다. 혼돈과 큰 변화 가운데서 온갖 장애물에도 불구하고 살아남을 뿐만 아니라 번성할 사람들이 있을 것이다. 당신은 다가오는 변화들에 대비하고 있는가? 어떤 식으로 그 변화들에 적응할 준비를 하고 있는가?

기드온은 분명 하나님의 지시를 따르면서 변화를 익혀 갔다. '타고난' 성향대로라면, 기드온은 3만2천 명을 급히 훈련시켜 13만5천 명의 강한 용사들과 싸우러 갔을 것이다. 만일 당신이 옆에서 그 싸움을 지켜보았다면 어떤 결과를 예상했겠는가?

하지만 하나님이 주관하고 계셨다. 기드온과 그의 군사들은 생각할 수도 없는 변화들이 일어나고 계획이 수정되는 가운데서도 기꺼이 듣고 순종하려 했다.

사실, 우리가 항상 변화를 받아들일지 말지를 선택할 수 있는 것은 아니다. 하나님이 우리 앞에 비전을 주시고 행동 계획을 세우도록 도와주실 때도 상황들이 변한다. 하나님이 상황을 변화시키시고, 원수가 상황을 변화시킨다. 심지어 날씨도 상황을 변화시킨다. 그런 변화의 한 가운데에서 우리는 초자연적으로 우리를 도와주시는 하나님을 의지해야 한다. 매우 실제적인 면에서 그것은 기드온의 궁극적인 성공 비결이었다.

변화에 우호적인 챔피언들

변화는 피할 수 없는 것이다. 그것은 활력을 줄 수도 있으며, 또 숨을 들이마시고 내뿜는 것만큼 삶에서 중요한 것이다. 변화의 중요성과 필요성을 인식하는 것은 건강한 사람의 표시이다. 실제로 이 개념을 제대로 이해하고 있는 사람은 변화를 통해서만 이루어질 수 있는 일들에 의해 활력을 얻을 것이다.

"유레카!"('알았다!' 혹은 '바로 이거야!'란 뜻의 그리스어)라고 외치는 깨달음의 순간에 새로운 정보가 수반되는 경우는 거의 없다. 그러한 순간은 거의 위기와 변화의 한가운데에서 계획들이 수정될 때 온다.

기드온은 이미 불확실하게 보였던 계획, 즉 3만2천 명이 13만5천 명과 싸운다는 그 계획을 또다시 하나님이 변경하기 시작하실 때 바로 거기서 멈추고 무거운 걸음으로 다시 포도주 틀로 돌아갈 수도 있었다. 하나님이 그 숫자를 1만 명으로 줄이셨을 때 기드온이 떠났다 해도 주변 사람들은 다 이해해 주었을 것이다. 그를 지켜보던 대부분의 사람들은 하나님이 군인 수를 겨우 300명으로 축소시키셨을 때도 기드온이 충성스럽게 남아 있는 이유가 무엇일지 궁금했을 것이다.

하지만 기드온은 하나님이 주신 표징을 보고 힘을 얻어 빠른 속도로 하나님에 대한 확신이 커졌기 때문에 전쟁의 순간이 닥쳐왔을 때 마음의 준비가 충분히 되어 있었다. 그 표징은 제물이 불에 탄 것, 젖은 양털과 마른 양털, 그리고 그가 엿들은 적군들의 말이었다. 자주 바뀌던 계획들은 이제 제자리를 찾았다.

우리는 모두 변화에 대해 마음을 열 수 있다. 과거로부터 배우고 미래에 대한 분명한 관점을 유지할 수 있다. 변화를 기대하고 즐겨야 한다. 그래야만 하나님의 최선만을 추구하는 법을 배우면서 우리 각 사람을 위해 예비된 초자연적인 승리를 향해 나아갈 수 있다.

돌아보기 :: 내다보기

스페인의 옛 속담 중에 이런 말이 있다. "No es lo mismo hablar de toros, que estar en el redondel." 해석하면 이런 말이다. "황소에 대해 이야기하는 것과 직접 투우장에 가보는 것은 다르다."

기드온과 300명의 군대는 하나님의 '항아리, 횃불, 나팔' 계획이 미디안 족속들을 둘러싸고 진가를 발휘하는 순간에 이르기까지 많은 변화를 겪었다.

비록 자기들이 승리할 것이라고 믿긴 했지만, 다음에 무슨 일이 일어날지는 꿈에도 알 수 없었다.

오래된 군대 격언 중 이런 말이 있다.

"어떤 전투계획도 눈앞의 적에겐 무력하다."

이 책에서 계속 이야기해 왔듯이, 비전과 목적과 행동계획을 갖는 것은 중요하다. 하지만 변화의 한가운데에서는 종이에 적어놓은 계획을 그대로 따를 수만은 없다.

물론 어떤 위기나 변화를 헤쳐 나가는 데는 큰 위험이 따른다. 장애를 극복하고 성공한 미국의 작가 헬렌 켈러는 이런 말을 했다. "'안전'이라는 건 대개 미신이다. 그것은 자연 속에 존재하지 않으며, 대부분의 아이들이 경험하는 것이 아니다. 위험을 회피하는 것이 결국 위험에 완전히 노출되는 것보다 더 안전하다고 할 수 없다. 인생은 과감한 모험이든가 아니면 아무것도 아니다."

인생이라는 투우장에서 무엇이든 당신을 공격해올 때는 변화 있는 융통성이 해답이다. 싸움 한복판에서 그때그때 융통성 있게 조정해

가는 것이 장기적인 승리를 위해 반드시 필요하다.

기드온과 그의 용사들은 이것을 알고 있었다. 하나님이 전쟁의 순간을 위해 그들을 준비시키시는 동안 그들의 계획은 거듭 바뀌었다. 하지만 전혀 예기치 못했던 변화들 속에서도 그들은 기꺼이 순종했다. 이러한 것들이 계속해서 우리의 삶을 위한 하나님의 최선을 구하면서 기드온의 삶으로부터 배울 수 있는 위대한 교훈들이다.

행동 계획

몇 분 동안 기도 시간을 가지면서, 당신의 삶에 변화를 가져다주신 하나님께 감사하라. 그런 다음 노트를 펴서, 다음 질문들에 답을 적어 보라.

1. 작년 한 해 동안 당신의 삶에서 어떤 영역이 가장 많이 변화되었는가?
2. 이런 변화들이 당신의 삶에 어떤 의미가 있었는가?
3. 예상치 못한 변화에 대비하기 위해 지금 당신이 할 수 있는 일은 무엇인가?
4. 이 책을 읽으면서 세우는 목표와 계획들을 죽 따라간다면, 내년에는 어떤 변화들이 일어날 것이라고 기대되는가?

*
그들에게 이르되 너희는 나만 보고
내가 하는 대로 하되 내가 그 진영 근처에 이르러서
내가 하는 대로 너희도 그리하여
나와 나를 따르는 자가 다 나팔을 불거든
너희도 모든 진영 주위에서 나팔을 불며 이르기를
여호와를 위하라, 기드온을 위하라 하라 하니라
기드온과 그와 함께 한 백 명이 이경 초에 진영 근처에 이른즉
바로 파수꾼들을 교대한 때라
그들이 나팔을 불며 손에 가졌던 항아리를 부수니라

(삿 7:17~19)

단호하게 행동하라

많은 사람들이 실패의 악순환을 끊고 싶어 한다. 하나님이 인도하시는 길을 발견하고 자신의 삶에 대한 하나님의 최선만을 경험하고 싶어 한다. 그들은 변화에 전념하고 계획을 세우기도 한다. 하지만 6개월이나 1년 후 그들을 보면 아무것도 달라져 있지 않다. 여전히 예전과 같은 실패의 악순환에서 빠져나오지 못하고 있는 것이다. 왜 그럴까? 여러 가지 이유가 있을 수 있겠지만, 가장 큰 이유는 자신의 계획을 실행에 옮기지 못했기 때문이다. 단호하게 행동을 취하지 못한 것이다.

우리가 마지막으로 본 기드온과 그의 용사들은 승리의 절정에 있었다. 하지만 승리는 저절로 얻어지는 것이 아니다. 기드온과 300명의 군대는 크고 위협적인 미디안의 군대와 싸워야만 했다. 그들은 뒤로 물러나 도망칠 수도 있었다. 특히 기드온의 전투 계획을 들었을 때는 정말 그러고 싶었을 것이다.

좀 당혹스럽기는 했지만, 그래도 지시사항들은 아주 분명했다. 지금까지 남은 군사들로서는 지휘관을 의심할 만한 일들이 이미 너무도 많이 일어났었다. 기드온이 한 일들은 모두 인간적인 논리와 군사 훈련과는 반대되는 것이었다.

사람들은 모두 호흡을 맞추었다. 각자 전쟁에서 이길 가능성이 얼마나 되는지를 알고 있었다. 어떤 면에서 보면, 그 계획에는 납득할 수 있는 것이 아무것도 없었다. 그들의 수는 너무 적었다. 그런 큰 군대와 싸워본 경험도 없었다. 3만2천 명의 군인들이 다 있다고 하더라도 군사력이 그리 강하지 않았다. 그런데 무슨 이유에서인지, 상대적으로 적은 인원이 몇 번의 시험을 거쳐 더 적은 인원으로 줄어들었다.

이 모든 사실들이 나팔과 빈 항아리와 횃불로 무장한 군대를 더 우스꽝스럽게 만들었다. 그들은 수적으로 너무 적었지만 기드온의 말을 믿었던 것이 분명하다. "여호와께서 미디안과 그 모든 진영을 너희 손에 넘겨 주셨느니라!"는 지도자의 말이 각 사람의 마음을 뜨겁게 불태웠다.

> "상상력이 지식보다 더 중요하다."
> -알버트 아인슈타인 Albert Einstein

어떻게 그런 일이 가능했을까?

겨우 300명의 군대가 어떻게 장비를 잘 갖춘 13만5천 명의 맹렬한 군사들과 싸울 수 있었을까?

300명의 군대가 신속하게 자기 자리로 움직일 때 각 사람이 무슨 생각을 했을지 상상해 보라. 자정이 되어 불침번을 서기 시작할 때였다. 미디안과 그들의 동맹국들은 보초를 배치했다. 보초들은 목소리가 들리지 않을 만큼 먼 거리에서 사람들이 몰래 움직이고 있는 것을 틀림없이 눈치 채지 못했을 것이다.

이스라엘 사람들이 이스르엘 골짜기를 빙 둘러싸고 서로 속삭였다. 캄캄한 밤에 아무 말도 없이 모두들 항아리 안에 횃불이 잘 타고 있는지 확인했다.

그때 각 사람이 마음속으로 무슨 생각을 하고 있었을지 궁금할 따름이다. 가슴이 쿵쾅쿵쾅 뛰었다. 사람들은 앞으로 어떤 일이 일어나더라도 용기를 잃지 않게 해달라고 기도했다. 그들은 비록 지난 며칠 동안 군인으로서 함께 지내며 서로 가까워졌지만, 그 밤에 모두 혼자서 있다는 걸 알고 있었다. 앞으로 오직 하나님이 삶과 죽음을 좌우하실 거라는 걸 모두들 확실히 알고 있었다.

다시 돌아가거나 도망치기에는 너무 멀리 와 버렸다. 전쟁의 순간이 눈앞에 다가오고 있었다. 각 사람은 두 손에 나팔과 항아리를 들고 서서 앞으로 닥칠 일에 대비하고 있었다.

그때 갑자기 한밤중에 기드온의 나팔소리가 울려 퍼졌다. 그리고 곧바로 미디안 진영을 둘러싸고 있던 300개의 나팔 소리가 한꺼번에 울려 퍼졌다. 귀청이 떨어질 것 같은 나팔소리에 태평하게 잠을 자던 적군들은 깜짝 놀라 깨어났다.

그 다음에 들린 전쟁의 함성은 더 귀를 먹먹하게 했다.

"여호와와 기드온의 칼이다!"

그 다음엔 마치 수천 개의 벽돌이 한꺼번에 깨지는 듯한 기괴한 소리가 온 골짜기에 쩌렁쩌렁 울렸다. 그러더니 곧바로 눈부신 불빛들이 진영을 빙 둘러쌌다. 그러자 미디안 진영에 대혼란이 일어났다.

그 다음에 잇따라 일어난 일은 군대 역사에서 가장 위대하고 놀라운 순간으로 남았다.

더 중요한 것은, 기드온과 그의 군사들에게 일어난 일이 우리가 사는 세상에 중요한 영향을 미칠 수 있다는 것이다. 그들이 배운 교훈들을 우리가 잘 이해하고 적용할 수 있다면 말이다. 우리는 지금 세상에서 때때로 그보다 훨씬 더 큰 적들과 맞서게 된다.

타이밍이 가장 중요하다

파수꾼들이 교대한 직후에 기드온이 공격을 시작했다는 것이 매우 중요하다. 그때 파수꾼을 교대했다는 것은 기드온이 타이밍에 신경을 썼다는 뜻이다.

적합한 말, 적합한 사람들, 적합한 전략이 있어도 시기가 맞지 않으면 아무것도 제대로 되지 않을 것이다. 따라서 타이밍이 가장 중요하다.

모든 일이 그렇고, 사역에서는 말할 것도 없다.

지난여름에 한 목사 친구가 내게 전화를 걸었다. 그는 실망한 목소리로 "교회 상황이 점점 나빠지고 있어요. 우리 사역이 활기를 잃어가고 있고, 출석 교인 수는 최악이에요."라고 말했다.

나는 이렇게 말했다.

"이봐요, 지금은 7월이잖아요. 7월에 높은 출석률을 기대하면 안 되지요."

7월에 교회의 상태를 판단하는 것은 관광지

> "사람이 두려워해야 하는 건 죽음이 아니라 진정한 삶을 시작하지 못하는 것이다."
> —마르쿠스 아우렐리우스
> Marcus Aurelius

직원들이 비수기 때 관광객 수를 판단하는 것이나 마찬가지다. 성수기와 비수기가 있다. 모든 일에는 때가 있다.

나는 그 목사에게 말했다.

"목사님의 교회가 다음에 할 일을 지금 결정하지 마십시오. 지금 결정하면 성공이 아니라 실패에 근거한 결정을 내리게 될 테니까요. 하락하고 있을 때 보다, 상승하고 있을 때 결정을 내리세요."

많은 사람들이 인생에서 실패하는 이유는 승리하기 직전이나 큰 패배를 당한 직후에 어떤 결정들을 내리기 때문이다. 둘 다 전략적인 계획을 세우기에 적절한 시기가 아니다. 인생에서 승리하는 사람들은 상황이 좋아지고 있을 때 결정을 내린다.

마찬가지로 결혼생활에 있어서도 상황이 안 좋을 때는 어떤 결정도 내리지 말라. 내 아내 제시카와 나는 결혼해서 남은 생을 함께하기로 결정했다. 그 결정은 연애하면서 사랑의 감정이 절정에 달했을 때 내린 것이었다. 약혼할 때보다 더 감정이 고조될 수는 없다고 생각한다. 그렇지 않은가? 아내를 향한 나의 사랑은 더 깊어졌고 감정도 변함없지만, 그 사랑의 깊이가 변화를 일으킨다. 그것은 상황을 더 나쁘게 만드는 것이 아니라 더 좋게 만든다. 여하튼 우리는 상승기에 결정을 내렸다. 즉 힘든 시기가 닥쳐도 서로 함께하기로 결정한 것이다. 솔직히 우리가 내린 그 결정이 우리뿐 아니라 어느 부부에게나 일어나는 위기의 순간들을 잘 지나가게 도와주었다고 할 수 있다.

안 좋은 시기에 결정을 내리지 말라. 타이밍이 가장 중요하다.

기드온과 그의 용사들은 타이밍의 중요성을 잘 이해하고 있었다. 그때는 파수꾼들이 교대하는 시간이었다. 처음에 서 있던 파수꾼들은 거의 밤 시간의 절반을 깨어서 보초를 섰다. 두 번째로 교대하는 파수꾼들은 이제 막 잠에서 깬 상태라 틀림없이 피곤해서 다리를 휘청거렸을 것이다. 그러니까 양쪽 다 정신이 해이한 상태였다. 미디안 군대를 공격하기에 이보다 더 적절한 때가 없었다.

'고정관념을 벗어난' 전쟁 계획

그 다음에 일어난 일을 보면, 하나님의 뜻을 성공적으로 따르기 위해선 종종 '고정관념을 벗어난' 창의적 사고가 필요하다는 것을 알 수 있다.

표면적으로 보면 상식을 벗어난 터무니없는 생각이었다. 한편에는 용사가 되기를 희망하는 300명의 사람들이 나팔과 항아리와 횃불을 들고 있었다. 다른 한편에는 세상에서 가장 강하고 최고의 훈련을 받은 13만5천 명의 군인들이 있었다.

선택된 무기에 관해서는 틀림없이 눈에 보이는 것 이상의 무언가가 있었다. 그 무기들은 바로 나팔과 횃불이 든 항아리였다. 먼저 사람들이 불었던 뿔나팔부터 하나씩 살펴보도록 하자.

나팔

기드온은 전쟁의 역사에서 나팔을 불면 군인들이 싸움을 시작할 때라는 것을 알았다. 현대의 군대에도 다양한 경우에 나팔을 부는 나팔수들이 있다. 군인들로 가득한 전쟁터를 상상해 보라. 기본적인 병

참술과 예로부터 내려오는 군사 전략들 때문에 지도자들은 대부분의 사람들이 신호를 분명히 들을 수 있도록 1천 명당 하나의 나팔을 사용했다.

그렇게 생각하면 기드온의 계획은 매우 간단하면서도 효과적이었다. 그는 "모든 사람의 손에 나팔을 하나씩 들자."라고 말했다. 이 말은 자고 있던 미디안과 동방 족속들의 큰 군대를 둘러싼 산 중턱에서 총 300개의 나팔 소리가 공기 중에 울려 퍼지게 한다는 뜻이었다.

1천 명당 하나의 나팔을 사용한다고 가정했을 때, 적군들은 300개의 나팔 소리를 듣고 30만 명의 이스라엘 군인들이 공격해오고 있다고 생각했을 것이다. 만일 당신이 신속하게 상황 판단을 하기 위한 전술 훈련을 받았는데, 잠을 자다가 갑자기 동시에 300개의 나팔 소리를 듣고 깼다면 무슨 생각이 들었을 것 같은가?

그 계획은 전쟁 중에 탁월한 효과가 있었다. 사실 그것은 인간의 생각을 초월한 초자연적인 것이었다.

항아리 속의 횃불

횃불은 언제나 사람들이 애용하는 전술이었다. 사람들은 불과 불빛에 대한 자연스러운 두려움이 있다. 적군에게 불빛을 비추면 공격하기가 더 쉬워진다. 또 불을 사용해서 적군을 자극할 수 있다. 어떤 방법을 써도 효과가 있다. 지금도 군대에서는 최첨단으로 변형된 횃불과 불들을 사용하고 있다.

기드온은 각 사람의 항아리 안에 횃불을 감추어 둠으로써 적군들을 더 깜짝 놀라게 했다. 만일 이스라엘 자손들이 불을 붙이지 않은 채 항아리를 들고 나타났다면 횃불에 불을 붙이는 데만도 시간이 한없이 걸렸을 것이다. 불이 다 붙었을 즈음엔 미디안 족속이 이스라엘의 군인 300명을 다 죽이고 다시 진영으로 돌아가 아침을 먹었을지도 모를 일이다.

> "비대칭 전쟁에서 가장 중무장한 군대가 항상 승리하지는 않는다는 사실을 역사가 가르쳐 준다."
> -이냐시오 라모네Ignacio Ramonet

또 만약 횃불이 밖으로 드러났어도 상황은 마찬가지였을 것이다. 적군은 멀리서 300개의 횃불을 보고 공격에 대비할 시간이 충분히 있었을 테니 말이다.

알려진 것처럼, 그들은 횃불을 켜서 항아리 안에 감추어 두었다. 각 사람이 오른손에 나팔을 들고 왼손에는 항아리 속에 횃불을 감추고 있었다는 것을 기억하라. 항아리는 굉장히 독창적인 것이었다. 뚜껑에 불이 붙지도 않았고 또 산소를 차단하지 않아서 불이 꺼지지도 않았기 때문이다. 그 항아리들은 특히 높이가 높았을 것이다. 그래야 공기는 들어가도 불빛은 새어나오지 않았을 테니 말이다.

그리고 바로 그때 사람들이 항아리를 깨뜨리면서 조용한 산 중턱이 관중들로 꽉찬 야구장처럼 소란스러워졌다. 그로 인해 적군들은 판단력을 잃었다.

300개의 눈부신 불빛으로 끝난 것이 아니었다. 항아리들이 동시에 깨지면서 얼마나 시끄러운 소리가 들렸겠는가? 혹시 무거운 도자기나 항아리를 떨어뜨려 본 적이 있는가? 300개의 나팔소리가 요란하게 들리더니, 곧이어 300개의 항아리들이 동시에 부서지는 소리가 들렸다고 상상해 보라. 완전히 아수라장이었을 것이다.

그야말로 대혼란이 있었다. 그 요란한 소리 가운데 무슨 일이 일어나고 있는지 아무도 알 수 없었다. 연속되는 소음과 소동, 그들을 둘러싼 불빛 속에서 도대체 무슨 일이 일어나고 있는지 알 수가 없었다.

한밤중에 동시에 나팔소리가 들리더니 항아리들이 깨지면서 300개의 불빛들이 산중턱을 빙 둘러쌌다. 두 가지 일이 일어난 것이다.

제일 처음 자연스러운 반응은 단순한 공포였다. 당신이 얼마나 훈련을 잘 받았는지는 모르지만, 깊이 잠을 자다가 갑자기 깼는데 뿔나팔 같은 소리에 마치 트럭이 가득한 주차장에서 헤드라이트를 비추는 듯한 불빛에 둘러싸여 있다면 아마 겁에 질려 제정신을 못 차릴 것이다.

두 번째 반응은 그다지 자연스러운 반응이 아니었다. 하나님이 그의 백성들을 보호하기 위해 초자연적으로 개입하신 것이 틀림없었다. 공포에 싸인 미디안 족속들과 동방 족속들은 자신의 칼을 빼어 서로를 쳤다. 어둠과 혼란 속에서 전투복 색깔을 확인하지도 않고 마구 치기 시작한 것이다.

한편, 산중턱에서 기드온과 300명의 군사들은 그 광경을 바라보며 완전히 경이로움에 사로잡혔다. 그들에게 칼이나 전쟁 장비들이 있었는지는 모른다. 우리가 아는 것은 그저 그들이 나팔과 항아리와 횃불을 가지고 있었다는 것뿐이다.

얼마나 놀라운 전술인가. 그것은 오늘날 세상에서도 잘 통한다. 수적으로 불리할 때는 실제보다 더 크게 행동해야 한다. 하지만 거만하게 굴거나 허풍을 떨어야 한다는 뜻은 아니다. 실제보다 더 크게 행동한다는 것은, 하나님이 당신을 보시는 것처럼 당신도 당신 자신을 그렇게 바라본다는 뜻이다. 곧 당신의 약한 부분이 아니라 강한 부분들에 초점을 두라는 것이다.

당신이 조그만 소프트웨어 회사를 시작하는데 명함만 봐서는 마이크로소프트사와 같은 수준인 것처럼 보인다면, 당신은 실제보다 더 크게 행동하는 법을 배운 것이다. 어떤 상품을 판매하든 판매원으로 일하는 것이 썩 내키지 않더라도, 마치 코카콜라사로부터 판매 수당을 받는 것처럼 세련된 이미지를 가지고 실제 당신보다 더 크게 행동할 수 있다. 햄버거를 휙 던지고 감자튀김과 애플파이를 담는 일을 하더라도, 마치 유명한 햄버거 체인의 사장님인 것처럼 당신의 태도에서 빛이 나야 한다.

칼과 불빛

"여호와와 기드온의 칼이다!"

누가 칼을 갖고 있는 사람이 있는가?

우리가 아는 바로는, 적어도 성경에서 본 바에 의하면 그 사람들 중에서 아무도 칼을 갖고 있지 않았다. 오른손에는 나팔을 들고, 왼손에는 항아리 속에 횃불을 감추고 있었다. 칼을 휘두르며 일어나 "여호와와 기드온의 칼이다!"라고 외치지 않았다. 그들은 오로지 나팔과 항아리를 드느라 바빴다.

하지만 그들은 여호와와 기드온을 위한 칼이라고 외쳤다. 무슨 칼을 말하는 것이었을까?

확실한 결론을 말하자면, 설령 300명의 군인들이 칼로 무장한 채 기습 공격을 했더라도 고작 300명 남짓한 적군을 죽였을 것이고 나머지 13만4천700명의 미디안과 동방 족속들은 급히 일어나 방패와 칼을 들고 기드온의 작은 군대를 찍소리 못하게 해치웠을 것이다.

그들이 사용할 수 있는 유일한 무기는 하나님이 주신 창의적인 아이디어뿐이었다. 인간적인 힘과 전략 면에선 아무것도 쓸 만한 것이 없었던 이스라엘 자손들은 하나님의 창의성에 의존해야만 했다.

사실 우리가 상상할 수도 없는 하나님의 놀라운 계획을 믿는 것 외에는 그들이 할 수 있는 것이 없었다. 그들이 가진 것은 나팔과 안에 횃불이 든 항아리뿐이었다. 그게 다였다. 하지만 진실의 순간이 다가왔을 때 하나님이 이루어 주신 승리는 정말 비할 데 없이 놀라웠다.

많은 경우에 하나님의 최선을 구할 때 당신이 활용할 수 있는 것은 독창적인 사고의 힘밖에 없을 것이다. 그것을 활용하고, 하나님이 초자연적으로 당신의 아이디어를 축복해 주시기를 간구하라. 기드온과 그의 용사들에게 해주셨던 것처럼.

> "왜 사람들은 작은 현실을 위해 큰 꿈들을 포기할까?"
> —케빈 코스트너 Kevin Costner

적절한 때가 될 때까지 불빛이 항아리 속에 감춰져 있었던 것처럼, 하나님은 당신 속에 깊이 숨겨져 있는 독창적인 생각들이 폭발하여 밖으로 드러날 때를 기다리고 계신다.

고린도후서에 보면 이런 말씀이 있다.

"우리가 이 보배를 질그릇에 가졌으니 이는 심히 큰 능력은 하나님께 있고 우리에게 있지 아니함을 알게 하려 함이라."(고후 4:7)

다른 말로 하면, 우리는 빛을 담고 있는 항아리다. 하나님이 택하신 순간에 그 빛은 어둠을 뚫고 당신 주변을 환히 비출 수 있다. 게다가 성경은, 하나님이 깨진 그릇을 사용하시는 데 전문가라는 것을 분명히 보여주고 있다. 당신이 깨지기 전까지는 사람들이 당신의 삶 속에서 하나님의 빛을 볼 수 없다. 깨지고 겸손해진 당신을 통해 주님이 빛을 발하려고 할 때, 당신은 주님이 당신을 실제보다 더 크게 여기신다는 것을 깨닫지 못할 수 있다. 하지만 하나님이 당신을 얼마나 쓰시기 원하시는지를 깨달으면, 당신은 또한 하나님의 방법들과 전략들을 발견하기 시작할 것이다.

독창적으로 하나님의 계획을 수행하라

기드온의 이야기에서 우리가 종종 주의를 기울이지 않는 부분을 더 깊이 살펴보는 것이 중요하다. 성경은 나팔과 횃불과 항아리와 큰 고함소리의 아이디어를 누가 냈는지에 대해 아무 말도 해주지 않는다.

상세하게 짜인 생소한 계획을 가지고 싸움을 시작하기 전에 여호와의 천사가 기드온에게 나타났다는 얘기는 들어본 적이 없다.

"자, 기드온아, 이것이 네가 할 일이다. 나팔들과 항아리들을 들어라. 여기에 우리가 할 일이 있다."라고 말하지 않았다.

그런 일은 찾아볼 수가 없다.

또한 하나님이 직접 그 계획을 주셨다는 얘기도 없다.

그러면 도대체 항아리와 횃불과 나팔의 아이디어는 누가 낸 것일까? 기드온이 낸 것이 틀림없어 보인다.

> "어떤 일에 완전히 빠져 있을 때는 주변에서 일어나는 일이나 시간의 경과는 안중에도 없다. 이렇게 당신이 하는 일에 몰입해 있을 때 무의식이 활동하며 창의적인 상상력이 활개를 친다."
> −롤로 메이Rollo May

이것은 굉장히 큰 교훈이다. 하나님이 우리에게 창의력을 주셨다는 사실을 많은 신자들이 잊고 있다. 다시 말해서 많은 경우에 하나님이 당신에게 영감을 주시지만, 당신의 땀과 재능으로 하나님의 계획을 수행하기를 원하신다는 것이다. 때때로 우리는 세상에서 가장 큰 기적 중 하나가 인간의 지성이라는 사실은 무시하고 특별한 기적만을 계속 구하고 있다. 하지만 우리의 지성이 하나님의 뜻을 구할 때 기적이 나타난다.

우리는 계속 기적을 구한다. "오, 하나님, 모세에게 보여주셨던 것처럼 저에게도 불타는 덤불 속에서 나타나 주세요. 아니면 우리 집 차고 벽에 메시지를 적어 주셔서 제가 할 일을 말씀해 주세요."라고 말하며, 어떤 종류든 초자연적인 기적을 보고 싶어 한다.

다윗이 "내가 주께 감사하오음은 나를 지으심이 심히 기묘하심이라 주께서 하시는 일이 기이함을 내 영혼이 잘 아나이다."(시 139:14)라고 창조주 하나님을 찬양했다는 것을 기억하라. 당신이 늘 구하는 기적은 바로 '당신 자신'이다. 하나님이 이미 창의력의 씨앗을 당신 안에 심어 놓으셨다는 것, 즉 세상을 변화시킬 수 있는 아이디어들을 우리 안에 심어 놓으셨다는 것을 우리가 깨닫기 원하신다.

물론 우리는 하나님을 신뢰해야 한다. 하지만 하나님이 또한 우리를 신뢰하기 원하신다는 사실을 아는 것도 중요하다. 하나님은 우리가 자신의 재능과 창의력을 활용하기 원하신다. 고정적인 틀에서 벗어난 신선한 사고를 하기 원하신다. 하지만 하나님은 또한 당신의 아이디어를 행동으로 옮기기를 원하신다. 늘 당신의 마음에 떠오르는 탁월하고 독창적인 생각들을 실천하기 원하시는 것이다. 그것을 행동으로 옮겨라.

틀림없이 기드온이 전쟁 계획을 세운 장본인일 것이다. 물론 영감은 하나님으로부터 온 것이었지만, 나팔과 횃불과 함성의 전략을 생각해 낸 것은 기드온이었다. 그러고 나서 그는 밖으로 나가 그 계획을 실행에 옮겼다. 300명의 용맹스러운 추종자들의 도움으로 말이다.

꿈을 파괴하는 자들

하나님이 모든 사람을 그렇게 창조적인 존재로 만드셨다면 왜 좀 더 많은 사람들이 이 창의성을 발휘하여 하나님을 위해 큰 일들을 이루지 못하는 걸까? 종종 하나님이 주신 아이디어들을 의심하게 되는 주된 이유는, 다른 사람이 계속해서 우리를 의심하고 우리로 자신감을 잃게 만들기 때문이다.

제한된 삶을 살기 원한다면, 당신이 할 일은 제한된 사람들을 주변에 두고 당신이 할 수 없는 일들만 계속 나열하는 그들의 이야기에 귀를 기울이는 것이다. 하지만 제한받지 않는 삶을 원한다면, 즉 하나님의 최선만을 경험하고 싶다면, 지혜로운 사람들, 지혜롭게 행하는 사람들, 제한을 벗어난 삶을 사는 사람들, 더 큰 일들을 믿는 사람들, 하나님이 더 많은 일들을 하실 수 있다고 믿는 사람들과 함께 어울려야 한다. 그런 사람들과 함께 시간을 보내도록 하라.

솔로몬 왕은 그것을 이런 식으로 표현했다.

"지혜가 제일이니 지혜를 얻으라. 네가 얻은 모든 것을 가지고 명철을 얻을지니라."(잠 4:7)

하나님의 지혜를 구하고 같은 마음을 품은 사람들(당신의 팀!)과 어울리면 하나님이 이미 당신에게 주신 놀라운 창의력으로 위대한 일들을 해낼 수 있을 것이다.

때때로 당신이 할 수 있는 가장 전략적인 일은 꿈을 파괴하는 사람들의 말을 듣지 않는 것이다. 기드온에게는 하나님이 주신 아이디어가 있었고, 그것을 적극 활용했다. 하나님이 '심히 기묘하게 지으신' 당신의 몸과 정신과 영 안에 심어 두신 독창적인 생각들을 믿고 키워가는 법을 배울 때 무한한 삶을 향한 큰 진보가 있을 것이다!

실패에 담긴 교훈
⋮

기드온과 그의 군대가 우리의 주된 초점이긴 하지만, 이 시점에서 미디안의 군대가 우리에게 주는 교훈도 있다. 바로 우리가 하지 말아야 할 일에 대한 교훈이다.

그날 밤에 공포가 확산됐다. 기드온의 용사들은 진영을 둘러싸고 가만히 있었는데, 그때 납득할 수 없는 일이 일어났다. 기드온의 용사들이 나팔을 불자, 하나님이 미디안과 동방 족속들을 공포에 몰아넣으셔서 그들이 서로 싸우기 시작한 것이다.

실패와 패배가 보장된 전략이 있다면, 그것은 바로 자기들끼리 서로 공격하는 것이다. 당신의 가정, 교회, 또는 사업에서 서로 싸우고 무너뜨리는 일이 벌어지면 그야말로 볼장 다 본 것이다.

성공과 실패 공식의 대조적인 모습이 정말 극적으로 나타났다. 이스

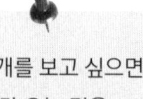

"무지개를 보고 싶으면
비가 오는 것을
참고 견뎌야 한다."

라엘 군사들은 한 걸음도 물러서지 않고 그들의 놀라운 전쟁 계획을 실행에 옮기고 있었고, 그에 반해 적군은 두려움과 공포에 사로잡혀 완전히 이성을 잃고 서로를 공격하기 시작했다.

나는 지금 사무실에 편안하게 앉아서 글을 쓰고 있기 때문에 이렇게 말하기가 쉽다. 은은한 조명에 인체공학적인 의자, 에어컨, 물컵도 가까이에 놓여 있다. 나는 재난영화에 나오는 혼란스러운 광경 한가운데 있지 않으며, 갑자기 들리는 믿기지 않는 소음에 깜짝 놀라 공포에 사로잡혀 있는데 내 동료들이 나를 짓밟고 공격하는 그런 상황에 있지 않다.

그럼에도 불구하고 원칙은 부인할 수 없다. 성공하려면 팀 플레이어들이 문제와 사람을 분리해서 볼 줄 알아야 한다는 것이다. 팀과 동역자들과 가족들이 갈등이나 시련 한가운데서 분별없이 서로를 공격하는 것은 틀림없이 자멸의 원인이 된다.

300명의 기드온 군대가 미디안 족속을 둘러싼 30만 명의 막강한 군대로 변모할 때처럼 공포로 가득한 상황에서는 특히 더 사고가 일어나기 쉽다. 하지만 아군의 포격이 과격해질 때, 즉 군사들이 모르고 자기 동지들을 마구 죽이고 있을 때 싸움은 끝난다. 등불을 꺼라. 파티는 끝났다. 당신이 졌다.

그러나 사람들이 하나가 되어 한 목소리로 협력하면, 승리할 확률이 측정할 수 없을 만큼 급격히 올라간다. 서로를 공격하면 거의 항상 패배한다. 그것이 주는 교훈은 아주 명백하다!

그 다음에 일어난 일은 훨씬 더 놀랍다.

위임의 힘

⋮

우리는 권력을 분배하고, 지배와 권세를 포기함으로써 도리어 지배와 권세를 얻고, 권리와 책임을 효과적으로 위임하는 법을 배워야만 장기적인 승리를 바라보는 안목이 생긴다. 이 원칙은 '나팔과 항아리' 공격의 결과에서 잘 나타난다.

사사기 7장 22절에 보면 "적군이 도망하여 스레라의 벧 싯다에 이르고 또 답밧에 가까운 아벨므홀라의 경계에 이르렀으며"라고 한다. 지금 그것은 우리에게 큰 의미가 없다. 우리가 아는 것은 단지 적군이 여기저기로 떠돌아다녔다는 것뿐이다. 그들은 멀리 떠나 버렸다.

처음 적군의 진영을 공격했을 때 살아남은 미디안 족속과 동방 족속들이 몇 명이나 됐는지 알 수 없지만, 확실히 그들 중 일부는 도망칠 수 있었다.

틀림없이 꽤나 볼 만한 광경이었을 것이다. 수백 명, 어쩌면 수천 명의 잘 훈련된 용사들이 시골길을 가로질러 도망치다가 헛간에 불이 켜지자 쥐처럼 뿔뿔이 흩어져 달아나는 광경을 상상해 보라.

기드온의 군대가 어떻게 실제보다 크게 행동했는지에 대해서는 이미 이야기했다. 어쩌면 여기서 상황이 더 악화될 수도 있었다. 이 시점에서 서로 하이파이브를 하고, 등을 두드려 주고, 서로 가슴을 부딪치고, 깨진 항아리를 더 짓밟으며, 서로를 향해 함성을 질렀을 수도 있다.

"좋았어! 우리가 이겼어! 기드온의 300명 군

> "다른 사람들과 같은 것을 보면서도, 다른 것을 생각하는 데서 발견이 이루어진다."
> -알베르트 센트죄르지
> Albert Szent-Gyorgyi,
> 노벨 의학상 수상자

대에 도전할 자가 누가 있으랴!" 하고 말이다.

하지만 분명히 그런 일은 없었다.

앨라배마의 전설적인 축구 코치 베어 브라이언트Bear Bryant는 엔드 존end zone에서 흥분하는 크림슨 타이드(Crimson Tide, 미국 앨라배마 주립대학 미식축구부 이름) 선수를 보면 이렇게 질책하곤 했다.

"엔드 존 안에 처음 들어간 것처럼 행동하지 마라."

기드온이 그의 군사들에게 뭐라고 말했을지 우리는 모른다. 하지만 분명한 사실은 사람들이 때 이른 축제 분위기에 젖어 있었다는 내용은 성경에서 찾아볼 수 없다는 것이다. 아직 해야 할 일들이 너무 많았다.

그 다음에 일어난 일은, 오랫동안 이스라엘을 괴롭혀 온 세력들을 물리친 순간적이고 기적적인 승리를 장기적인 승리, 즉 삶을 변화시키는 지속적인 승리로 바꾸어 놓았다고 할 수 있다.

> "이스라엘 사람들은 납달리와 아셀과 온 므낫세에서부터 부름을 받고 미디안을 추격하였더라. 기드온이 사자들을 보내서 에브라임 온 산지로 두루 다니게 하여 이르기를 내려와서 미디안을 치고 그들을 앞질러 벧 바라와 요단강에 이르는 수로를 점령하라 하매."
>
> (삿 7:23~24)

기드온은 우리에게 위임의 힘을 가르쳐 준다. 그는 사람들을 보내어 남은 일을 하게 하고, 그 과정에서 다른 군사들을 모으게 했다.

다음은 옛날부터 성공해온 리더십의 네 단계를 단순하게 나타낸 것이다.

 제1단계 : 내가 한다-내가 하는 일을 당신이 본다.
 제2단계 : 우리가 함께 그 일을 한다.
 제3단계 : 당신이 한다-그 일이 제대로 되고 있는지 내가 지켜본다.
 제4단계 : 당신이 가서 똑같은 일을 하며 다른 사람들을 멘토링한다.

 이것이 바로 기드온이 한 일이다.
 기드온의 군대는 미디안 족속을 추격했고, 적군보다 앞서 요단강을 점령했다. 요단강이 그토록 중요했던 이유는 매우 간단하다. 즉 그 강이 매우 중요한 공급로였기 때문이다. 전쟁 중에는 물이 필요하다. 필요한 공급품들이 종종 물길을 통해서만 빨리 운송될 수 있기 때문이다. 기드온의 군대는 속히 요단강의 주요 부분에 경계선을 그어야만 했다.
 갑자기 300명의 군대를 빨리 늘리는 일이 시급해졌다. 감사하게도 집으로 돌려보냈던 3만1천700명의 군인들이 준비된 상태로 기다리고 있었다. 승리의 함성은 속히 울려 퍼졌고, 새로운 용기의 물결이 시골 지방을 가득 채웠다. 생각해 보면, 추가 병력 모집은 집으로 보내진 모든 사람들이 가족들과 친구들 앞에서 명예를 회복할 수 있도록 기회를 준 것이었다.
 동시에 그 모든 추가 병력은 그 지역의 운명을 바꿀 완전한 승리를 위해 꼭 필요한 것이었다. 수만 명의 인원을 신속히 보강하지 않고 그 지역을 점령한다는 것은 인간적으로 불가능한 일이었다. 달아날 통로를 봉쇄해야만 했다. 이것을 위해 기드온이 할 일은 효율적으로 일을 위임하는 것이었다.

"이에 에브라임 사람들이 다 모여 벧 바라와 요단강에 이르는 수로를 점령하고 또 미디안의 두 방백 오렙과 스엡을 사로잡아 오렙은 오렙 바위에서 죽이고 스엡은 스엡 포도주 틀에서 죽이고 미디안을 추격하였고 오렙과 스엡의 머리를 요단 강 건너편에서 기드온에게 가져왔더라."(삿 7:24~25)

오렙과 스엡은 적군의 왕자들이었다. 신데렐라 같은 영화를 너무 많이 본 현대인들은 '왕자' 하면 마치 완벽한 머리카락에 비단 옷을 입고 꼭 붙는 바지에 손톱까지 잘 손질된 남자들을 떠올릴 것이다.

실제로 기드온 시대의 왕자는 일반적으로 그 나라의 최고 군사학교에서 길러낸 왕의 아들이었다. 왕자들은 최고의 전략가들과 전쟁 고문들에 의해 훈련을 받아 강한 장군들이 되었다.

오렙과 스엡이 최고의 교육을 받은 지휘관들이었다는 사실에는 의심의 여지가 거의 없다. 심지어 오렙은 그의 이름을 딴 바위가 있었고 스엡은 그의 이름을 딴 포도주 틀이 있었다. 오늘날 훌륭한 장군의 이름을 따서 학교나 도로 이름을 짓는 것과 비슷한 것이다. 두 왕자들은 이런 명예로운 대접을 받을 만큼 예전 전쟁에서 큰 성과를 거둔 것이 틀림없었다. 그런데

> "요즘같은 시기는 천재가 살고 싶어 할 만한 때다. 필요한 것들이 많을 때 위대한 지도자들이 나온다."
> –애버게일 애덤스 Abigail Adams, 1790년 토머스 제퍼슨에게 보낸 편지에서

주목할 것은 그 사람들이 자기 이름을 딴 바로 그 장소에서 죽임을 당했다는 사실이다. 갑자기 그 장소들은 지위와 큰 업적을 나타내는 곳이 아니라 패배로 유명한 곳, '한때 오렙과 스엡이 지배했다가 죽임을 당한 곳'이 되었다.

이것은 남아 있는 미디안 족속들에게 강력하고 도전적인 메시지를 보냈고, 따라서 기드온과 이스라엘 백성들은 더 이상 그들을 두려워하지 않았다. 오랫동안 미디안은 이스라엘을 지배했고 위협해 왔다. 그런데 이제 기드온의 군대는 이렇게 말할 수 있었다.

"우리는 한때의 전설이었던 너희 군사들을 더 이상 두려워하지 않는다. 이제 너희는 우리에게 위협의 대상이 아니다."

요단강 지역에서 기드온과 그의 부하들 사이에 어떤 대화가 오고갔는지 자세히는 알 수 없지만, 그들이 휴대폰이나 인터넷 같은 오늘날의 편리한 도구들을 갖고 있지 않았다는 것만은 확실하다. 따라서 우리는 전쟁터에 있던 그 사람들이 스스로 생각하는 법을 잘 배웠을 것이라고 가정해야 한다. 기드온은 효과적으로 일을 위임했고, 오렙과 스엡을 그들의 이름을 딴 장소에서 죽이는 것처럼 정말 특별한 전략적 행동을 수행할 수 있는 용기를 군인들에게 불어넣어 주었다.

이것이 우리에게는 어떻게 적용될까?

당신의 '싸움들'이 어디서 일어나든, 당신의 집이든 직장이든 조직이든 그것이 세상에 변화를 일으킬 중요한 분기점이 된다.

우리는 모든 권력을 갖고 싶어 한다. 대개 어릴 때부터 골목대장 놀이를 하며 "내가 대장

> "다른 사람들이 원하는 것을 가질 수 있게 도와주면 삶 속에서 당신이 원하는 것을 또한 가질 수 있다."
> –얼 나이팅게일 Earl Nightingale

이다!"라고 소리치는 것이 우리의 모습이다.

자기 구역을 정하고 배지를 다는 것은 자연스러운 일이다. 문제는 우리가 권력을 붙잡으려 하면 결국 제어할 수 없게 된다는 것이다. 더 나쁜 것은, 다른 사람들에게 권한을 주고 그로써 영향력의 범위를 점점 더 넓혀 나갈 수 있는 기회를 놓치게 되는 것이다.

우리 가정에서 통제할 수 없는 일들이 생기는 이유를 나는 알고 있다. 또 어떤 일들을 통제하게 될 때도 그 이유를 알고 있다. 아내와 내가 임무와 책임들을 우리 아이들에게 위임할 때 모든 상황이 제일 순조롭게 돌아간다. 그렇지 않으면, 모든 부모가 알고 있듯이 침실이 급속도로 위험한 쓰레기장으로 변모하고, 아이들은 비디오를 켜는 로봇으로 변하고, 분노가 확 타올라 사람들이 소리를 지르며, 부모들은 그것에 익숙해지고, 문들이 쾅 하고 닫히며, 그 열기가 온 가족에게 퍼진다. 이런 일이 수많은 가정에서 매일 일어나고 있다. 우리가 가정을 통제하지 못하는 이유는 아이들에게 권한을 나누어주지 않기 때문이다. 기드온의 위임 원칙이 보여주듯 좋은 길이 있다.

기드온의 300용사들처럼 당신의 자녀들에게도 실제보다 더 크게 행동하도록 가르쳐야 한다. 자녀가 6살이면 8살짜리의 책임과 권한을 주어라. 14살짜리 아이가 17살처럼 행동할 수 있게 해주어라. 100년 전만 해도 오늘날의 십대들도 맡지 않는 일과 책임들을 보통 8살짜리들이 해냈었다. 오늘날 우리 사회에서는 8살된 아이들을 6살처럼 대하고, 17살짜리 아이들을 14살처럼 대하는 경향이 있다. 그러면서 왜 그들이 책임을 지려 하지 않는지, 왜 권위자들에 대해 불평하는지, 왜 일자리를 구하지 못하는지, 왜 청구서를 지불하지 못하는지, 왜 30살이 되어서도 부모의 도움을 필요로 하는지 의아해한다.

내가 지금 무슨 말을 하려는지 알겠는가? 당신의 자녀들에게 책임을 위임하라. 그리고 그 결과들을 가르치라. 당신이 할 수 있는 동안 그들을 양육하고 훈련시키라.

기업들도 이러한 경향의 희생물이 되고 있다. 내가 아는 많은 관리자들은 고용인들의 일을 대신 해주어야 하기 때문에 항상 스트레스를 받는다. 왜 그런가? 업무를 효과적으로 위임하지 못하기 때문이다.

고용인들을 잘 가르치고 자기들의 실수로 인한 결과들을 받아들이며 성장하여 그 일을 잘 할 수 있게 만들기보다는, 관리자들이 계속 조심조심 걸으며 상황이 원활하게 돌아가게 하려고 갖은 노력을 다하면서 이렇게 푸념한다.

"그 일을 제대로 할 수 있는 사람은 나밖에 없어. 그러니 내가 계속 상황을 수습하면서 다른 사람들을 파멸에서 구할 수밖에 없지!"

잘못된 생각이다! 가정에서든 직장에서든 하나님의 최선을 경험하고 싶으면 그 모든 일을 당신 혼자 해서는 안 된다. 일과 권력을 분배하는 법을 배워야 한다.

모범이 되라. 훈련을 시켜라. 하지만 어느 시점에서는 권한을 위임해야 한다. 당신의 가정에서, 직장에서, 사역에서 효과적인 위임의 문화를 만들어라. 잘못된 부분은 기꺼이 고쳐라. 필요하다면 그 일을 하지 못하는(또는 하려고 하지 않는) 사람들에게서 권한을 회수하라.

무엇보다도 책임을 받아들이는 사람들을 존중해 주도록 하라.

위임의 교훈

그러면 어떻게 위임하는 법을 배울 수 있을까?

디모데후서는 효과적으로 위임하는 법을 가르쳐 준다.

"내 아들아 그러므로 너는 그리스도 예수 안에 있는 은혜 가운데서 강하고 또 네가 많은 증인 앞에서 내게 들은 바를 충성된 사람들에게 부탁하라 그들이 또 다른 사람들을 가르칠 수 있으리라."(딤후 2:1~2)

나는 리더십의 네 단계를 언급했다. 좀 더 구체적으로 말해 보자. 실제로 위임은 다음과 같은 다섯 단계를 거쳐 가르칠 수 있다.

제1단계 : 모집

사람의 마음을 끌 수 있는 올바른 방법은 사도 바울이 젊은 디모데에게 보낸 두 번째 편지의 첫 구절에서 발견된다. 당신이 그리스도 안에서 강하면 비슷한 자질을 가진 다른 사람들의 마음을 끌게 될 것이다. 빛은 분명히 빛을 끌어당긴다. 리더십은 리더십을 끌어당긴다. 거꾸로 말하면, 당신이 성실하지 못하면 똑같이 성실하지 못한 사람들을 끌어당길 것이다.

"우리는 우리가 사랑하는 것을 닮아가게 될 것이다."
-끌레르보의 베르나르
Bernard of Clairvaux

뚱뚱하고 몸매가 엉망인 미혼 남자는 매력적인 여자의 마음을 끌고 싶겠지만, 사실은 자기와 비슷한 사람의 마음을 끌어당길 가능성이 더 크다. 리더십 전문가인 존 맥스웰은 이렇게 말한다.

"당신은 자기가 원하는 사람을 끌어당기는 것이 아니라 자기 같은 사람을 끌어당긴다."

당신이 돈을 받고 일을 하고 있든, 자원봉사를 하고 있든 최고의 사람을 얻고 싶을 것이다. 그러려면 당신이 최고의 사람이 되어야 한다.

가정에서는 자녀들을 고용하거나 해고할 수 없다. 하지만 당신은 여전히 삶 속에서 탁월한 본을 보일 수 있고, 그것은 틀림없이 식구들에게 전염이 될 것이다.

제2단계 : 훈련

"가라앉지 않으려면 헤엄쳐야 한다."는 것은 대중적인 생각이지만, 이것이 실제 행동에 영향을 미치는 일은 드물다. 다른 사람들에게 책임을 맡길 수 있으려면 먼저 그들을 가르쳐야 한다. 이 기본적인 요소를 사람들이 종종 간과한다. 어떤 사람이 완수해야 할 임무에 대한 기본 지식이 없으면 그는 실패할 가능성이 크다. 실제 현장 훈련과 전문적인 훈련이 둘 다 필요하며, 당신은 따로 시간을 내어 워크숍이나 세미나 같은 데서 더 깊은 지식을 전해 주어야 한다.

제3단계 : 모델

어떤 사람을 훈련시킬 때 먼저 어떤 일을 어떻게 처리하기 원하는지를 본으로 보여주어야 한다. 이것이 실제 현장 훈련의 힘이다. 사람들은 다른 사람이 어떤 일을 잘 해내는 모습을 지켜봄으로써 가장 잘 배울 수 있다. 예수님이 제자들을 양육하고자 하셨을 때 단지 그들을 가르치실 뿐만 아니라, 그들과 함께 생활하면서 직접 경건한 삶의 본을 보여주신 이유가 이것이다. 예수님은 그들이 매일매일 배우는 것들이 언젠가 복음을 들고 미지의 세상으로 나아가기 위한 기초를 마련해 주리라는 것을 알고 계셨다.

제4단계 : 코치

코칭은 그들이 일하는 동안 당신이 잘못된 부분을 바로잡아 주는 것을 뜻한다. 좋은 코칭에는 격려와 솔직한 피드백이 포함된다. 당신의 자녀들, 고용인들, 팀원들은 항상 자기들이 어떻게 행하고 있는지 알아야 한다. 모든 관리자들이 쉽게 빠져나갈 수 있는 방법은 뒤에서 투덜대는 것이다. 하지만 그보다는 직접 맞서서 그 일을 더 잘할 수 있는 확실하고 실제적인 방법들을 제시해 주어야 한다. 그러려면 노력과 끈기가 필요하다. 하지만 강력한 팀을 만들고 싶다면 반드시 그렇게 해야 한다.

이상적인 코칭은 실제 임무와 최대한 비슷한 상황에서 결정을 내리도록 하는 것을 포함한다. 이것은 명백히 해야 하는 일이지만 매우 보기 드문 일이기도 하다. 마트의 계산대에 줄을 서 있는데 껌을 짝짝 씹고 있는 계산대 직원이 50센트짜리 물건 하나에 대해 결정을 내리기 위해 관리자를 부르고 또 부르는 모습을 얼마나 많이 보았는가? 또는 고객 서비스 담당자가 관리자를 찾으러 다니는 동안 마냥 기다리고 있었던 적이 얼마나 많은가?

당신의 사람들에게 권한을 부여한다는 것은 곧 그들을 교육시키고 코치하는 것을 의미한다. 하지만 그것은 또한 그들에게 실제적인 결정을 내릴 수 있는 자유를 주는 것을 의미하기도 한다. 무엇보다도 그것이 중요하지 않겠는가? 강하고 융통성 있고 성장하는 조직의 팀원들은 전쟁의 뜨거운 열기 속에서도 결정을 잘 내릴 수 있어야 한다. 기드온의 군대가 오렙과 스엡을 제대로 처치했던 것처럼 말이다!

제5단계 : 인정

사람들을 격려해 주고 인정해 주지 않으면 아마 그들은 지쳐서 떠나 버릴 것이다. 우리는 모두 마음속으로는 어린아이다. 겉으로는 강한 체하고 어른 세상에서 활동하려 하지만, 여전히 이따금씩 '잘한다'는 칭찬을 듣고 싶어 하는 사람들이다.

사람들은 자기들이 세상에 영향을 미치고 있으며, 다른 사람들이 자신의 노력을 무시하지 않으리라는 것을 알아야만 한다. 이것은 단순히 등을 토닥거려 주는 것, 고맙다는 말 한마디, 감사의 카드, 보상, 고용인을 위한 보너스, 가장 좋아하는 레스토랑의 상품권이 될 수도 있고, 아니면 어린아이가 바른 자세로 성실하게 해야 할 일들을 다 마쳤기 때문에 한 시간 더 늦게 잘 수 있도록 허락해 주는 것이 될 수도 있다.

단, 마지막 단계의 위임 원칙은 모든 사람에게 적용되지 않는다. 만약 당신이 책임자의 위치에 있다면 반드시 어떤 사람을 해고해야 할 때가 있을 것이다. 퇴직, 평화로운 이별, 일시해고 등 뭐라고 부르든 상관없다. 하지만 당신이 일을 못하는(또는 하려고 하지 않는) 사람들을 해고하지 않는다면 그들을 고용할 자격이 없는 것이다.

당신이 최종적인 권위를 가지고 실적이 표준 이하인 사람들을 내보내지 않으면 탁월한 기준을 강요할 수 없다. 자원봉사자들이라도 고의로 또는 자진해서 일을 그르치고 있다면 내보내든가 다른 '기회'를 제공하든가 하는 힘든 결단을 내려야 한다.

해고는 언제나 마지막 수단으로서, 재교육을 시키고 코치하고 직접 만나서 이야기도 해본 다음에 아주 어렵게 결정하는 것이다. 하지만 어떤 사람이 말을 듣지 않거나 불성실하거나 태도가 바르지 않으면 해고가 불가피해진다. 이런 일은 자주 있어서는 안 되며, 고도의 섬세함과 많은 기도가 필요한 일이다. 그러나 가끔은 꼭 해야 하는 일이다. 리더라면 팀 전체의 유익을 위해 반드시 그렇게 해야 할 때가 올 것이다.

만일 당신이 고용주나 사역 리더가 아니라면 이것이 당신에게 어떻게 적용될까? 어떤 사람에게 당신의 일을 좀 도와달라고 했는데 나중에 그 사람이 제대로 일을 하고 있지 않은 것을 발견할 때가 있을 것이다. 그럴 때는 부드럽게 그 사람의 책임을 면제해 주고, 더 이상 그의 도움이 필요하지 않다고 말해야 한다. 어떤 면에선 고용주가 어떤 사람을 해고할 때 해야 할 일보다 이것이 더 어려울 수 있다. 어떤 경우엔 단순히 고용주와 고용인의 관계겠지만, 또 어떤 경우엔 두 사람의 우정이 걸려 있을 수도 있기 때문이다. 이때는 앞으로 나아갈 방법을 찾기 위해 하나님의 지혜와 인도를 구해야 한다.

> "인정받고 싶은 욕구는 인간 본성의 가장 깊은 욕구 중 하나이다."
> -윌리엄 제임스 William James

그런 상황을 피할 수 있는 가장 좋은 방법은 팀원을 고를 때 처음부터 최대한 신중을 기하는 것이다. 당신이 의지할 수 있는 사람들, 또 당신을 의지할 수 있는 사람들의 도움을 받아야 한다. 당신이 신뢰와 성실과 노력과 즐거움이 있는 강력한 팀을 만들 때, 위임은 관련된 모든 사람들에게 보람을 느끼게 해줄 수 있고 또 그래야만 한다.

목표를 달성하려면 위임하는 법을 배워야 한다. 기드온은 이를 실천했고, 그 결과는 그 자신과 그의 군대와 그의 나라를 깜짝 놀라게 했다.

돌아보기 :: 내다보기

기드온은 감탄할 만한 여러 가지 본을 보여주었다. 기드온과 그의 300용사들은 목표를 정하고, 실제 자신들보다 더 크게 행동하고, 대승을 거두었을 때도 겸손을 잃지 않고, 위임을 통해 다른 사람들을 의존하며 일을 끝마치는 법을 배웠다. 그래서 승리하고 또 승리할 수 있었다!

이것으로부터 우리가 배워야 하는 것은, 어떤 의도를 품는 것만으로는 안 되며 반드시 행동해야만 보상이 따른다는 것이다.

기드온과 그의 군대에게는 중요한 선택의 순간들이 몇 번 있었다. 기드온이 나팔을 입에 대고 있는 힘껏 불기 직전까지, 여러 번 기드온은 이렇게 말할 수 있었다. "잠깐 기다려! 여기서 충분히 생각해 보자. 지금 우리가 정말로 나팔을 불고 항아리를 깨뜨리길 원하는가? 우리는 저기서 자고 있는 저 거대한 군대를 깨울 것이다. 대책위원회를 만들어서 모든 대안들을 충분히 생각해 보자."

하지만 그렇지 않았다. 결단의 순간이 왔을 때 기드온은 방아쇠를 당김으로써 참된 리더십을 보여주었다. 또 기드온의 용사들은 오렙과 스엡을 처단할 때 그와 똑같은 의연한 모습을 보여주었다. 무슨 일을 하든지, 싸움에서 이기려면 계획만으론 안 된다. 단호한 행동이 있어야 한다.

미국의 가장 위대한 목사 중 한 명인 드와이트 무디 Dwight L. Moody는 한때 같이 일하는 한 동료에게 완수해야 할 임무에 대해 물었다. 그 동료는 이렇게 말했다. "거의 1년 동안 그것을 목표로 삼아 왔는데 아직 이루지 못했네."

그러자 무디가 이렇게 대답했다. "이제 목표를 향해 조준하는 건 그만하고 사격을 시작해야 할 때라고 생각하지 않는가?"

너무나 많은 사람들이 "준비, 조준, 조준, 조준……." 신드롬에 사로잡혀 있다. 그들은 늘 계획만 세우고 행동을 개시하지 않는다.

왜 그럴까? 행동하지 않는 원인은 대개 다음과 같다.

- 실패에 대한 두려움 때문에
- "언젠가는 ~할 거야."라고 미루는 버릇 때문에
- 사업(business)보다 분주하게 사는 것(busy-ness)을 더 좋아하기 때문에
- 실행 가능하고 멋진 행동 계획이 없기 때문에

나는 몇 년 동안 쓰였던 나이키의 슬로건을 참 좋아한다.

"그냥 한번 해봐!(Just do it!)"

그 광고 캠페인이 어떤 형태로든 몇십 년 동안 계속되어 온 것은, 그것이 운동경기와 인생에서의 성공의 핵심을 말하고 있기 때문이다.

그냥 바쁘게 사는 것만으로는 충분치 않다. 열심히 일하고 바쁘게 사는 것처럼 보이는 사람들이 전혀 성공하지 못하는 경우가 많다. 어느 시점에서는 행동이 반드시 필요해진다. 하나님이 당신에게 주신 비전을 성취하기 위한 단계들을 밟아가기 시작해야 하는 것이다.

당신은 실패할지도 모른다.

나도 여러 번 실패했다. 하지만 실수를 하지 않거나 실패의 위험을 피할 수 있는 유일한 길은 아무것도 하지 않는 것뿐이다. 그런데 결국은 '아무것도 하지 않는 것'이 인생의 가장 큰 실수다.

실패가 언제나 나쁜 것만은 아니다. IBM의 설립자 토머스 왓슨Thomas

J. Watson은 한때 이런 말을 했다. "성공하고 싶으면 실패의 확률을 두 배로 높여라."

마찬가지로 토머스 에디슨의 조수 중 한 사람은 어느 날 이렇게 불평했다. "에디슨 씨, 우리는 이 문제의 해답을 찾기 위해 500번이나 실험을 했지만 아직 어떤 결과도 얻지 못했습니다."

많은 성과를 내놓은 그 미국의 발명가는 미소를 지으며 이렇게 대답했다. "친구, 우리는 결과를 얻었네. 이제는 500가지 방법이 효과가 없다는 걸 알게 되었지 않나!"

당신이 경험으로부터 아무것도 배우는 것이 없을 때 실패는 손실에 불과하다. 또 실패로 인해 좌절하면 그건 재난에 불과하다.

계획은 실행해야만 효력이 있다. 게으름을 극복하는 비결은 지금 긴박해 보이는 일을 제쳐두고, 하나님의 도우심으로 장기적으로 중요한 일에 집중하는 법을 배우는 것이다.

실제로 행동이 말보다 더 크게 말한다. 단호하게 행동하는 법을 배우는 것은 오로지 하나님의 최선을 추구하는 법을 배우기 위한 중요한 단계다.

행동 계획

몇 분 동안 기도하는 시간을 가져라. 기도 중에 하나님이 당신의 삶 속에서 이루신 일에 감사하고, 당신이 세워 온 계획을 단호하게 행동으로 옮길 수 있는 지혜를 구하라. 장기적인 목표들을 더욱 구체화하기 위해 도움이 필요하다면, 당신의 상상력을 확장하기 위해서라도 5년 후의 목표 그 이상을 바라보아야 한다. 다음 문장들을 완성해 보라. 잘 읽어본 다음, 노트를 펴서 각 문장을 읽을 때마다 제일 먼저 떠오르는 생각을 적어 보라.

1. 인생에서 나의 가장 큰 우선순위들은 _____ 이다.
2. 개인적으로나 직업적으로 나의 가장 큰 재능들은 _____ 이다.
3. 내 인생은 _____ 이다.
4. 지금으로부터 10년 후에 나는 아마도 _____ 에 살고 있을 것이다.
5. 지금으로부터 10년 후에 나는 _____ 을 하고 있을 것이다.
6. 지금으로부터 10년 후에 나는 _____ 자산들을 갖고 있을 것이다.
7. 지금으로부터 10년 후에 나는 행복할 것이다. 왜냐하면 _____ 하기 때문이다.
8. 무엇보다도 나는 _____ 을 원한다.

몇 분 동안 답들을 잘 생각해 보라. 당신이 쓴 문장들이 미래의 소망에 대해 무엇을 말해 주는가?

미래를 위한 계획들을 생각하다 보면, 삶에 대한 당신의 태도를 지배하는 것이 무엇인지 발견하게 된다. 삶에 대한 태도에 영향을 미치는 것이 무엇인지 알면, 이미 당신의 미래에 영향을 미치고 있는 세력들과 태도들을 보다 분명하게 알게 될 것이다.

도전에 정면으로 맞서라

변화의 방법을 배우고, 하나님의 부르심을 따르고, 하나님의 최선을 구하는 것은 하나의 과정이다. 기드온이 배운 것처럼, 하나님은 당신에게 비전을 주시고, 행동 계획을 세우도록 도와주시고, 당신의 걸음을 인도하셔서 더 많은 일을 달성할 수 있게 해주기 원하신다.

지금 당신의 처지가 어떻든 간에, 당신의 삶 속에서 하나님의 풍성한 축복을 경험할 수 있는 기회는 매우 실제적이다. 하지만 그 축복들을 다스리기 위한 싸움도 실제적이다. 처음 싸움보다 성공을 유지하는 것이 더 어려운 경우도 종종 있다. 언제든지 가치 있는 일을 달성하고 나면 또 늘 새로운 도전들이 주어진다. 그리고 성공의 열쇠는 그 도전들에 정면으로 맞서는 데 있다.

다시 요약해 보자. 미디안 군대와 동방 족속들이 나팔소리와 깨진 항아리 속에 있던 횃불과 "여호와와 기드온의 칼이다!"라고 외치는 소리 때문에 자멸하던 그 새벽녘에 기드온과 그의 군대는 확실한 기적을 목격했다.

적군이 뿔뿔이 흩어져 도망가고, 그 전쟁에 합류하는 이스라엘인들이 더 많아지면서, 전쟁의 승리는 마라톤으로 바뀌었다. 미디안 왕자들인 오렙과 스엡을 처단한 역사적인 승리를 비롯하여, 승리에 승리가 이어졌다.

하지만 그 승리는 불완전한 것이었다. 아직도 해야 할 일들이 많이 남아 있었다. 기드온은 이 시점에서 챔피언의 성패를 좌우하는 궁극적인 도전들 가운데 하나로 시험을 받게 된다. 그는 필연적으로 성공과 함께 오는 고통스러운 교훈들을 배워야만 했다.

성공은 일회적인 거래가 아니다. 어떤 일을 성취하는 데 있어 가장 힘든 부분은 '성공을 유지하는 것'이다. 당신은 결혼생활을 아주 잘하고 있을지 모르지만, 평생 부부관계에 양분을 공급하는 것이 가장 힘든 부분이다. 어쩌면 당신은 훌륭한 이력을 갖고 있을지도 모른다. 하지만 성공하고 나서도 여전히 삶의 모든 영역에서 균형을 유지할 수 있겠는가? 어쩌면 크고 강력한 사역을 하고 있을지도 모른다. 하지만 오랫동안 그 성공을 유지할 수 있겠는가?

문제는 단지 승리를 거두는 것이 아니다. 성공을 유지하는 것 또한 아주 어려운 부분이다. 정신을 흐트러뜨리는 것들은 많으나 용기를 주는 것은 별로 없다. 또 시간은 별로 없고, 목표 달성을 방해하는 장애물들은 많다. 게다가 많은 사람들이 자멸적인 성향을 갖고 있어서 성공 속에서도 실패를 위한 청사진을 갖고 있다.

하지만 지속적으로 하나님의 최선을 경험하는 사람들은 자신에게 닥치는 모든 도전과 장애물들에 정면으로 맞서는 법을 배운 사람들이다.

슬픈 사실은, 그런 방해물과 도전들이 종종 당신과 가장 가까운 사람들로부터 시작된다는 것이다.

비판의 도전

비판적인 성향은 인간 본성의 한 부분이라고 생각한다. 사람들은 남이 실패했을 때 그들을 걷어차고 싶어 하고, 남이 성공했을 땐 그 사람의 흠을 잡아 헐뜯는 것을 매우 즐긴다. 그것이 인생의 현실이다. 그것을 빨리 인정할수록 성공을 다루기가 훨씬 쉬워질 것이다.

"사람들이 당신에 대해 하는 말이 사실이라면 당신의 방식들을 고쳐라. 그러나 그것이 사실이 아니라면 그만 잊어버리고 계속해서 하나님을 섬겨라."
-해리 아이론사이드 Harry A. Ironside

이 말이 믿기지 않는다면, 다음에 동네 식료품점에 갈 때 계산대 줄에서 타블로이드판 신문들의 맨 앞면을 살펴보라. 매주 세간의 주목을 받는 이들의 실패를 조롱하고, 또 성공한 사람들에게 질투어린 경멸을 토해내는 데 얼마나 많은 잉크를 사용하고 있는가? 그와 같은 양극단이 없으면, 타블로이드판 신문사나 온라인 가십 사이트, 유명 인사들이 나오는 방송들은 당장이라도 폐업하고 말 것이다.

적어도 기드온은 300명의 군사들과 함께 미디안과 동방 족속들을 물리쳤을 때 파파라치 때문에 걱정할 일은 없었다. 기드온이 정작 싸워야 했던 것은 자국민들의 비열한 언행이었다.

기드온은 너무나 지쳐 있었다. 기드온과 300용사들은 대부분의 미디안 군대를 패주시켰지만, 아직 완전히 승리한 것은 아니었다. 남아 있던 미디안 군사들이 달아나기 시작했다. 나머지 적군들을 추격하는 과정에서 기드온은 이웃 및 동포들과 부딪히게 되었다. 그들은 기분이 좋지 않았다.

"에브라임 사람들이 기드온에게 이르되 네가 미디안과 싸우러 갈 때에 우리를 부르지 아니하였으니 우리를 이같이 대접함은 어찌 됨이냐 하고 그와 크게 다투는지라."(삿 8:1)

불행히도 성공을 유지한다는 것은 곧 비판에 대처하는 것을 뜻한다. 만약 아무런 비판을 받지 않는다면, 당신은 표준에서 벗어난 일을 시도하고 있지 않을 것이다. 그러나 하나님과 함께 새로운 위험을 감수하고, 비범한 일을 성취하며, 탁월함을 향해 나아가기 시작할 때, 주변 사람들이 당신을 비난하기 시작할 것이다.

당신이 하나님의 최선을 경험하기 시작하면 그러한 비판이 매일의 평범한 일상이 될 것이다.

당신은 비판 받는 것에 익숙해져야 한다. 또한 그런 비판에 대처하는 법을 배워야만 한다.

기드온이 어떻게 사람들의 비판에 대처했는지 살펴보자.

"기드온이 그들에게 이르되 내가 이제 행한 일이 너희가 한 것에 비교되겠느냐 에브라임의 끝물 포도가 아비에셀의 맏물 포도보다 낫지 아니하냐."(삿 8:2)

아비에셀은 기드온이 속한 가문이다. 그러니까 본질적으로 기드온의 말은 '나는 너희가 이룩한 일을 감히 따라갈 수 없다'는 뜻이었다.

그것은 비판에 대한 현명한 대답이었다. 그는 투덜거리지 않았다. 비난하지도 않았다. 다만 에브라임 사람들에게 하나님이 하신 일을 상기시키며 "하나님이 미디안의 방백 오렙과 스엡을 너희 손에 넘겨주셨으니 내가 한 일이 어찌 능히 너희가 한 것에 비교되겠느냐?"라고 말했다.

> "때로는 낯이 두꺼운 것도 하나님의 선물이다."
> ─콘라트 아데나워
> Konrad Adenauer

싸움이 벌어지려면 양 당사자가 맞서야 한다. 기드온은 전쟁터에서 이미 자신의 용기를 입증해 보였다. 그는 또한 자기가 할 수 있는 최악의 일이 자기 민족과 싸우는 일이며, 그것은 자기 파멸로 가는 길일 뿐만 아니라, 완전한 승리를 망치는 길이라는 것을 알고 있었다.

그래서 어떻게 되었는가?

대개 폭발할 가능성이 있는 상황을 올바로 다룰 때 일어나는 바람직한 일이 똑같이 벌어졌다. 기드온에 대한 에브라임 사람들의 노여움이 가라앉은 것이다.

기드온은 매우 현명했다. 사람들이 그를 비판할 때 똑같이 응대하지 않았다. 그들이 비난한다고 해서 똑같이 그들을 비난하지 않았다.

물론 그는 자신을 비난하는 사람들을 똑같이 비난하며 "저리 가라!" 하고 말할 수도 있었다. 기드온이 일어나 하나님의 능력으로 변화를 일으킬 때까지, 이스라엘은 그 오랜 세월 동안 억압을 당하고도 하나도 달라지지 않았다. 그러니 충분히 기드온이 그렇게 대응할 만도 했다. 하지만 그는 논쟁해 봐야 아무것도 얻을 것이 없다는 것을 잘 알고 있었다.

> "당신을 비판하는 자들에게 대꾸해 봐야 시간 낭비이며 그들의 손에서 놀아나는 것밖에 안 된다."

기드온은 자신을 비판하는 사람, 특히 자신과 가까운 사람일 경우에는 더더욱 논쟁해 봐야 아무런 유익이 없다는 것을 잘 알고 있었다.

여기에 우리가 절대로 간과해선 안 되는 교훈이 있다. 어느 분야에서든 어떤 사람이 우리를 능가하면 인간의 타고난 이기적인 성향은 그 사람을 공격하는 것이다. 대로변에서 운전을 하고 있을 때 주변에 아무도 없다가 차 한 대가 멀리 보이면 꼭 그 차를 앞질러 가야만 직성이 풀린다.

내가 무슨 말을 하고 있는지 잘 알 것이다. 우리를 앞질러 가거나 우리 앞에 있는 사람들을 보면 왠지 마음이 편치 않다. 또한 사람들은 어떤 식으로든 당신이 그들을 능가하면 언짢아한다. 남보다 탁월하면 비판을 받게 되는 것이 세상의 자연스러운 이치다.

누군가가 이런 말을 했다. "당신의 머리가 군중 위에 있으면 익은 토마토 몇 개가 날아올 것을 예상해야 한다."

기드온의 성공은 사람들의 비판을 야기했다. 그래서 어떻게 했는가? 자기 가문에 속한 사람에게 공격을 받았을 때 기드온은 태도를 바꾸어 자신의 성공을 부인하지 않았다. 그의 삶 속에서 하나님이 행하신 일을 부인하지 않았다. 그것을 부인하면 하나님이 행하신 초자연적인 기적들을 부인하는 것이기 때문이다.

그보다 기드온은 에브라임 사람들이 성취한 모든 일들을 지적했다. 그러자 비난이 누그러졌다. "잠깐. 너희가 성취한 일을 보아라. 너희가 했던 모든 일들을 보아라." 하고 말했다.

당신은 비난에 어떻게 대응하는가? 다른 사람이 자부심을 느끼게 해주어야 한다.

그들이 이룬 모든 일들을 지적함으로써 그들의 가치를 충분히 인정해 주어라. 비록 그것이 당신이 한 일에 비하면 아무것도 아니라도, 그들을 띄워 주도록 하라. 그들이 한 일에서 좋은 점들을 찾아내도록 하라.

나는 단순한 진리를 말하고 있다. 한쪽 뺨을 맞으면 다른 쪽 뺨까지 돌려 대는 것, 그것이 예수님의 지혜. 원수와의 문제를 해결하는 가장 좋은 방법은 그들과 친구가 되는 것이다. 그러려면 그들이 이룬 좋은 일들과 그들이 할 수 있는 일들을 콕 짚어서 말해 주는 것이 좋다.

내가 만난 세계적인 리더들은 하나같이 자신에 대한 얘기를 하고 싶어하지 않았다. 놀랍지 않은가? 그들은 내가 한 일, 우리 가족, 나의 사역, 그리고 그들의 업적에 비하면 너무나 하찮은 다른 주제들에 대해 나에게 계속 질문을 했다. 와! 그것은 나에게 지울 수 없는 인상을 남겼다.

하나님의 최선을 구하는 법을 배우면서, 기드온과 참된 성공을 이해한 사람들로부터 깨달음을 얻음으로써 당신의 성공을 유지하도록 하라. 다른 사람들에게 초점을 두라. 그들의 삶에서 일어나는 일들에 대해 물어 보라. 하나님이 그들을 통해 무슨 일을 행하고 계신지를 알아내려고 하라.

당신이 성공하면 할수록 단순히 다른 사람들과 함께 시간을 보내는 것이 당신의 성공을 유지하는 좋은 방법이다. 그것은 다른 사람들이 자부심을 느끼게 만드는 또 한 가지 방법이기도 하다. 주변 사람들에게 진심으로 관심을 보이면, 그로 인해 다른 사람들과의 관계를 유지할 수 있을 뿐만 아니라 소위 여론의 동향에 귀를 기울이게 된다. 즉 당신의 팀과 긴밀한 관계를 유지하며, 그들의 감정과 어려움과 필

> "사람들이 가장 이야기하고 싶어 하는 주제는 바로 '자기 자신'이다."

요를 알게 되는 것이다. 그들의 세상으로 들어가 그들을 존중해 주며, 그들과 어울려 친밀한 관계를 쌓아 가라. 매일매일 그들이 기여하는 일들을 주목하라. 이렇게 하면 비판이 나오기도 전에 잠잠해질 것이다.

나는 가끔씩 다른 사람의 사무실이나 일터에 들러 그곳을 구경시켜 달라고 한다. 그러면 그들이 무슨 일을 하는지 직접 볼 수 있고, 당신이 관심을 가지고 그들이 매일 하는 일들을 주목함으로써 그들이 자부심을 느낄 수 있다. 사람들이 자기가 하는 일을 자랑스러워할 수 있게 해주어라.

> "비판하는 사람들이 모진 마음을 품고 던지는 돌들을 모아 자신의 기념비를 세우는 데 사용할 수 있다."
> —아서 거터맨 Arthur Gutterman

진심에서 우러난 관심을 나타내야 한다. 그렇지 않으면 오히려 역효과가 날 것이다. 오늘날 사람들은 매우 냉소적이라 진심이 아닌 것은 금세 알아챈다. 진심으로 할 수 없다면 아예 하지 말라.

틀림없이 기드온은 진심이었다. 사람들에게 진심 어린 관심을 보임으로써 문제를 쉽게 해결했다. 다른 사람들이 자부심을 느끼게 해줄 때 당신은 더 이상 그들에게 위협이 되지 않는다. 분명히 말하지만, 이것은 몇 번을 반복해도 탁월한 효과가 있다.

다음에 누군가가 당신을 비판하면 다음 단계들을 통해 상황에 대처하고 당신의 성공을 유지해 가라.

1. 비판 속에서 진리의 핵심을 찾고 적절한 변화를 꾀하라

종종 비판 속에 담긴 부분적인 진리를 발견해 내야 할 때가 있다. 우리는 비판자들로부터 많은 것을 배울 수 있다. 단지 고통스럽다는 이유로 자신에 대한 진리를 무시하지 말기 바란다. 비판하는 자들의 말에 귀를 기울이면 당신은 크게 향상될 수 있다. 게다가 사람들이 질투심에서 당신을 비판하고 있다면, 무엇보다도 당신이 자신의 약점을 보강하는 모습이 그들을 좌절시킬 것이다.

2. 사실이 아닌 말은 무시해 버려라

때때로 사람들은 누가 봐도 명백하게 부정적이거나 야비하다. 이러한 비판은 비판을 받는 사람보다 비판을 하는 사람에 대해 더 많은 것을 말해 준다.

물론 다른 사람들이 거짓말을 퍼뜨리고 다니면 그들과 맞설 필요가 있다. 하지만 그것이 단지 부정적 혹은 주관적인 견해일 경우엔 그들이 하는 말을 무시해 버리고 신경 쓰지 않는 것이 좋다.

이것이 말처럼 쉽지 않다는 건 알고 있다. 한때 내가 심한 비판을 받을 때 나의 멘토인 스코트 웨더포드(훌륭한 지도자 중의 지도자다)를 찾아갔다. 한 가족이 우리 교회를 떠나면서 완전히 거짓인 부정적인 말들을 하고 다닌 것이다. 스코트는 나에게 그들의 말이 사실이냐고 물었다. 나는 전혀 사실이 아니라고 했다. 그러자 그들이 떠나는 것이 가슴 아프냐고 물었다. 나는 조금 놀랐다.

"당연히 가슴이 아프지요."라고 내가 대답했다.

그러자 스코트는 위대한 지도자만이 할 수 있는 말을 해주었다. 이

미 비슷한 상황을 많이 겪었기 때문에 그렇게 말할 수 있었을 것이다.

"빌, 당신이 가슴이 아프지 않다고 했으면 더 걱정스러웠을 거예요. 그러면 당신은 더 이상 사람들을 사랑하지 않는 것이니까요."

상처를 받는 건 괜찮다. 단, 부정적인 사람들에게 일일이 반응하면서 살지는 말라.

3. 하나님이 인도하시면, 사람들에게 당신을 비판해 달라고 하라

때로는 당신을 비판하는 사람들을 만나서 그들의 감정을 속 시원히 털어놓게 하는 것도 괜찮은 방법이다. 당신이 그들의 불평을 들었고, 그래서 그들과 이야기하기 원한다는 것을 알려라. 어떤 면에서 기드온이 에브라임 사람들에게 한 일도 바로 그런 것이었다.

그러나 이러한 제안을 할 때는 한 가지 경고할 것이 있다. 만일 당신에 대한 모든 비판에 관심을 기울이고 비판하는 자들과 맞서려고 하면, 하나님이 당신에게 원하시는 일을 할 시간이 없을 것이다. 다시 말해서, 비판은 종종 하나님이 당신에게 맡기신 일에 집중하지 못하도록 당신의 마음을 흐트러뜨릴 수 있다는 것이다.

왜 우리는 이렇게 다른 사람들을 비판하는 성향을 가지고 있는 걸까? 고등학교 시절에 가장 예뻤던 여학생을 기억하는가? 모두가 그녀를, 적어도 그녀의 얼굴을 사랑했다. 그러나 뒤에서는 가장 많은 비판을 받는 것이 그녀였다. 심지어 사람들은 그녀를 추하다고 욕했다. 어떤 여학생들은 이렇게 말하곤 했다.

"야, 저애 좀 봐. 어쩜 저런 옷을 입을 수가 있지? 정말 이상해. 저 눈

화장은 또 어떻고? 정말 말이 안 나온다."

이처럼 비판은 종종 질투심에서 나온다. 우리는 다른 사람들이 우리보다 잘나간다는 생각이 들 때 그들을 비판하고 싶은 마음이 생길 수 있다는 것을 명심해야 한다.

사실, 다른 사람의 성공이 당신의 성공을 방해하지는 않는다. 그 반대의 경우도 마찬가지다. 모든 사람이 충분히 성공을 누릴 수 있다. 하나님께는 부족한 것이 없다. 우리의 하나님은 풍요의 하나님이시며, 온 우주를 우리에게 맡기셨다. 다른 사람들이 더 큰 파이 조각을 갖고 있거나 심지어 그들이 파이 전체를 갖고 있는 것처럼 보이더라도 걱정할 필요가 전혀 없다. 하나님이 더 크고 더 많은 파이를 만들고 계시기 때문이다.

대신 우리는 로마서에 나오는 바울의 가르침을 따라야 한다.

"즐거워하는 자들과 함께 즐거워하고 우는 자들과 함께 울라."(롬 12:15)

다른 사람들이 잘될 때 즐거워하는 것은 좋다. 또 다른 사람들과 함께 슬퍼하는 것도 좋다. 사람들이 당신을 비판할 때 종종 가시 돋친 말들이 나오는 이유는 그들의 처지 때문이다. 그 순간에 그들이 처한 상황과 비교해볼 때 당신의 성공이 그들에게 상처가 되는 것처럼 보일 수도 있다. 또 당신은 그들이 다른 어떤 싸움들을 겪고 있는지 모른다. 사람마다 받는 축복이 다르고 축복받는 때도 다르다.

성공에는 비판이 따른다. 당신이 중요한 일을 하고 있을 때 꼭 당신을 비판하는 사람들

> "사람들이 당신을 나쁘게 말하면, 아무도 그들의 말을 믿지 못하도록 삶으로 보여주어라."
> —플라톤

이 있을 것이다. 비판을 잘 다루지 못하면 당신을 비판하는 사람들에게 감정적으로 조종당하기 쉽다.

기드온이 에브라임 사람들에게 했던 일을 기억하라. 그는 승리를 주신 분이 하나님이라는 것을 분명히 알았다. 누가 영광을 받아야 하는지 알고 있었다. 다른 사람들이 자신을 비판할 때 기드온은 그런 견고한 믿음의 기초에 의존했다.

다른 사람의 비판에 아랑곳하지 않고 성공을 유지하기 위해서는 무엇이 필요할까? 정답은 겸손, 그리고 하나님이 모든 영광을 받으셔야 한다는 사실을 아는 것이다.

피로의 도전

사사기 8장 4절에서 우리는 지속적인 성공에 대한 또 다른 도전을 보게 된다.

"기드온과 그와 함께 한 자 삼백 명이 요단강에 이르러 건너고 비록 피곤하나 추격하며."

피곤하다는 것은 곧 힘들게 일했다는 뜻이다. 기드온은 피로에도 불구하고 비판에 잘 대처했다. 하지만 피로 자체는 그가 지속적으로 능력을 발휘하는 데 큰 걸림돌이 될 수도 있었다.

하나님이 당신을 크게 복 주시려면 당신이 열심히 노력해야 한다. 노력은 꼭 필요한 것이다. 하지만 사람들은, 하나님이 그들의 삶 속에서 능력 있게 행하시면 모든 일이 쉽게 될 거라고 믿을 때가 많다. '하나님이 위임하는 일을 도와주실 것이다.' 과연 그런가? '하나님이 큰 힘을 주실 것이다.' 과연 그런가? '하나님이 새로운 활력을 갖게 해주실 것이다.' 과연 그런가?

항상 그런 것은 아니다. 물론 성공은 또 다른 성공을 낳는다. 하지만 큰일을 성취했다는 것은, 앞으로 당신이 전보다 더 열심히 노력해야 한다는 뜻이기도 하다.

하나님이 충성스럽게 여기시는 사람들은 대개 해야 할 일이 더 많다. 신약성경에 나오는 달란트 비유에서 그것을 볼 수 있다. 또한 성경에 나오는 사람들의 삶 속에서도 볼 수 있고, 오늘날에도 볼 수 있다.

"하나님, 저에게 더 많은 복을 주세요."라고 기도할 때는 마음의 준비를 해야 한다. 당신이 기도하는 것에 주의하라. 바로 그것을 받게 될 것이기 때문이다. 또 당신이 더 많이 받을수록 더 많은 것을 요구받게 될 것이다. 그것이 믿음 충만한 삶의 현실이다.

어쩌면 이렇게 기도하는 것이 더 나을 것이다.

"하나님, 우선 제가 지금 하고 있는 일을 더 잘할 수 있게 도와주세요. 그래야 하나님이 복을 주실 때 더 많은 일을 할 준비가 되어 있을 테니까요."

먼저 당신의 접시 크기를 더 크게 해달라고 간구하기 전에 당신의 접시에 더 많은 것을 담아 달라고 기도하지 말라. 즉 당신이 더 많은 것을 감당할 역량이 먼저 되어 있어야 하는 것이다. 하나님의 복을 감당할 수 있는 능력을 더 키워 달라고 기도하라.

그릇된 친구들의 도전

기드온과 그의 용사들은 비록 피곤하고 지쳤지만 "포기하지 아니하면 때가 이르매 거두리라."는 것을 알고 "선을 행하되 낙심하지 않고" 계속해 나가기로 했다(갈 6:9). 물론 갈라디아 교회에 보내는 바울의 편지는 기드온이 죽고 나서 몇 세기가 흐른 뒤에 쓰인 것이다. 하지만 그 원칙은 하나님의 말씀 전체에 나타나고 있다!

기드온과 그의 300명의 용사들은 매우 지쳤지만 요단강을 건넜다. 숙곳에 이르렀을 때 그들은 피곤하고 허기졌고 휴식이 필요했다. 기드온은 마을 지도자들에게 "나를 따르는 백성이 피곤하니 청하건대 그들에게 떡덩이를 주라 나는 미디안의 왕들인 세바와 살문나의 뒤를 추격하고 있노라."고 말했다(삿 8:5).

문제는 매우 단순했다.

"이봐요, 나를 따르는 자들이 매우 지쳐 있소. 우리가 계속 나쁜 사람들을 쫓아낼 수 있도록 그들에게 먹을 것을 좀 주겠소?"

그러나 사사기 8장 6절에 보면, 숙곳의 지도자는 이렇게 대답했다.

"세바와 살문나의 손이 지금 네 손 안에 있다는 거냐? 어찌 우리가 네 군대에게 떡을 주겠느냐?" 즉 "당신들은 아직 나쁜 사람들을 잡은 게 아니잖소. 먼저 그들을 잡으면, 우리가 당신의 군사들에게 먹을 것을 줄 건지 생각해 보겠소."라는 말이었다. 참 지독한 사람들이다.

이에 대한 기드온의 대답은 간단명료했다.

> "행동을 잘하는 것이 말을 잘하는 것보다 훨씬 중요하다."
> —벤자민 프랭클린
> Benjamin Franklin

"그러면 여호와께서 세바와 살문나를 내 손에 넘겨주신 후에 내가 들가시와 찔레로 너희 살을 찢으리라."(삿 8:7)

편견 없는 언어 사용이 강조되는 시대에, 우리는 모든 성경이 하나님의 영감으로 쓰였다는 것을 명심해야 한다. 물론 성경에서 다루기 힘든 부분들도 마찬가지다.

그때 음식은 삶과 죽음의 차이, 궁극적인 승리와 비참한 패배의 차이를 의미하는 것이었다. 기드온의 군대가 절대 해서는 안 되는 일은 걸음을 멈추고 먹을 것을 모아 식사를 준비하는 것이었다. 그러는 동안 미디안과 동방 족속들이 다시 부대를 조직하고 강화하여 돌아올지도 모르기 때문이다.

숙곳의 지도자들은 하필 안 좋은 시기를 골라 기드온의 심기를 건드렸다. 그는 매우 피곤했고 불안했다. 지금까지 거둔 승리는 테러리스트와 폭력배들의 땅에 자유를 가져다주었다. 지금 그가 원하는 것은 부하들을 먹일 약간의 음식뿐이었다. "안 돼!"는 온당한 대답이 아니었다. '나중에!'도 마찬가지다. '나중에'라고 하면 아마도 너무 늦을 것이다. 전쟁 중에 도움을 거절하는 것은 곧 한쪽 편을 택하는 것이다. 숙곳의 지도자들은 단지 기드온의 군사들에게 먹을 것 주기를 거절한 것만이 아니다. 그들의 거절은 또한 적군을 돕는 것이었다.

아직까지 상황이 그렇게 나쁘게 보이지 않는다면, 그 다음에 일어난 일을 보라.

"거기서 브누엘로 올라가서 그들에게도 그같이 구한즉 브누엘 사람들의 대답도 숙곳 사람들의 대답과 같은지라 기드온이 또 브누엘 사람들에게 말하여 이르되 내가 평안히 돌아올 때에 이 망대를 헐리라

하니라."(삿 8:8~9)

어쩌면 숙곳 사람들과 브누엘 사람들이 한 걸음 물러나 어느 쪽의 편들기를 거부하고 누가 이기는지 보려고 한 것은 단지 자연스러운 인간의 본성이었을지도 모른다. 기드온이 승자로 밝혀지는 즉시, 그들은 슬그머니 그에게 다가와 "기드온, 당신이 해냈군요. 우리는 항상 당신 편이었소."라고 허풍을 떨었을지도 모른다. 그들은 누구든 마지막으로 승리하는 자에게 붙으려고 했다. 어느 쪽으로든 휘말리고 싶지 않았던 것이다. 많은 사람들이 이렇게 살고 있다.

당신은 이런 사람들을 초등학교 때에도 만났고, 고등학교 때에도 만났고, 직장에서도 만났을 것이며, 앞으로 삶의 모든 단계에서 만나게 될 것이다.

기드온의 견책은 충분히 이해할 만한 것이었다. 특히 그가 한창 전쟁 중에 있었다는 사실을 고려하면 더욱 이해가 간다. 기드온이 이렇게 말한 것은 당연한 일이다.

"당신들, 그거 알아? 내가 이 일을 그냥 넘기지 않을 거야. 난 지금 당신들을 비롯한 모든 사람들의 보호와 자유를 위해 싸우고 있어. 당신이 지원을 해주지 않으면 그에 대한 대가를 치르게 될 거야. 지금은 당신을 상대할 시간도 힘도 없지만, 나중에 꼭 그 결과를 감수해야 할 거야."

기드온은 분명 자신을 위해 화를 낸 것이 아니었다. 자기 부하들이 부상당하고 지친 모습을 보았기 때문에 응당 화를 낼 만했던 것이다. 그 당시 얼마나 많은 군사들이 전쟁터에서 죽었는지는 우리도 모른다. 그는 분명 이런 생각을 했을 것이다.

'난 내가 사랑하는 사람들이 이곳 숙곳과 브누엘 사람들을 위해 모든 걸 바치는 것을 봤어. 난 그들의 가족들을 알고 있어. 그들의 자녀들이 이제 아빠 없이 살게 될 거라는 것도. 아내들이 더 이상 사랑하는 남편을 볼 수 없다는 것도. 나와 함께 있는 이 군사들은 우리나라에서 가장 훌륭한 사람들이야. 바로 당신들의 자유를 위해 싸운 사람들이라고. 그런데 뻔뻔스럽게 당신들은 "난 몰라. 결과가 어떻게 될지 모르니 그때까지 물과 빵을 아껴둘 거야. 이 싸움에서 누가 이길지 어떻게 알아?"라고 말하고 있어.'

그때 기드온이 화를 낸 것은 정당한 것이었다. 기드온은 숙곳과 브누엘 사람들의 행위가 반역이라는 것을 분명히 말해 두었다. 그들이 먹을 것을 주지 않은 것은 곧 적군을 돕는 일이었기 때문이다.

"진정한 친구는 세상 모든 사람들이 다 나를 떠날 때 내 곁에 다가오는 사람이다."
－월터 윈첼Walter Winchell

물론 당신은 군사 전략을 짜기 위해 이 책을 읽고 있는 것은 아닐 것이다. 그러나 자신의 삶을 위한 하나님의 뜻을 발견하기 원하는 자들이 배워야 할 중요한 교훈이 바로 이 사건 속에 포함되어 있다. 때로는 하나님이 당신의 삶 속에 싸움을 허락하실 거라고 믿는다. 그래야만 누가 당신의 진정한 친구인지 알 수 있고, 당신이 진짜 신뢰할 수 있는 사람이 누구인지 알 수 있기 때문이다.

이 사건으로부터 배우는 몇 가지 교훈들이 당신의 성공을 유지하는 데 도움이 될 것이다.

1. 친구와 친구가 될지도 모르는 사람의 차이점을 배워라

때때로 하나님은 여러 가지 도전을 통해, 누가 당신 편이고 누가 떠나가는 사람인지를 알 수 있게 해주신다. 사는 것이 힘들어질 때, 당신이 새벽 3시에 전화해도 받아 주고 당신의 이야기를 들어 주고 도와주고 곁에 있어 줄 사람이 있다는 걸 아는 것이 얼마나 큰 힘이 되는가!

당신에게 도움과 조언과 돈과 친절한 말이 필요할 때 "아, 난 잘 모르겠어. 지금 너무 바쁘거든. 나중에 얘기하자."라고 말하는 사람은 필요 없다.

삶이 힘들고 어지러울 때, 치열한 전쟁 중에 있을 때, 당신의 참된 친구들이 빛을 발할 것이다. 머뭇거리거나 떠나 버리는 사람들은 당신의 참된 친구가 아니다. 참된 친구와 자기에게 유리할 때만 아는 척하는 사람의 차이점을 아는 것이 당신의 인생에서 중요한 때에 삶과 죽음을 좌우할 수도 있다.

또한 이 원칙을 배움으로써 당신은 한때의 기적으로 남지 않고 장기적인 승리의 챔피언이 될 수 있다.

기드온은 브누엘과 숙곳 사람들에게 직접 맞섰다. 그리고 그에게 도움이 가장 많이 필요할 때 도와주지 않았으므로 앞으로 승리를 거두면 그들과 그 기쁨을 함께 나누지 않겠노라고 분명히 말해두었다.

2. 형편이 좋을 때는 사람들이 등을 돌리지 않는다는 것을 배워라

수영장 옆에서 레모네이드를 홀짝홀짝 마시며 쌓여 있는 돈더미를 세고 있고, 가족들은 말없이 당신 곁을 지키고 있을 때 어려운 교훈들을 배울 수 있다면 얼마나 좋을까.

하지만 현실은 그렇지 않다. 자기한테 유리할 때만 가까이 다가오는 사람들은 가장 힘든 순간에 도움을 주지 않을 것이다. 즉 당신이 지치고, 괴롭힘을 당하고, 상심하고, 끔찍한 상황들에 직면해 있을 때 그들은 당신을 외면할 것이다. 그래서 당신의 팀을 만들 때 진실한 친구들을 곁에 두는 것이 더욱 중요하다. 즉 힘든 시기에 기댈 수 있는 사람들이 있어야 한다.

3. 신뢰하되, 검증하는 법을 배워라

내 멘토 중 한 분이 가르쳐준 것이 있다. 바로 당신을 배신했던 사람들이 다시 당신을 찾아오는 경우가 더러 있을 것인데, 그럴 땐 경계 태세를 유지하는 것이 좋다는 것이다.

'신뢰하되 검증하라'는 말은 처음에 소설가 데이먼 러니언Damon Runyon에게서 나온 말로, 로널드 레이건 대통령의 명언이었다. 그는 주로 구 소련과의 관계들을 논할 때 이 문구를 사용했고, '도베리아이 노 프로베리아이doveriai, no proveriai'라는 러시아 속담을 번역한 말이라고 소개했다. 핵무기를 줄이기 위해 중거리 핵전력 조약을 체결할 때 그는 이 말을 다시 사용했고, 소련 측 대표인 미하일 고르바초프는 이렇게 대답했다. "당신은 우리가 만날 때마다 이 말을 반복하시는군요." 그 시대에 대해 더 많이 알게 될수록 이 문구의 의미를 더 깊이 이해할 수 있을 것이다.

'신뢰하되 검증하라'는 말은 항상 적의를 품고 있거나 끊임없이 다른 사람들을 의심하라는 뜻이 아니다. 단지 우리가 또 다른 속담을 진지하게 받아들여야 한다는 뜻이다. 그 속담은 바로 '한 번 속으면 당신

탓, 두 번 속으면 내 탓'이라는 것이다.

나의 멘토 스코트는 또한 내게 이런 말을 해주었다.

"사람들에게 마음을 닫지 말라. 하지만 성공을 유지할 수 있으려면 때로 사람들과의 관계들 속에서 지혜로워져야 한다. 독성을 가진 사람들이 있다는 것을 명심해라. 그들은 알게 모르게 다음에 이용할 수 있는 사람 주변을 맴돌면서 자신의 인생을 설계한다."

예전에 실수로 일을 망쳤거나 당신을 버리고 떠났던 사람들이 다시 당신의 팀으로 돌아오고 싶어 할 때 그들을 다시 받아주어도 괜찮다. 하지만 좀 더 지혜롭고 신중하게 그들을 대할 필요가 있다. 즉 '신뢰하되 검증해야' 하는 것이다.

4. 지속될 수 있는 관계들을 형성하는 법을 배워라

아내는 나를 사랑한다. 내 사역이 잘되거나 안 되고 있기 때문이 아니라, 그냥 나를 사랑하니까 사랑하는 것이다. 나도 그녀를 사랑하기 때문에 사랑한다. 어느 순간에 그녀의 삶에서 일어날지 모르는 좋은 일이나 나쁜 일 때문에 그녀를 사랑하는 것이 아니다. 바로 그것이 지속될 수 있는 관계다.

위로우크릭 커뮤니티 교회의 빌 하이벨스Bill Hybels 목사는 당신이 다른 사람들과 맺는 모든 관계가 '현금자동입출금기'와 같다고 말한다. 당신이 다른 사람들과 상호작용을 할 때마다 그들은 출금을 하거나 입금을 한다. 당신 주변에 출금만 하기 원하는 사람들이 있다면 그들과의 우정은 계속 유지해갈 수가 없다.

대신 당신에게서 출금하되, 또한 입금도 하려고 노력하는 사람들을 찾아보아라. 그런 관계들이 오래 지속될 수 있을 것이다.

당신이 넘어질 때 그들이 나타나 당신을 일으켜줄 것이다. 또 당신이 일어나면 그들의 삶에 긍정적인 영향을 미칠 것이다. 그것은 양방향으로 이루어져야 한다.

'예금하는' 사람들은 당신을 환히 빛나게 해준다. 당신을 격려해 주고 세워 준다. 힘든 순간이 와도 그냥 도망치면 안 된다는 것을 알고 있다.

숙곳 사람들은 오로지 전쟁에서 승리하는 쪽과 친해지는 데만 관심이 있었다. 자신들의 이기적인 필요를 채우기 위해서였다. 기드온은 그것을 알고 있었다.

당신의 삶 속에서 성공을 유지하려면 끈끈한 우정과 관계들이 필요하다. 기드온이 배운 것처럼, 그것은 하나님이 그에게 맡기신 일을 완수할 수 있는 길이었다.

우리는 기드온과 그의 용사들이 어떻게 계속 나아갈 수 있었는지 모른다. 다만 우리가 아는 것은 그들이 임무를 완수했다는 것뿐이다.

끝마무리의 도전

사사기 8장 11~12절을 보자.

"적군이 안심하고 있는 중에 기드온이 노바와 욕브하 동쪽 장막에 거주하는 자의 길로 올라가서 그 적진을 치니 세바와 살문나가 도

"오랜 친구가
가장 좋은 거울이다."
-조지 허버트 George Herbert

> "지금 하고 있는 일을 끝마치기 전에는 새로운 모험을 할 계획을 세우지 말라."
> -유리피데스 Euripides

망하는지라 기드온이 그들의 뒤를 추격하여 미디안의 두 왕 세바와 살문나를 사로잡고 그 온 진영을 격파하니라."

여기서 '온'은 아주 광범위한 말이다. 간단히 말해서, 그것은 나팔과 횃불로 적군을 물리친 날 새벽에 기드온의 300용사들이 몰래 13만5천 명의 미디안과 동방 족속들을 포위했다는 뜻이다. 결국 적군이 격파되었다.

며칠이 걸렸는지, 이틀, 사흘, 아니면 일주일이 걸렸는지 우리는 모른다. 하지만 분명한 사실은 하나님의 말씀을 볼 때 그 결과를 달리 해석할 여지가 없다는 것이다. 기드온은 그들을 추격했고, 사로잡았고, 온 진영을 격파했다. 그것으로 끝이다.

물론 그것이 '이야기의 끝'은 아니다(이 장의 남은 부분과 마지막 단계에서 이야기할 것이 남아 있다). 다만 그 문구는 말하자면 기드온이 마무리를 지었다는 사실에 감탄부호를 덧붙이는 것이나 마찬가지다.

기드온은 전쟁을 끝마쳤다. 또 숙곳과 브누엘로 돌아와 거기서 일을 처리함으로써 마무리를 지었다.

"요아스의 아들 기드온이 헤레스 비탈 전장에서 돌아오다가 숙곳 사람 중 한 소년을 잡아 그를 심문하매 그가 숙곳의 방백들과 장로들 칠십칠 명을 그에게 적어 준지라."(삿 8:13~14)

이미 일어난 일의 기록을 더 좋게 고칠 수는 없다. 기드온은 한 소년을 붙잡고 물었다.

"너는 어디 사람이냐?"

"숙곳 사람입니다."

"오, 그래? 그렇다면 나에게 너희 지방 장로들의 이름을 모두 적어줄 수 있겠느냐?"

"연필과 종이가 어디 있습니까?"

어쩌면 기드온이 이런 식으로 이 소년을 협박했을지도 모른다. "숙곳 소년아, 그 이름들을 알려 주든지 아니면 네 목숨을 내놔라!" 하고 말이다. 아마 기드온이 거기에 가기 전에 이미 그의 명성이 알려져서 그냥 그 이름들을 적어 달라고만 말해도 됐을 것이다.

어쨌든 그는 장로들의 명단을 손에 넣었다. 그 당시에는 사람들이 도시의 모든 장로들 이름을 아는 것이 보편적인 일이었다. 나라의 방백들은 순환근무를 하지 않았고 현대 서구 사회들처럼 임기 제한이 있지 않았다. 그 당시엔 한번 장로가 되면 죽을 때까지 장로였다. '장로'라는 단어는 곧 '지도자'를 의미한다.

기드온처럼 일을 마무리하는 사람들은 개인적인 책임을 잘 이해하고 사람들에게 책임을 지운다. 기드온이 명단을 적어둔 것도 그런 이유였다.

그 다음에 기드온은 숙곳으로 가서 이렇게 말한다.

"어이, 친구들! 내가 돌아왔다!"

곧 마을 지도자들은 들가시와 찔레로 맞았다. 나는 개인적으로 그렇게 맞아본 적이 없지만, 그것이 재미있게 들리지는 않는다.

우리에게는 좀 가혹하게 보일 수도 있지만, 기드온은 사활이 걸린 중대한 문제를 다루고 있었다. 그와 용사들이 비슷한 상황을 만나 다시 숙곳에 가게 됐을 때 그러한 역사가 되풀이되지 않게 하고 싶었던 것이다. 말로 위협하는 것보다 한번 행동으로 보여주는 것이 훨씬 더 효과가 컸다. 그래서 그는 약속한 대로 했다.

기드온은 또한 자기 군사들에게 음식을 주지 않았던 브누엘 사람들을 징벌했다.

"브누엘 망대를 헐며 그 성읍 사람들을 죽이니라."(삿 8:17)

기드온은 미디안의 두 왕인 세바와 살문나가 자기 형제들을 죽였다는 사실을 알고, 그들에게는 약속했던 것 이상의 벌을 내렸다. 즉시 기드온은 자기 형제들을 죽인 자들에게 복수를 했고, 사사기 8장 21절에 의하면 심지어 그들의 낙타 목에 있던 장식들까지 떼어서 가졌다.

그리 보기 좋지 않은 광경이지만, 기드온은 일을 끝까지 마무리했다. 모든 주변 국가들에게 이스라엘을 위협하지 말라는 분명한 신호를 보내고 있었다. 그는 시작한 일을 끝마쳤다. 그의 행동들은 평화라는 것을 거의 몰랐던 땅에 평화를 가져다주는 데 기여했다.

이 모든 일들이 약간 섬뜩하게 보일 수도 있지만, 지금 우리가 나가서 우리를 도와주지 않는 사람들을 다 치라고 말하는 것이 아니라는 것을 명심하라. 또 우리가 원수들을 다 죽여야 한다는 말도 아니다. 중요한 것은 기드온이 시작한 일을 끝까지 마무리함으로써 자신의 승리를 지켰다는 것이다. 우리에게 주는 교훈도 아주 명백하다.

시작한 일을 잘 끝마치지 못하면, 삶에서 성공에 도달하는 것은 물론이고 성공을 유지할 수도 없다. 많은 사람들이 시작은 잘하지만, 시작한 일을 끝마치는 사람은 별로 없다. 마음에 감동을 받으면 어떤 일을 시작하게 되지만, 그 일을 마치려면 노력이 필요하다. 지속적인 승리를 위한 대가는 매우 크다.

그래서 그 대가를 기꺼이 치르려 하는 사람이 별로 없다.

부의 도전

∶

기드온은 미디안을 크게 이긴 후 많은 도전들에 직면했다. 그중에서도 가장 큰 도전은 아마 부와 권력을 붙잡고 싶은 유혹이었을 것이다. 기드온은 하나님이나 부하들과의 어떤 협상에서도 돈 얘기를 한 번도 하지 않았다. 표징을 구할 때도 "오, 그런데요 하나님, 내친김에 금덩이를 떨어뜨려 주실 수도 있나요?"라고 말하지 않았다. 또 전쟁터에 나가기 전에 자기 동포들에게 가서 이런 식으로 말한 적도 없다.

"자, 모두들 지갑을 꺼내라. 나는 싼 값에 일하지 않는다. 미디안 족속과 싸우기 전에 너희에게 돈을 좀 받아야겠고, 그 일을 완수했을 때 또 돈을 받아야겠다."

그럼에도 불구하고 그 일을 완수하고 나자, 사방에서 사람들이 기드온에게 잘했다며 상을 주려고 했다. 사사기 8장 22~23절을 읽어 보자.

> "그 때에 이스라엘 사람들이 기드온에게 이르되 당신이 우리를 미디안의 손에서 구원하셨으니 당신과 당신의 아들과 당신의 손자가 우리를 다스리소서 하는지라. 기드온이 그들에게 이르되 내가 너희를 다스리지 아니하겠고 나의 아들도 너희를 다스리지 아니할 것이요 여호와께서 너희를 다스리시리라 하니라."

최고의 통치자로서 기드온은 그 땅에서 자기가 원하는 것은 뭐든 가질 수 있었다. 하지만 기드온은 권력을 원하지 않았다. 그는 자유를 원했다. 그가 원한 것은 오랫동안 그 땅을 괴롭혀 온 위협과 탄압과 폭력에서 벗어나는 것이었다. 기드온은 무엇이든지 하나님이 원하시는 일을 행한다는 비전을 가지고 싸웠을 뿐, 그 이상도 이하도 아니었다. 그의 목표는 가족과 공동체와 궁극적으로 그의 나라를 위해 자유를 되찾는 것이었다.

기드온은 권력을 갈망하지는 않았지만, 성경 전체에 흐르는 이 원리들을 이해하고 있었다.

"성경에 일렀으되 곡식을 밟아 떠는 소의 입에 망을 씌우지 말라 하였고 또 일꾼이 그 삯을 받는 것은 마땅하다 하였느니라."(딤전 5:18)

기드온은 자신이나 자신의 가족에게 어떤 희생이 따르더라도 이스라엘 국가를 위해 기꺼이 자신의 삶을 바치려 했다. 그는 모든 것을 걸었다. 그의 대답을 보면 삶과 참된 부의 비결에 대해 현명한 생각을 갖고 있었다는 것을 알 수 있다.

"기드온이 또 그들에게 이르되 내가 너희에게 요청할 일이 있으니 너희는 각기 탈취한 귀고리를 내게 줄지니라 하였으니 이는 그들이 이스마엘 사람들이므로 금귀고리가 있었음이라 무리가 대답하되 우리가 즐거이 드리리이다 하고 겉옷을 펴고 각기 탈취한 귀고리를 그 가운데에 던지니 기드온이 요청한 금 귀고리의 무게가 금 천칠백 세겔이요 그 외에 또 초승달 장식들과 패물과 미디안 왕들이 입었던 자색 의복과 또 그 외에 그들의 낙타 목에 둘렀던 사슬이 있었더라."(삿 8:24~26)

그 당시 전쟁 관습상 사람들은 전쟁 후 삶을 새롭게 시작하기 위해 자기가 가져갈 수 있는 만큼 재물을 가져갔다. 그런데 기드온은 탈취품을 하나도 가져가지 않았던 것 같다. 대신 기드온은 이스라엘의 승리로 얻은 막대한 소득 중 일정 비율을 요구하기로 했다. 이것은 그를 위해 매우 현명한 행동이었다. 그렇게 했을 때 그가 받는 보수는 매우 컸지만, 상대적으로 각 사람이 내놓는 재산은 얼마 안 됐기 때문이다. 그는 현명했지만 분명 탐욕스럽지는 않았다. 각 군사들은 많은 재물을 취하였기에 흔쾌히 자기가 받은 보수의 작은 부분을 지도자에게 내놓았다. 그 결과 기드온은 이스라엘에 많은 부담을 주지 않고서도 오랫동안 경제적으로 자기 가족을 부양할 수 있었다.

기드온은 부를 쌓는 막강한 비결을 가르쳐 주었다. 장기적으로 부를 형성하는 비결 중 하나는 많은 것들 중에서 작은 비율을 취하고, 욕심을 부리지 않으며, 빨리 부자가 되려고 하지 않는 것이다. 다수에 힘이 있다. 기드온은 한 번의 거래로 많은 것을 얻으려 하지 않았고, 많은 거래를 통해 조금씩 얻으려 했다.

대부분의 사람들은 한 번의 판매에서 큰 이익을 얻으려 하지만, 그렇게 크게 이익을 보는 경우는 잘 일어나지 않는다. 그렇기 때문에 당신이 판매원이라면 이윤을 줄이면서 판매를 늘리는 것이 훨씬 더 지혜로운 것이다. 그것을 이런 식으로 표현하는 말을 들은 적이 있다.

"상류층에게 판매하면 하류층과 함께 살게 되지만, 하류층에게 판매하면 상류층과 함께 살게 된다."

거의 없는 데서 많은 것을 얻으려 하면 결국 남는 것이 거의 없다. 그러나 많은 데서 조금

> "돈은 힘이고, 자유이고, 쿠션이며, 일만 악의 뿌리인 동시에 최고의 축복이다."
> -칼 샌드버그 Carl Sandburg

씩 얻으면, 얼마큼씩 취하든 결국은 많아진다.

  기드온이 이스라엘을 위해 일한 것에 대한 보수를 받는 것은 당연한 일이었다. 마찬가지로 부를 쌓고 잘사는 것은 잘못이 아니다. 사실 잘 못사는 것이 더 문제가 있다. 그것은 당신의 가족에게 고통을 주며, 잠재적으로 자녀들의 학업 성취도에도 악영향을 끼칠 수 있다. 또 경제적인 문제들이 계속되면, 그것이 건강한 부부생활에 걸림돌이 된다는 것이 입증되었다.

  기드온은 비싼 대가를 치렀다. 마지막에 잘못된 길로 갈 수도 있었지만 그는 쉬운 길을 택하지 않았다. 대신 하나님은 그를 통해 역사상 가장 위대한 군사적 승리를 이끌어내셨다. 기드온은 이스라엘을 위해 과감하게 큰 모험을 했는데, 그것이 결국은 그 자신을 위한 일이 되었다.

  기드온의 본을 따르면 탐욕의 유혹을 피하면서 부를 쌓기 위한 교훈들을 배울 수 있다.

변화를 위해 결단하라

  어떤 일에 진저리가 날 만큼 괴로울 때 우리는 새로운 길을 찾을 수만 있다면 어떤 변화라도 감수하겠다는 마음이 생긴다. 정신 이상은 똑같은 일을 반복해서 하면서 계속 다른 결과를 기대하는 것이라고 들었다.

  당신이 달라지려고 하지 않으면 아무것도 달라지지 않는다.

  기드온의 경우, 미디안과 동방 족속의 공격으로 인해 더 이상 위협을 당하지 않는 것이 그의 바람이었다. 그는 농작물을 빼앗기는 데 진저리가 났다. 자기 가족이 먹을 곡식을 조금이라도 모으려고 골짜기의 포도주 틀에 숨어서 곡식을 타작하는 데도 진저리가 났다. 하나님이 새로운 비전을 주셨을 때 그는 그런 상황을 바꿀 수만 있다면 무엇이든 할 각오가 되어 있었다.

당신이 변화될 각오가 되어 있다면 하나님께 새로운 비전을 구하라. 하나님이 당신의 사업을 위한 독창적인 아이디어를 주실지도 모른다. 당신에게 부동산을 주실지도 모른다. 혁명적인 지적 재산을 주실지도 모른다. 새로운 투자처로 인도해 주실지도 모른다. 어쨌든, 부를 형성하기 위한 전략을 세우는 데 도움이 될 만한 기회들은 수없이 많다.

곱셈 원리를 적용하라

당신에게 어떤 기술과 재능이 있는가? 당신이 알고 있는 것을 세미나에서 가르쳐서 당신의 지식을 수십 명, 수백 명, 수천 명에게 나누어 주라. 또는 당신이 알고 있는 것을 책으로 써서 많은 사람들에게 전해 주라. 당신이 개인적으로 사용하는 가치 있는 상품을 판매하는 것부터 시작해서 전문적으로 장사를 할 수도 있다.

하나님이 당신에게 주신 창의력을 발휘하여 당신이 알고 있는 것을 배가하여 다른 사람들의 삶에 긍정적인 영향을 미치는 방법은 여러 가지가 있다.

부에 관하여 '회피하는 자세'를 갖지 말라

"자기 무덤을 파지 말라."는 옛말이 있다. 그 말이 어디에서 비롯된 것인지는 알 수 없지만, 좋은 경험에서 나온 것은 확실히 아닐 것이다. 오늘날에는 사람들이 돈을 가장 잘 벌고 있을 때 이런 일이 벌어지

> "돈이 인생에서
> 가장 중요한 것은 아니지만,
> 거의 산소만큼 꼭 필요한 것이다."
> -지그 지글러 Zig Ziglar

곤 한다. 그때 죄책감을 느끼고 자신을 파괴하기 시작하며 잘 나가던 시점에서 점점 후퇴하게 된다. 우리는 시편 62편 10절에 나오는 원리를 따라야 한다. "재물이 늘어도 거기에 마음을 두지 말지어다."

기드온에게 이익이 분배되었을 때 그는 자기가 경험한 승리의 모든 것이 기적이었다는 것을 알았다. 그 특별 보너스는 많은 기적들 가운데 하나에 불과했으며, 그는 하나님이 미래를 위해 주시는 것은 사양하지 않았다.

이익이 생길 때 당신의 라이프스타일을 서서히 조정하라

'졸부'는 갑자기 부자가 되었기에, 그 재산을 현명하게 사용할 경험과 감각과 지혜가 부족한 사람들을 뜻한다. 일반적으로 그들은 하류층 출신이며, 갑자기 번 돈을 사람들의 눈에 띄게 금세 써버리고 다시 무일푼이 되어 자랑할 것 없는 하류층으로 전락하고 만다.

어리석은 사람은 돈을 금세 없애 버린다. 그런 어리석은 사람이 되지 말라. 당신의 라이프스타일을 서서히 조정하라. 버는 돈의 일부는 미래를 위해 저축해 두라. 현명한 투자를 하라. 계속해서 씨를 뿌리라. 수확을 즐기되 너무 많이 즐기지는 말라.

돈이 우상이 되면 안 된다

다음 장에서 보겠지만, 이 점에서 기드온은 비참하게 실패했다.

전도서 5장 10절을 보면 "은을 사랑하는 자는 은으로 만족하지 못하고 풍요를 사랑하는 자는 소득으로 만족하지 아니하나니"라는 말씀이 있다.

부의 목적은 그것을 가지고 가치 있는 일을 하고, 지역 교회를 세우고, 온 세계에 복음이 전파되도록 돕고, 당신의 세대에 영향을 미치며, 당신의 부의 축적 원리들을 다른 사람들과 나누는 것이다. 그 외에는 다 헛되고 어리석은 것이다.

> "돈은 거름과 같다. 널리 퍼져서 어린 싹들이 자라나게 하지 않으면 그 자체로는 아무 가치가 없다."
> -손톤 와일더 thornton Wilder

하나님이 하신 모든 일에 대해 오직 하나님께 영광을 돌리라. 당신의 소득 수준이 어느 정도가 되든, 적든 많든 십일조를 하나님의 집에 드리라. 그리고 하나님이 말라기 선지자의 말씀대로 행하시는지 보라.

"만군의 여호와가 이르노라 너희의 온전한 십일조를 창고에 들여 나의 집에 양식이 있게 하고 그것으로 나를 시험하여 내가 하늘 문을 열고 너희에게 복을 쌓을 곳이 없도록 붓지 아니하나 보라 만군의 여호와가 이르노라 내가 너희를 위하여 메뚜기를 금하여 너희 토지 소산을 먹어 없애지 못하게 하며 너희 밭의 포도나무 열매가 기한 전에 떨어지지 않게 하리니 너희 땅이 아름다워지므로 모든 이방인들이 너희를 복되다 하리라 만군의 여호와의 말이니라."

(말 3:10~12)

이것이 바로 하나님의 최선을 구하는 삶이다!

돌아보기 :: 내다보기

모든 싸움마다 이기거나 상처나 비난받는 일 없이 살아가는 사람은 아무도 없다. 모든 적들을 이길 수 없다면, 승리를 위해 싸울 가치가 있는 일과 그렇지 않은 일을 결정하는 것이 해결의 열쇠다. 인생에서 더 높이 올라가려고 할 때 장애물을 바라보는 두 가지 시각이 있다.

1. 장애물은 당신을 강하게 할 수도 있고 무너뜨릴 수도 있다

싸움의 목적을 잘못 이해하여 그 때문에 낙심에 빠지면 당신은 아무런 유익을 얻지 못한다.

살다 보면 모든 사람이 자기가 가진 모든 자원들이 시험을 받고, 삶이 불공평해 보이고, 계속 살아갈 믿음과 용기와 힘이 한계에 달하는 때가 온다. 기드온도 그것을 알게 됐다.

어떤 사람들은 이런 시험들이 오면 하던 일을 그만두고, 포기하고, 다른 사람이 그 일을 하게 해야 한다고 생각한다. 반면에 기드온처럼 이런 시험들을 '기회'로 여기는 사람들도 있다. 즉 더 큰 성공과 승리를 향해 나아가게 해줄 기회로 여기는 것이다.

2. 장애물은 당신의 성장을 평가해볼 기회를 제공한다

삶의 도전들은 당신이 지금 어디까지 왔는지를 깨닫도록 도와준다. 모든 문제를 당신이 힘과 믿음과 용기를 얼마나 더 갖게 되었는지 평가할 수 있는 기회로 여기라.

곤경, 비판, 고통, 실망은 실제로 당신의 성장을 가속화할 수 있다. 특

히 당신이 각각의 가치를 이해할 때 더욱 그렇다. 그러한 도전들 속에서 우리는 믿음과 끈기의 가치를 배운다.

캘빈 쿨리지Calvin Coolidge 대통령은 이런 말을 했다.

"세상에서 끈기를 대신할 수 있는 것은 아무것도 없다. 재능이 끈기를 대신할 수 없다. 재능을 가지고도 성공하지 못한 사람이 얼마나 많은가? 교육도 끈기를 대신할 수 없다. 고등 교육을 받은 인생의 낙오자들이 세상에 가득하다. 오로지 끈기와 결단력이 있어야만 뭐든 할 수 있다."

끈기는 무슨 일이 있어도 주어진 일을 끝내겠다고 의식적으로 결단하는 것이다. 어떠한 비판이나 도전에 직면하더라도 일을 완수하려는 불독 같은 근성이다. 또한 경건한 끈기에 대한 보상은 한이 없다. 즉 이 세상과 다음 세상에서 상을 받을 것이다.

무엇이든지 시작한 일은 꼭 마치고, 매사에 끈기를 가질 때 어떤 일들이 일어나는지 보라. 당신이 추구하는 변화가 일어날 것이다. 하나님의 최선이 이루어질 것이다.

행동 계획

성공과 실패의 차이는 종종 비판이나 패배, 실수, 그 밖의 장애물들에 대한 태도에서 발견된다. 잠시 기도하라. 그리고 당신이 직면한 도전들에 대해 하나님께 말씀드린 후, 노트를 꺼내 다음 질문들에 답을 적어 보라.

1. 당신이 과거에 받은 최악의 비판은 무엇인가?

2. 그 비판으로부터 당신은 무엇을 배웠는가?

3. 당신이 당신 자신의 건설적인 비판자가 될 용기가 있는가? 당신은 어떤 식으로 당신 자신을 비판할 것인가?

4. 당신이 낙심을 극복할 수 있었던 가장 좋은 방법은 무엇이었는가?

5. 다른 사람들의 삶 속에 배가시킬 수 있는 당신의 기술, 재능, 능력, 또는 관심사는 어떤 것들인가?

6. 이번 주에 그 재능의 배가를 어떻게 시작하겠는가?

step 10

성공을
유지하라

인간은 왜 꼭 가장 큰 승리를 거둔 뒤에 가장 큰 실패를 경험하게 될까? 그리고 하나님의 지도자들은 왜 그리도 인간적인 모습을 보이는 걸까?

우리는 챔피언들이 항상 높은 자리에 있기를 원한다. 그들은 내려오거나 넘어지는 것, 다시 평범한 인간으로 돌아오는 것을 원치 않는다. 하지만 성경은 우리에게 그러한 영웅들도 흠 있는 사람들이라는 것을 보여준다.

사람이라면 누구나 넘어진다. 그런데 더 나쁜 것은, 때때로 큰 승리 후에 큰 실패가 뒤따른다는 것이다.

아담과 하와는 하나님이 가장 완벽한 낙원에 자신들을 두셨을 때 뱀의 말에 속아 넘어갔다. 결국 뱀은 역사상 가장 큰 사기를 치고 말았다.

다윗왕은 권력이 최고조에 달했을 때 남편이 있는 밧세바에게 욕정을 느껴서 비참하게 실패했다. 그는 자기 죄를 은폐하기 위해 자기 가정과 나라를 거의 파멸시킬 뻔했다.

그러므로 기드온만 실수한 것은 아니었다.

기드온의 실수

기드온이 위태로워진 것은 그가 많은 부를 얻었기 때문이 아니다.

돈은 그저 돈일 뿐, 어떤 식으로든 쓰일 수 있는 것이다. 그는 분명 많은 돈을 소유할 자격이 있는 사람이었다. 당신도 그 생각에 동의하는가? 만일 우리가 오늘날 미국에서 노예살이를 하며 다른 나라와 그 나라 독재자의 가혹한 통치하에 고생을 하고 있었다면, 군대를 이끌고 나가 싸워서 우리를 해방시켜준 승리자에게 우리가 가진 거의 모든 것을 주고 싶지 않겠는가?

문제는 돈이 아니었다. 성경 어디에도 돈이 많아서 악해진 사람이 있었다는 이야기는 없다. 오늘날 우리는 그런 말을 많이 한다. "그 사람은 부정한 부자야."라든가 "그 사람이 버는 돈들은 정말 역겨워."라는 식으로 말이다. 하지만 성경 어디에서도 그런 표현은 찾아볼 수 없다. 사실 '악한' 돈이나 '부정한 부자', '역겨운 돈' 같은 것은 없다.

다만 돈을 사용하는 방법이 역겨울 수는 있다. 1년에 3만 달러를 벌든, 한 달에 3만 달러를 벌든, 아니면 한 시간에 3만 달러를 벌든 부를 다루는 방식이 역겨울 수 있다는 것이다. 돈의 크기가 중요한 것이 아니다. 문제는 당신의 돈을 어떻게 다루느냐 하는 것이다. 당신은 돈을 어떻게 쓰고 있는가?

수억 달러를 벌면서 그 돈으로 가난한 자들을 도와주며 다른 사람들을 위해 지혜롭게 쓰는 사람들이 많이 있다. 또 최소 임금을 받아도 아주 이기적이고 오로지 자기를 위해서만 쓰는 사람들도 있다.

당신이 어느 쪽인지 빨리 알아볼 수 있는 방법이 있다. 당신이 앞으로 부를 어떻게 사용할지 알고 싶으면, 지금 당신이 돈을 어떻게 쓰고 있는지 보면 된다. 대부분의 사람들이 빠지는 가장 크고 어리석은 함정이 바로 이런 생각이다.

"아, 내가 부자라면 얼마나 좋을까. 내가 버는 돈의 절반은 교회에 바칠 텐데. 이것도 하고 저것도 할 텐데……."

하지만 지금 당신이 가진 것으로 무엇을 하고 있는가?

가장 훌륭한 미래의 예언자는 바로 당신의 과거다. 하지만 당신은 과거에 머물 필요가 없다. 달라질 수 있다. 하나님은 당신을 위해 더 좋은 계획을 갖고 계신다. 하지만 현실보다 더 큰 비전을 갖기 전까지 현실은 변함이 없다.

기드온의 문제는 돈이 아니었다. 그가 자기 고향에 우상을 세우는 일에 자기가 가진 자원의 일부를 사용한 것이 주된 문제였다.

에봇

:

기드온이 어떻게 넘어졌는지를 간단하게 설명해 보겠다. 그는 사람들에게 받은 금의 일부를 녹여서 아름다운 에봇을 만들었다. 에봇은 대제사장이 입는 옷이었다. 이스라엘에서 대제사장의 옷은 영적 권위를 나타냈다. 아이러니하게도 기드온은 그때 정치적인 권력을 수락하지 않았었다. 대신 그는 영적 권위를 주장하기로 했던 것 같다. 아니면 단지 하나님의 승리의 기념물을 만들려고 했는지도 모른다.

이론상으로는 좋은 생각인 것 같았다. 기드온은 하나님의 축복과 보호를 나타내는 외적인 상징물을 만들고 싶었다. 어쩌면 자기가 부족하다는 느낌 때문에 이런 생각을 했을 수도 있다. 아마 자기가 하나님이 인도하시는 대로 이스라엘을 이끌어가기에 부족하다고 느껴서, 그래서 하나님의 사람이라는 상징물이 필요하다고 생각했을지도 모른다. 그 이유가 무엇이든, 기드온이 하나님의 음성을 듣지 않고 하나님이 주신 사람들을 무시하고 자기 마음대로 법을 만들기 시작했을 때 문제가 생겨났다.

> "유혹은 우리가 어떤 사람인지를 밝혀낸다."
> -토마스 아 캠피스
> Thomas A Kempis

"하나님이 이 모든 말씀으로 말씀하여 이르시되 나는 너를 애굽 땅, 종 되었던 집에서 인도하여 낸 네 하나님 여호와니라 너는 나 외에는 다른 신들을 네게 두지 말라 너를 위하여 새긴 우상을 만들지 말고 또 위로 하늘에 있는 것이나 아래로 땅에 있는 것이나 땅 아래 물속에 있는 것의 어떤 형상도 만들지 말며 그것들에게 절하지 말며 그것들을 섬기지 말라 나 네 하나님 여호와는 질투하는 하나님인즉 나를 미워하는 자의 죄를 갚되 아버지로부터 아들에게로 삼사 대까지 이르게 하거니와 나를 사랑하고 내 계명을 지키는 자에게는 천 대까지 은혜를 베푸느니라."(출 20:1~6)

기드온은 첫째 계명을 무시했다. 정말 놀라운 일 아닌가? 그 결과는 너무나 뻔했다. 사람들이 자신들을 미디안으로부터 구원해 주신 하나님 대신 그 에봇을 우상으로 숭배하게 된 것이다. 많이 들어본 이야기 같은가?

사사기 8장 27절을 보면 "온 이스라엘이 그것을 음란하게 위하므로 그것이 기드온과 그의 집에 올무가 되니라."라고 했다.

기적적이고 역사적이고 완전한 승리의 기쁨에 취하여 기드온은 대형 사고를 저지르고 말았다. 기드온이 아무리 좋은 의도로 에봇을 만들었다 하더라도, 이스라엘은 이미 쉽게 우상 숭배에 빠지는 경향이 있었다. 시간이 갈수록 그들은 하나님의 제단과 제사장을 버리고 떠났다. 안타깝게도 한 위대한 사람의 실수로 온 나라가 우상 숭배에 빠지게 된 것이다. 이 실수는 기드온 자신과 그의 가족, 그리고 그의 나라에 올무가 되어 모든 사람이 죄에 빠지게 만들었다.

오로지 어마어마한 미디안 군대와 싸워서 역사적인 승리를 거두었다는 사실만으로 기억될 수도 있었는데, 안타깝게도 기드온의 마지막 장은 언제나 과거의 승리가 미래의 성공을 보장해 주지 않는다는 사실을 기억하게 만든다.

타협

그 이야기의 결말이 더 좋았더라면 얼마나 좋을까? 기드온은 미디안 군대를 이김으로써 많은 것을 얻었다. 성경에 보면 "미디안이 이스라엘 자손 앞에 복종하여 다시는 그 머리를 들지 못하였으므로 기드온이 사는 사십 년 동안 그 땅이 평온하였더라."고 한다. 40년간의 평화는 결코 작은 위업이 아니다. 테러리스트들을 잘 처리하여 위협과 공포를 종식시킨 것이다.

> "거룩함은 따라야 할 행동 수칙이 아니라 우리 존재의 깊은 곳에서 하나님의 인격을 닮아가는 것이다. 이것은 우리가 그리스도와 연합할 때에만 가능한 일이다."
> -제리 브리지스 Jerry Bridges

기드온의 이야기가 잘 끝나기를 원했지만, 아쉽게도 그렇지 못했다. 기드온이 에봇을 만들기로 했을 때, 지도자들은 원하든 원치 않든 어항 속에서 살고 있다는 것을 알게 됐다. 즉 당신이 어디서 무엇을 하든 사람들이 당신을 지켜보고 있는 것이다. "내가 어떻게 살든 그들이 상관할 일 아니다."라고 말할지도 모르겠다. 불행히도 당신은 외딴 섬에서 혼자 살고 있지 않으므로, 그들이 상관할 일이다. 당신이 원하든 원치 않든 당신이 어떻게 사는지가 주변 모든 사람들에게 영향을 끼칠 것이다.

기드온의 에봇에 무슨 문제가 있었던 걸까? 그는 단지 하나님의 위대한 승리를 기념하고 이스라엘이 하나님께 영광을 돌리게 하려고 했던 것 아닌가? 아마 그럴지도 모른다. 하지만 에봇은 정확히 그와 정반대의 결과를 낳았다. 그것은 기드온 자신을 모든 일의 중심에 두게 되었다. 하나님과 그의 팀에 속한 다른 사람들에게서 초점을 옮겨, 바로 자신을 향하게 만든 것이다. 자기가 받은 복을 걸림돌로 만들어 버렸다. 하나님을 위해 구별된 자로 거룩하게 살라는 명령을 기억했더라면 더 잘했을 텐데 안타깝다.

레위기 20장 7절은 이렇게 말한다.

"너희는 스스로 깨끗하게 하여 거룩할지어다. 나는 너희의 하나님 여호와이니라."

그러나 거룩하다는 것은 완벽하다는 뜻이 아니다. 예수님을 제외하고 이 세상에 살았던 사람 중에 완벽했던 사람은 아무도 없다. 그럼에도 불구하고 거룩은 우리가 애쓰며 추구해야 할 이상이다.

거룩과 다시 하는 것

마음속의 죄책감에 시달리고 있거나 스스로 "내가 또 망쳐 버렸어."라고 말하고 있다면, 당신은 완벽주의의 덫에 걸린 것이다. 예수님은 심판하러 오신 것이 아니라 구원하러 오셨다는 것을 명심하라.

> "하나님이 세상을 이처럼 사랑하사 독생자를 주셨으니 이는 그를 믿는 자마다 멸망하지 않고 영생을 얻게 하려 하심이라 하나님이 그 아들을 세상에 보내신 것은 세상을 심판하려 하심이 아니요 그로 말미암아 세상이 구원을 받게 하려 하심이라 그를 믿는 자는 심판을 받지 아니하는 것이요 믿지 아니하는 자는 하나님의 독생자의 이름을 믿지 아니하므로 벌써 심판을 받은 것이니라."(요 3:16~18)

거룩은 하나님의 성품을 따라가는 것이다. 당신이 또 일을 망쳐서 낙심하고 있다면, 당신만 그런 것이 아니다. 많은 그리스도인들이 자기가 완벽해야 한다는 비현실적인 기준에 미치지 못하는 것 때문에 죄책감에 싸여 있다.

우리의 인간성 때문에 죄를 정당화해야 한다는 말이 아니다. 그보다는 오직 하나님이 성령을 통해 주시는 은혜와 능력이 있어야만 거룩한 삶을 살 수 있다는 것을 알아야 한다. 내가 거의 눈물 속에서 이 글을 쓰고 있는 것도, 예수 그리스도를 통해 거듭 은혜를 받았기 때문이다. 바울의 말처럼 "우리 주 예수 그리스도로 말미암아 하나님께 감사하리로다!" 하나님의 용서가 없었다면 내가 지금 어디에 있겠는가?

> "거룩함이 따분한 것이라고 생각하는 사람은 잘 몰라서 그런 것이다. 정말 거룩한 모습을 접하면 도저히 저항할 수가 없다. 세계 인구의 10퍼센트만이라도 거룩하다면 올해가 다 가기 전에 온 세계가 회심하여 행복해지지 않을까?"
> —C.S. 루이스 C. S. Lewis

학교에서 내가 제일 좋아하는 수업은 우리에게 '다시 할' 기회를 주는 선생님들의 수업이었다. 선생님들에 따라 다양한 방식으로 그런 기회를 주기도 했다.

어쨌든 시험지를 냈는데 선생님이 답안을 다 훑어보신 후에 "빌, 이리 나와 봐. 여기 4번이랑 12번, 그리고 마지막 문제 다시 풀어봐."라고 말씀하시면 기분이 무척 좋았다.

물론 좀 당황스럽기도 했다. 처음에 모든 답을 완벽하게 썼더라면 더 좋았을 것이다. 하지만 나는 다시 할 수 있다는 것이 참 좋았다. 마치 시험지 위에 온통 누가 피를 흘려 놓은 것처럼 빨간색으로 정답을 적는 대신, 선생님은 나에게 맞는 답을 작성할 수 있는 기회를 주신 것이다.

모든 선생님이 그러셨던 것은 아니다. 어떤 선생님들은 많은 학생들을 낙제시키는 것을 즐기는 것처럼 보이기도 했다. 그들은 빨간 잉크를 너무도 좋아하는 듯했다. 그러므로 우리가 성공하는 것을 보고 싶어 했던 선생님들을 만나게 해주신 하나님께 감사드린다.

하나님도 그와 같은 분이시다. 당신이 성공하는 것을 보기 원하신다. 항상 당신을 응원하고 계신다.

하나님은 우리가 실패하는 것을 보고 싶어 하지 않으신다. 하나님이 유일하게 사용하시는 빨간 잉크는 십자가 위에서 흘리신 그리스도의 보혈이다.

"너희가 알거니와 너희 조상이 물려 준 헛된 행실에서 대속함을 받은 것은 은이나 금같이 없어질 것으로 된 것이 아니요 오직 흠 없고 점 없는 어린 양 같은 그리스도의 보배로운 피로 된 것이니라."(벧전 1:18~19)

실제로 당신이 하나님의 용서를 구할 때, 예수 그리스도의 보혈이 과거의 죄를 깨끗하게 해주신다.

"너희의 죄가 주홍 같을지라도 눈과 같이 희어질 것이요 진홍같이 붉을지라도 양털같이 희게 되리라."(사 1:18)

하나님은 죄를 깨끗하게 씻어 주셨고, "우리의 죄를 따라 우리를 처벌하지는 아니하시며 우리의 죄악을 따라 우리에게 그대로 갚지는 아니하셨으니 이는 하늘이 땅에서 높음 같이 그를 경외하는 자에게 그의 인자하심이 크심이로다 동이 서에서 먼 것같이 우리의 죄과를 우리에게서 멀리 옮기셨으며."(시 103:10~12)

어쩌면 당신은 같은 영역에서 실패를 반복하고 있을지도 모른다. 이스라엘은 계속 반복해서 똑같은 죄들을 범했다. 그런 데다가 금으로 에봇을 만들겠다는 기드온의 잘못된 결단이 이스라엘의 우상숭배 성

"반성하지 않는 삶은
계속 살 가치가 없다."
-소크라테스Socrates

향을 또다시 부추긴 것이다.

당신에게도 반복되는 싸움이 있고, 그 싸움이 영원히 끝나지 않을 것처럼 느껴질지도 모르겠다. 그런데 좋은 소식이 있다. 하나님이 계속해서 당신의 시험지를 돌려주신다는 것이다. "나는 네가 마지막에 실수했다는 걸 안다. 하지만 넌 다시 할 수 있다. 지금 너에게 그 일을 다시 올바르게 할 수 있는 기회를 주겠다."라고 말씀하시면서 말이다.

정말 기쁘지 않은가? 우리가 은혜의 하나님을 섬기고 있다는 사실이 참 자유와 해방감을 주지 않는가? 실수를 반복해도, 하나님은 당신이 포기하지 않고 계속해서 다시 하기를 원하신다.

"하지만 저의 결혼생활은 다 무너져 버렸는데요!"라고 말할지도 모른다.

"괜찮다. 지금부터 다시 해보렴."

"하지만 하나님은 제가 과거에 무슨 짓을 했는지 모르시잖아요!"라고 말할지도 모른다.

"그래도 괜찮다. 지금부터 다시 시작해 보렴."

우리가 댈러스에 살고 있을 때 하나님은 나에게 다시 할 기회를 주셨다.

나는 작은 교회의 목사였는데, 아무것도 제대로 되고 있는 것이 없었다. 성도 수는 겨우 50명 정도였고 아무런 성장이 없었다. 나는 지도자들을 만나 우리가 할 수 있는 일들에 대해 의논해 보려고 했지만, 결국은 그것을 실패로 간주하고 떠나기로 했다.

그 시점에서 내가 교회를 개척하는 것은 하나님의 뜻이 아니었다고 믿고 그만둘 수밖에 없는 상황이었다. 그런데 어떻게 앞으로 나아가 이미 한번 실패했던 일을 또다시 하겠는가? 내가 코퍼스 크리스티로 가서 교회를 개척하는 것에 대해 아내에게 이야기하자, 아내는 이렇게 말했다.

"지금 같은 교회를 또 세우자고요?"

하지만 감사하게도 그녀 역시 다시 할 수 있다는 것을 믿었고, 나를 도와 다시 교회를 개척해 나가기로 결심했다.

나는 그때 하나님이 나에게 무엇을 하라고 하시는지 알고 있었다. 강한 목적의식이 있었다. 그래서 첫 교회에서 배운 교훈을 마음에 새기고 '베이 에리어 펠로우십 교회'를 세운 것이다. 나는 전에 했던 일들을 똑같이 했다. 하지만 결과는 많이 달랐다. 더 분명한 목적의식을 갖고 있었기 때문에 우리의 활동들이 성공을 거둔 것이다. 베이 에리어 펠로우십은 지금 미국에서 가장 빠르게 성장하는 교회 중 하나로 꼽히고 있다.

실패했다고 해서 반드시 포기해야 한다는 뜻은 아니다. 하나님의 축복을 받는 사람과 받지 못하는 사람의 차이를 보면, 하나님의 축복을 경험하는 사람은 단지 다른 사람보다 더 오래 견딘다는 것이다.

하나님은 당신이 용서받을 수 있다는 것을 알기 원하신다. "다시, 다시 한 번 해봐라. 이번엔 잘할 거야. 괜찮아. 난 너를 사랑한단다. 너를 위해 내 아들이 십자가의 수난을 견뎠다는 것을 잊지 마라" 하고 말씀하신다.

실패하고 또 실패했을 때에도, 하나님의 사

> "역경이 인격을 성장시킨다면, 성공하기 위해선 역경이 필요하다."
> –에핑거 J. D. Eppinga

랑과 용서를 믿고 의지하라. 다시 하게 해달라고 부탁할 때도, 하나님의 사랑과 용서 안에 거하라.

기드온은 실수를 했다. 하지만 '다시 할 수' 있었다. 그가 해야 할 일은 이스라엘 백성들이 에봇을 숭배하는 것을 보았을 때 자기 잘못을 인정하고 금 에봇을 파괴해 버리는 것이었다. 그런데 어떤 이유에서인지 그는 그렇게 하지 않았다.

우리는 기드온의 삶에서 배울 것이 아주 많다. 대부분은 긍정적인 교훈들이며, 비록 마지막 교훈은 부정적인 것이지만 거기에서도 배울 것이 있다. 기드온의 실패를 보고, 하나님께서 다시 한 번 해보라고 하실 때 그 기회를 잘 활용해야 한다는 것을 깨닫게 된다. 승리와 성공과 함께 장애물과 마음의 고통, 슬픔, 피할 수 없는 문제들에 직면하게 될 것이다. 대부분의 사람들이 끔찍한 곤경을 당할 때 낙심하고 꿈을 포기하지만, 그럴 때 더더욱 하나님의 은혜와 용서와 자비를 의지하며 앞으로 나아가야 한다는 것을 명심하라.

성공하는 사람들은 실패했을 때 무엇이 잘못됐는지, 다음에는 무엇을 다르게 할 수 있을지를 생각한다. 대부분의 사람들은 성공을 다룰 수 있다. 그러나 실수했을 때 무엇을 하는지에 따라 삶에서 무엇을 얻을 수 있는지가 결정된다.

성공으로 가는 길에서 실수를 얼마나 많이 하는지, 또는 얼마나 여러 번 실패하는지는 중요하지 않다. 중요한 것은 각각의 실패로부터 교훈을 배우고 다음에는 더 잘하려고 노력하는 것이다. 당신이 배운 것을 활용하여, 앞으로

"성공은 실패의 반대가 아니다.
성공하기 위해서는
항상 대담하게 실패하고,
용기를 잃지 말라."
-스티븐 와이즈 Stephen S. Wise

해야 할 일에 대해 더 나은 결정을 내릴 수 있어야 한다. 물론 성공의 사다리를 올라갈 때 실수를 점점 더 줄일 수는 있지만, 그래도 아예 실수하지 않으려고 위험을 무릅쓰고 모험하는 일을 그만두어서는 안 된다. 장기적인 성공의 비결은 실수를 통해 끊임없이 궤도를 수정하려고 노력하는 것이다.

궤도 수정

실수를 하되, 실패에 빠져 있지는 말라. 당신은 수동적인 사람이 아니라 창조적인 사람이 되어야 한다. 인생의 교훈들과 인격의 성장을 통해서만 강해질 수 있다. 도전이나 실패에 직면했을 때 "어떻게 하면 여기서 좋은 것을 이끌어낼 수 있을까?"라고 말하라.

이제 당신의 실패나 판단의 실수를 극복하고, 거기서 교훈을 얻는 데 도움이 될 만한 9가지 궤도 수정에 대해 이야기해 보겠다.

1. 당신에게 성공은 무엇을 의미하는지를 규정지으라

당신의 사명은 무엇인가?

인생에서 성취하고 싶은 것이 무엇인지를 분명히 규정하는 것이 항상 궁극적인 승리를 바라보며 나아가는 데 도움이 될 것이다. 꿈의 나라는 디즈니월드에서 볼 수 있는 멋진 곳이지만, 당신이 꿈의 나라에서 살 수는 없다. 성공을 이루는 것은 현실, 실패, 또는 문제들을 뒤에 두고 떠나는 것을 의미하지 않는다. 당신이 어디로 가고 있는지를 분명히 알아야만, 혹시 궤도를 벗어나더라도 당신에게 어떤 변화가 필요한지를 알 수 있을 것이다. 어떤 의미에서 당신의 사명을 안다는 것, 즉 자신의 목적과 목표를 분명히 안다는 것은 장착된 위성항법장치 시스템을 갖고 있는 것과 같다. 반드시 당신의 목적과 목표들을 명확히 규정하는 시간이 필요하다.

2. 경험으로부터 배우라

과거로부터 배우지 않으면 다시 과거의 잘못을 되풀이할 수밖에 없다. 실패했을 때, 실패의 원인이 무엇인지를 밝혀내려고 노력하라. 마찬가지로 성공했을 땐, 당신의 어떤 행동이 긍정적인 결과들을 낳았는지를 파악하려고 해야 한다. 너무 단순하게 들리겠지만, 성공은 단순히 어떤 것이 효과가 있고 어떤 것이 효과가 없는지를 배우는 것이다. 잘못된 판단을 내렸을 때 감정적으로 자신을 괴롭힐 이유는 전혀 없다. 경험으로부터 얻을 수 있는 것은 모두 배우겠다고 결심하라.

3. 당신을 관찰하고 인도해줄 코치들을 찾으라

많은 경우에 가장 좋은 교사는 경험이 많아서 당신이 현명하게 궤도 수정을 하도록 도와줄 수 있는 멘토나 코치다. 세계 최고의 운동선수들은 코치에게 수백만 달러를 지급한다. 코치들은 선수들의 기술에 나쁜 습관들이 배어 들어오지 않는지 유심히 살피고 점검한다. 세계 최고의 법인들은 높은 임금을 주고 컨설턴트들을 고용하는데, 그들은 각 분야의 경영을 주의 깊게 관찰하여 변화를 위한 조언들을 해준다. 그런데 왜 우리의 삶 속에서 중요한 신호들을 점검하도록 도와주고 성공을 위한 제안을 해주는 코치들과 멘토들을 두는 것을 곤란해 하거나 이상한 일로 여기는가?

덧붙여 말하자면, 코치가 꼭 높은 임금을 주고 고용한 컨설턴트일 필요는 없다. 단지 경험 많고 지혜로운 친구, 친척, 목회자, 카운슬러 등 그 사람의 의견과 지식을 당신이 신뢰할 수 있다면 누구든 코치가 될 수 있다.

4. 목표를 높게 잡으라

성공하는 사람들은 항상 꿈과 목표들에 대해 이야기하고 생각하고 노력한다는 것은 이미 알고 있을 것이다. 항상 동기가 분명해야 한다. 정처 없이 떠도는 사람과 효율적으로 행동하는 사람의 차이는 곧 목표의 차이다. 되는 대로 떠돌아다닐 때는 궤도 수정을 잘하기가 힘들다. 당신의 목표들은 명확하고 달성 가능하면서도 도전적이어야 한다.

5. 생산적인 활동에 집중하라

많은 사람들이 대부분의 시간을 목적 없이, 그냥 바쁘게만 보내면서, 인생에서 '위대한' 순간들이 오기만을 기다리고 있다는 것을 알았다. 궤도 수정을 잘하고 싶으면, 당신이 주목받지 못할 때도 항상 생산적인 활동들에 초점을 두어야 한다. 성공이 당신의 무릎 위에 뚝 떨어지기만을 수동적으로 기다리지 말고 적극적으로 성공을 위해 노력해야 한다.

> "성공하는 사람은 길을 잘못 들었다는 것을 알았을 때 걸음이 더 빨라지지만, 실패하는 사람은 앉아서 쉴 자리를 찾는다."
> ― 존 러스킨 John Ruskin

6. 계속 움직이라

당신의 걸음을 관찰하고 궤도를 올바르게 수정하는 과정에서, 계속해서 자신을 위해 새로운 목표와 꿈들을 정하는 것이 중요하다. 대부분의 사람들은 일부러 삶을 포기하지 않는다. 하지만 장애물이나 우회로를 만날 때 자기가 가진 비전들을 조금씩 포기한다. 당신에게 성공은 무엇을 의미하는지를 거듭 되새기고, 꿈을 이루기 위한 변화에 필요한 일이라면 무엇이든지 하라. 때로는 당신의 목표들을 조금씩 수정하고 조정해야 할 수도 있다. 또는 아예 목표를 완전히 바꾸어야 할 수도 있다. 하지만 목표를 향해 계속 나아가는 것을 멈추지 말라.

7. 걸림돌과 디딤돌의 차이를 이해하라

학교 다닐 때 과학 시간에 '모든 작용에는 크기가 같고 방향이 반대인 반작용이 있다'는 것을 배웠을 것이다. 우리는 살면서 어떤 일을 해도 반대에 부딪히고, 실패할 수 있다. 그것이 현실이다. 그렇지만 벽에 부딪히거나 잘못된 결정을 할 때마다 되돌아갈 수는 없다. 걸림돌과 디딤돌의 차이를 분별하는 일은 늘 쉽지 않다. 특히 장애물이 한 3미터는 되어 보일 땐 더욱 그렇다. 그럼에도 불구하고 당신의 삶 속에서 그러한 걸림돌들을 뛰어넘고 그것을 디딤돌로 만들겠다고 결심하라.

> "이 세상에서 행복을 누리기 위해 반드시 필요한 것은 할 일, 사랑하는 일, 바라는 일이다."
> —조셉 애디슨 Joseph Addison

8. 실패와 성공을 똑같이 다루라

모든 삶에는 승리와 패배의 순간들이 있다. 무슨 일이 있어도, 모든 일을 시도할 때마다 항상 뒤로 물러서서 당신이 성공하거나 실패한 이유를 살펴보아야 한다. 앞을 보든, 뒤를 돌아보든 인생의 모든 단계들을 배우고 성장할 기회로 여겨야 한다. 이런 마음자세를 갖고 있으면 성공에 눈이 멀거나 또는 실패에 좌절하는 일이 없을 것이다.

9. 항상 과거보다는 오늘과 내일에 초점을 두라

  탁월한 목표 설정자가 되라. 주기적으로 앞날을 계획하고, 단기, 중기, 장기적인 목표를 세우는 습관을 가져야 한다. 그러면서 당신의 성공 때문이 아니라 당신 자신을 사랑해 주는 사람들과 함께 시간을 보내라. 올바른 동기로 당신을 사랑해 주는 진실한 친구들은 항상 당신이 미래를 바라보게 해줄 것이다. 패배를 극복하고, 용서를 구하고, 궤도를 수정하는 법을 배우되, 과거에 머물지는 말라.

돌아보기 :: 내다보기

1923년 세계에서 가장 성공한 재정가들이 시카고 호텔에 모였다. 참석자들 중에는 다음과 같은 사람들이 있었다.

- 세계에서 가장 큰 독립 강철회사의 전 회장
- 나라에서 가장 유명한 밀과 원자재 투자업자
- 뉴욕 증권거래소 회장
- 하딩 대통령 내각의 내무부장관
- 국제결제은행 총재
- 세계 최고의 독점사업을 이끌었던 '성냥 왕'으로 유명한 사람
- 월가에서 가장 성공한 주식 투자자 중 한 사람
- 전국에서 가장 큰 공익기업의 전 회장
- 미국에서 가장 큰 가스회사의 전 회장

이 거물들이 관리하는 재산을 다 합쳐 보니 미국 국고 재산보다 더 많았다. 몇 년 동안 신문과 잡지들은 그들의 성공 기사들을 실었다. 나라의 젊은이들은 이 아홉 사람의 훌륭한 본보기를 따르도록 도전을 받았다.

25년 후에도 여전히 그 이름들은 역사에 남아 있었지만, 시간이 모든 것을 바꾸어 놓았다.

- 베들레헴 강철회사 회장이었던 찰스 슈왑Charles Schwab은 생애 마지막 5년 동안 빌린 돈으로 살다가 무일푼으로 죽었다.

- 최대 밀 투자업자인 아더 커튼Arthur Cutten은 외국에서 가난하게 죽었다.
- 뉴욕 증권거래소의 전 회장인 리처드 휘트니Richard Whitney는 중절도죄로 싱싱 형무소에서 복역했다.
- 한때 대통령 내각의 일원이었던 앨버트 폴Albert Fall은 감옥에서 나와 집에서 임종을 맞이했다.
- 국제결제은행 총재였던 페온 프레이저Leon Fraser는 자살을 했다.
- 세계에서 가장 큰 독점 회사인 성냥회사 사장인 이바르 크뢰거Ivar Krueger는 비극적인 죽음을 맞이했다. 자살인지 타살인지도 밝혀지지 않았다.
- 월가의 영웅으로 불렸던 제시 리버모어Jesse Livermore는 자살로 죽음을 맞이했다.
- 한때 컴에드사와 다른 공기업의 회장이었던 새뮤얼 인설Samuel Insull은 횡령죄와 우편 사기범으로 구속되었다가 무혐의로 풀려났다. 파리의 간소한 환경에서 죽음을 맞이했다.
- 세계 최대 가스회사의 사장이었던 하워드 홉슨Howard Hopson은 우편 사기범으로 감옥에서 시간을 보내다가 결국 요양소에서 죽었다.

이 사람들은 모두 돈 버는 법을 배웠다. 모두들 최고의 지도자로 인정받았으며 언론의 큰 환대를 받았다. 그럼에도 불구하고 그들의 인생은 실패로 끝났다. 큰 성공을 거두었으나, 여러 가지 이유로 그 성공을 끝까지 유지하지 못한 것이다. 우리는 이런 사람들이나 그들의 기준을 판단할 필요가 없다. 우리 대신 역사가 이미 그 일을 했기 때문이다. 우리는 이스라엘이 다시 우상숭배를 하도록 이끌었던 기드온의 잘못된 판단으로부터 배우는 것처럼, 그들의 실수로부터 소중한 교훈을 배워야 한다.

어느 성공한 사람이 성공의 비결이 무엇이냐는 질문을 받고 이렇게 대답했다는 이야기를 들었다.

"좋은 판단력 덕분이죠."

"좋은 판단력은 어디서 배웠습니까?"

"경험에서 배웠습니다."

"그러면 그런 경험은 어디서 얻었습니까?"

"잘못된 판단으로부터 얻었습니다."

나는 성공과 실패가 거의 항상 연결되어 있다는 것을 알았다. 잘못된 판단, 패배와 실패로 인해 고생해 보지 않고 큰 성공을 거두었다는 사람은 거의 본 적이 없다. 사실 한 번도 패배해 보지 않은 사람은 대개 시도하지 않았거나 위험을 무릅쓰고 모험을 해보지 않은 사람이다.

패배 속에서 허우적거리지 말고, 그로 인해 기뻐하라. 기꺼이 궤도를 수정하라. 계속 움직이라. 멈추지 말라. 문제와 실패는 좋은 출발점이 된다. 성공하는 사람들과 성공하지 못하는 사람들의 차이는 종종 실수와 실패에 대처하는 마음가짐에 있다.

앞에서 말했듯이, 성공의 사다리를 올라가면서 실수를 줄일 수는 있지만, 실수하지 않으려고 모험을 하지 않는 일은 없어야 한다.

실수를 하되, 불행에 빠져 있어서는 안 된다. 수동적인 사람이 아니라 창조적인 사람이 되어야 한다. 삶의 교훈들과 인격의 성장을 통해서만 강해질 수 있다. 스스로 이렇게 말하라.

"어떻게 하면 여기서 좋은 것을 이끌어낼 수 있을까?"

말년에 기드온은 실패했다. 당신도 어느 순간에 실패할 수 있다.

문제는 그 실패에 제한받지 않고 사는 법을 계속 배워 가면서, 그 실패와 좌절들을 어떻게 이겨낼 것인가 하는 것이다.

사도 바울은 실패에 대해 알고 있었고, 잘못된 방향들에 대해 알고 있었다. 기드온의 삶을 연구하여, 우리가 궤도 수정을 하지 않을 때 어떤 일이 벌어지는지를 알고 있었다. 성령의 감동을 받은 바울의 말은, 우리가 어떤 처지에 있든 계속 나아가도록 도와준다.

"형제들아 나는 아직 내가 잡은 줄로 여기지 아니하고 오직 한 일 즉 뒤에 있는 것은 잊어버리고 앞에 있는 것을 잡으려고 푯대를 향하여 그리스도 예수 안에서 하나님이 위에서 부르신 부름의 상을 위하여 달려가노라."(빌 3:13~14)

무슨 일이 있어도, 당신이 일을 그르칠 때마다 하나님께 용서를 구하라. 그리고 다시 해보라. 앞에 있는 이정표를 향해 계속 나아가라. 그 이정표는 당신이 하나님의 인도를 따라갈 때 받을 큰 상급들에 대해 말해 준다.

당신이 실패할 때, 그래서 포기하고 싶을 때 이 책을 처음 시작할 때 한 것처럼 자신에게 이렇게 말하라.

"됐어! 나는 계속 달라질 거야. 나의 새로운 삶의 다음 단계는 바로 오늘부터야. 이제부터 나는 나의 최선을 다해 하나님의 도우심으로 하나님의 최선만을 구할 거야."

행동 계획

이 책의 첫 부분에서 당신의 삶을 바라보며 이렇게 질문해 보라고 했었다.

"나는 지금 어디에 있으며, 앞으로 5년 후에는 어디에 있기를 원하는가?"

책 내용을 다시 돌아보고 또 당신이 이 책을 읽으면서 경험했던 일들을 돌아보면서, 그 질문을 다시 해보자. 지금으로부터 5년 후에 당신은 어디에 있기를 원하는가?

기도하는 시간을 가져라. 그리고 당신의 목표들을 깊이 생각하면서 당신을 향한 하나님의 뜻을 깨닫게 해달라고 간구하라. 즉 하나님이 당신에게 원하시는 일이 무엇인지를 알아야 한다. 그런 다음 노트를 펴서, 다음 질문들에 당신의 생각들을 적어 보라.

1. 이 책을 읽으면서 당신이 직면한 가장 큰 내적 도전들은 무엇이었는가?
2. 이 책을 읽으면서 당신이 경험한 가장 큰 승리는 무엇이었는가?
3. 이 책을 읽으면서 당신의 목표들이 어떻게 달라졌는가?
4. 이 책을 읽으면서 당신의 행동 계획이 어떻게 달라졌는가?
5. 이제 다음 단계는 무엇인가? 오늘 당신의 목표를 향해 나아가기 위해 구체적으로 할 일은 무엇인가? 내일은? 다음주에는?

하나님의 인도하심을 믿고 당신의 목표를 향해 계속 나아가야 한다는 걸 명심하라. 당신의 목표와 행동 계획을 수정하고 조정해야 하더라도, 멈추거나 포기하지 말고 계속 앞으로 나아가라. 더 나은 삶을 꿈꾸는 것과 실제로 그 삶을 사는 것의 차이점이 바로 거기에 있다!

결론

변화를
시도하라

이제 이 책을 마무리하는 시점에서, 한 가지 질문이 남아 있다. 앞으로 무엇을 할 것인가? 안타까운 현실이지만, 대부분의 사람들은 아마 이 책을 선반 위에 올려두고 아무것도 달라진 것 없는 삶을 계속 살아갈 것이다. 그들은 서문에서 이야기한 갓 결혼한 신랑인 데이브와 같을 것이다.

기억할지 모르겠지만, 데이브는 부동산 사업을 하고 싶었지만 모종의 결단을 내리지 못해 오랫동안 앞으로 나아가지 못하고 있었다. 그는 자기가 사장이 되어 자기 사업을 하고 싶다는 이야기만 계속할 뿐, 그것에 대해 아무 일도 하지 않고 있었다. 결국 나는 데이브에게 자극을 주어야만 했다. 그래서 그에게 첫 번째 임대 자산을 매수하기 전에는 나와 만날 약속을 하지 말라고 했다. 그것이 데이브를 움직이게 했다. 곧 그는 적극적으로 부동산 포트폴리오를 짜고 있었고, 심지어 다른 사업도 시작했다. 데이브의 경우, 약간의 자극만으로 그 모든 일들이 이루어진 것이다.

당신에게도 그렇게 하라고 하고 싶다. 물론 나는 데이브에게 했던 것처럼 당신을 자극할 수는 없다. 당신이 내 사무실에 있는 것도 아니고, 내가 당신에게 다음 약속 전까지 어떤 일을 하라고 말할 수도 없다. 다만 내가 할 수 있는 일은 당신이 행동하도록 격려하는 것이다. 오늘 밤 잠자러 가기 전에 반드시 계획을 세우도록 하라.

이 책에서 당신은 변화를 경험하고, 당신의 삶을 향한 하나님의 최선을 발견하기 위한 실제적인 원칙들을 배웠다. 각 장마다 행동 단계들이 포함되어 있어서 계획을 실천해 나갈 수 있다. 당신은 주어진 과제들을 수행했을 수도 있고, 안했을 수도 있다. 과제들을 잘해 왔다면 이미 당신의 삶을 잘 변화시켜 가고 있는 것이다. 그러나 하지 않았다면, 당신은 무엇을 기다리고 있는가? 어쩌면 책을 다 읽고 전체 내용을 파악한 다음에 과제를 수행하려고 했을지도 모른다. 그렇다면 지금 다시 앞으로 가서 진지하게 과제를 수행하라.

성공은 매일매일의 성취의 과정이라는 것을 명심하라. 당신의 삶이 더 좋게 바뀌기를 정말로 원한다면 반드시 행동을 취해야 한다. 즉 어떤 일을 '해야' 한다. 매일매일!

그렇다면 무엇을 할 것인가?

실패의 악순환을 끊겠는가? 고통의 한계점에 도달했는가? 당신의 삶에서 다른 방향으로 나아갈 각오가 되어 있는가? 한 팀을 구성할 준비가 되어 있는가? 그렇다면 다음 몇 단락을 다 읽고 나서 해야 할 일들이 있다.

첫째, 종이나 색인카드 한 장을 가져다가 당신의 삶에서 정말로 달라지기 원하는 것 한 가지를 적어 보라. 어쩌면 이 책을 읽으면서 마음에 떠오른 것일 수도 있고, 아니면 처음에 당신이 이 책을 선택하도록 만든 상황일 수도 있다. 어디서부터 시작하든 처음부터 목표를 너무 크게 잡지는 말라. 하지만 너무 쉬운 목표를 정해서도 안 된다. 당신이 자신에게 스스로 도전하기를 바란다.

둘째, 변화의 과정을 시작하기 위해 구체적으로 무엇을 할지 적어 보라. 예를 들면, 텔레비전 보는 시간을 줄이고 다른 사람들과 만나는 시간을 더 늘리기 원할 수도 있다. 목표를 구체적으로 정하라. 이를테면 이런 식으로 적으라. "다음 달에는 TV를 하루에 한 시간 이상 보지 않고, 남는 시간을 교회 노숙자 사역을 돕는 데 쓰겠다."

셋째, 당신의 목표는 측정할 수 있어야 하고 기한이 있어야 한다. 내가 데이브에게 최초의 임대 자산을 매수하기 전에는 다음 상담 약속을 할 수 없다고 말한 것을 기억하는가? 측정 가능한 목표는 최초의 임대 자산을 매수하는 것이었다. 그리고 기한은 그가 목표를 달성할 때까지 나와 만날 약속을 할 수 없다는 것이었다.

넷째, 당신이 목표를 향해 나아가도록 도와줄 사람을 찾으라. 다시 말하면, 누군가에게 책임 있는 사람이 되라는 것이다. 데이브는 목사인 나에게 책임이 있었다. 당신의 경우엔 그 사람이 배우자나 부모, 좋은 친구, 고용주, 또는 목회자가 될 수도 있다. 당신이 정한 목표를 꼭 달성하고 싶다면 책임이 반드시 필요하다. 당신이 낙심되고 그만두고 싶은 생각이 들 때 계속 격려해줄 사람이 필요하다. 또 그 목표를 달성했을 때 당신과 함께 기뻐해줄 사람이 필요하다.

마지막으로, 이 과정에서 하나님의 도우심과 뜻을 구해야 한다는 것을 명심하라. 기드온이 강한 용사가 된 유일한 비결은 하나님이 그와 함께하셨기 때문이다. 그는 자신의 삶에 대한 하나님의 부르심을 깨달았다. 그래서 위험을 무릅쓰고 모든 것을 걸었다. 그 결과, 하나님이 그의 믿음에 대한 상을 내려 주셨다.

당신의 삶 속에서 하나님의 뜻을 구하면 하나님은 당신의 믿음에 대해서도 보상해 주실 것이다.

매일매일 하나님의 최선을 향해 거침없이 나아가라!